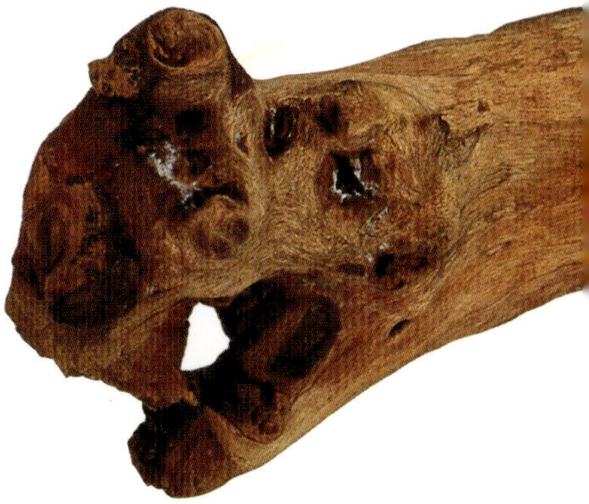

L'AMÉNAGEMENT D'UN AQUARIUM

S'INSPIRER DE LA NATURE POUR CRÉER L'AQUARIUM IDÉAL

L'AMÉNAGEMENT D'UN AQUARIUM

S'INSPIRER DE LA NATURE POUR CRÉER L'AQUARIUM IDÉAL

Peter Hiscock

De Vecchi
52, rue Montmartre - 75002 Paris

Numéro d'éditeur : 9741

Crédits

Création et design : Ideas into Print, Box cottage, Claydon, Suffolk IP 6 0AB, Angleterre.
Photos d'aquarium : Geoffrey Rogers
© Interpet Publishing
Graphisme : Stuart Watkinson © Interpet Publishing
Coordination éditoriale : Consortium, Poslingford, Suffolk C010 8RA, Angleterre.
Conception graphique de la couverture française : Yes
Photos de la couverture : © Labat/Rouquette ;
© Labat/Phone ; Hermeline/Cogis ; Labat/Cogis
Traduction : Dominique Françoise
Maquette française : Alain Taubes

L'auteur

Peter Hiscock a eu son premier aquarium alors qu'il n'était encore qu'un enfant. Il faut dire que son milieu familial ne pouvait que l'encourager à se tourner vers ce passe-temps, ses parents étant tous deux biologistes marins. À 17 ans, il prend la direction d'un magasin d'aquariophilie tout en suivant parallèlement des études à l'université de Sparsholt, Hampshire (Royaume-Uni). Son diplôme en poche, il écrit des articles pour la presse spécialisée ainsi que plusieurs ouvrages. Ses domaines de prédilection sont le comportement des poissons, les interactions entre les poissons et leur environnement mais aussi la vie des poissons en aquarium selon le monde d'où ils viennent.

Ci-dessous : *Ces deux élégants scalaires* (Pterophyllum spp.) *se plaisent dans un aquarium à la végétation dense inspirée de celle du fleuve Amazone dont ils sont originaires.*

Sommaire

PREMIÈRE PARTIE

Informations pratiques

Dans la première partie de cet ouvrage, nous passerons en revue les différents éléments de base pour la réalisation d'un aquarium en fonction des besoins des poissons et de leur environnement propre. Selon les espèces, les poissons ont un comportement qui diffère et reflète l'évolution qui, au fil du temps, leur a permis de survivre dans leur environnement naturel. Le comportement et la forme du corps des poissons nous fournissent de précieuses informations quant à leurs besoins. Ces informations sont à prendre en compte dès lors que nous envisageons de créer un aquarium. Par exemple, en observant la forme, la taille et la couleur du corps d'un poisson-chat, nous pouvons dire qu'il aime évoluer dans un environnement sombre et se dissimuler sous des morceaux de bois ou des rochers, qu'il préfère les substrats ronds et qu'il redoute les changements de luminosité. La manière dont nagent les poissons n'est pas anodine. Des poissons qui, dans leur milieu naturel, se déplacent en banc serré parmi les herbes aquatiques ne s'adapteront à une vie en aquarium que s'ils vivent en groupe au milieu d'une végétation dense.

Créer un environnement adapté à l'espèce choisie demande de la réflexion et une certaine connaissance. La taille de l'aquarium, son emplacement, la luminosité, le substrat, le décor, la qualité de l'eau et la végétation sont des éléments essentiels que nous développerons dans les chapitres ci-après en fonction des besoins de chaque espèce. Une fois ce travail préliminaire effectué, nous nous attaquerons au décor qui doit être à la fois naturel et esthétique. Vous trouverez de nombreuses informations sur les différents matériaux, équipements et accessoires se prêtant à la construction et l'agencement d'un aquarium et les méthodes qui s'offrent à vous. Dans un premier temps, vous découvrirez les différents environnements dans lesquels les poissons évoluent à l'état naturel : rivières, torrents, lacs, marais ou ripisylves.

Le but de cet ouvrage est de vous aider à créer un aquarium en vous inspirant des différents éléments que la nature met à votre disposition, les plus beaux aquariums étant incontestablement ceux que Dame Nature nous offre.

Histoire d'eau

L'eau d'un fleuve ou d'une rivière provient d'un bassin-versant. L'eau dévale les pentes, ruisselle sur le sol et crée un cours d'eau avec le plus souvent des affluents. Le volume de l'eau augmentant, le bras du cours d'eau s'élargit jusqu'au moment où il se jette dans l'océan.

Chaque cours d'eau est unique en son genre. En effet, selon ses spécificités géologiques et écologiques, le débit (quantité et vitesse à laquelle l'eau s'écoule) et même la qualité de l'eau diffèrent. Toutefois, les plus grands cours d'eau présentent un certain nombre de points communs, ce qui nous permet de classifier les différentes zones ou habitats dans lesquels évoluent les poissons. Mais avant tout, d'où vient l'eau qui alimente les cours d'eau ?

LE CYCLE NATUREL DE L'EAU

L'eau est en perpétuelle évolution. Sur Terre, sans ce cycle de l'eau, il n'y aurait ni différences climatiques, ni fleuves, ni rivières, ni végétation. Le point qui permet de « boucler la boucle » est le moment où l'eau s'évapore et est libérée dans l'atmosphère. L'évaporation se produit principalement à la surface de l'océan tandis que l'eau transpire à travers les pores des feuilles des plantes terrestres. En montant dans l'atmosphère, la vapeur d'eau se refroidit et forme des nuages. Lorsque la pression de l'air est suffisamment basse ou que les nuages sont trop denses, la vapeur d'eau forme des gouttelettes qui retombent sur le sol sous forme de pluie, de neige ou de glace (grêle). La pression de l'air étant généralement plus basse là où le relief est le plus élevé, les pluies et la neige sont plus abondantes dans les régions montagneuses. Les zones très riches en végétation absorbent la chaleur au lieu de la réfléchir, or la formation des gouttelettes d'eau est plus importante au-dessus des zones à forte végétation, par exemple, les forêts et notamment les forêts tropicales.

Lorsque la pluie tombe, une partie de l'eau pénètre dans le sol. L'eau qui ruisselle sur la surface donne naissance à des ruisseaux, des rivières et des fleuves. Une partie de l'eau de pluie pénètre profondément dans le sol et atteint les couches de roches les plus profondes, donnant naissance à des sources souterraines. En coulant sur les roches, l'eau se charge en minéraux, ce qui explique pourquoi lorsque les sources souterraines refont surface, elles sont envahies par une multitude de plantes aquatiques qui, pour vivre, absorbent une partie des minéraux stockés.

Lorsqu'elles se forment dans l'atmosphère, les gouttes de pluie (ou les flocons de neige) sont pures et ne renferment aucun polluant. En tombant, elles absorbent du dioxyde de carbone et, de ce fait, deviennent légèrement acides, ce qui n'a pas vraiment de répercussions sur leurs propriétés qui ne sont véritablement modifiées que lorsque la pluie ou la neige ruissellent sur le sol et les roches. Dans les régions montagneuses, l'eau de pluie et la neige fondue donnent naissance à des ruisseaux à l'eau claire particulièrement riche en oxygène et très propice à la faune et la flore aquatiques.

LE CYCLE NATUREL DE L'EAU

Le dioxyde de carbone et les oxydes d'azote sont responsables de l'acidité des gouttes de pluie et des flocons de neige. Les gouttelettes qui forment les nuages ne contiennent ni sels ni minéraux.

L'air chaud et humide monte dans l'atmosphère et se condense pour former des gouttelettes qui emmagasinent les gaz à effet de serre (dioxyde de carbone) et les polluants véhiculés par l'air, notamment les oxydes d'azote émis par les véhicules motorisés.

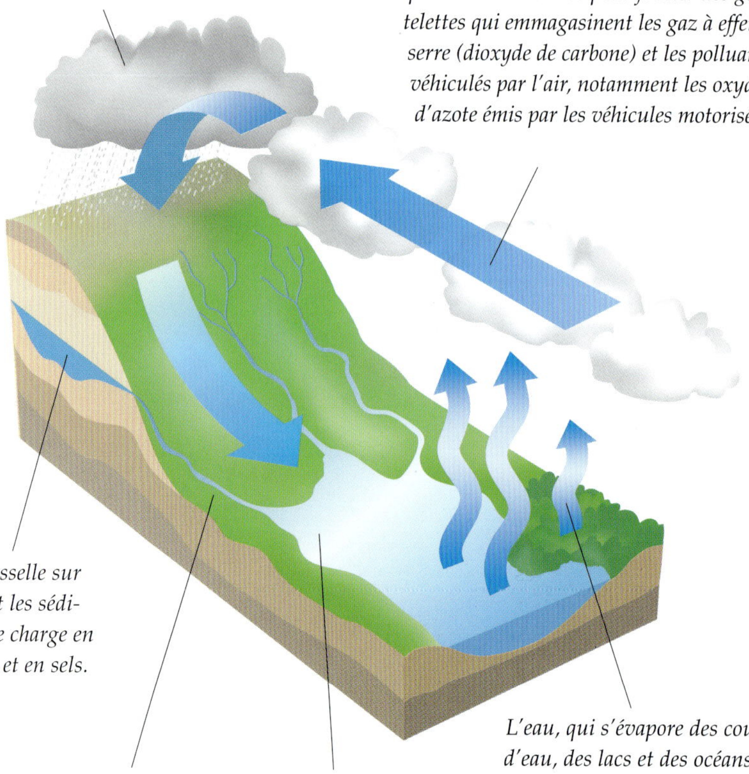

L'eau ruisselle sur les sols et les sédiments et se charge en minéraux et en sels.

Sur son passage – notamment sur les sols graniteux imperméables – l'eau récupère des acides humiques.

Les sources souterraines alimentent les ruisseaux et les fleuves qui se jettent dans un lac ou l'océan.

L'eau, qui s'évapore des cours d'eau, des lacs et des océans et transpire à travers les pores des feuilles des arbres et des plantes, est pure et ne contient ni minéraux ni sels ni polluants.

Ci-dessus : Au départ, l'eau des torrents est pauvre en matières organiques et en minéraux qu'elle accumule peu à peu tout au long du trajet qui la mène jusqu'à l'océan.

LES TORRENTS

L'eau des torrents parcourt peu de distance entre les nuages et l'endroit où elle revient sur Terre sous forme de pluie ou de neige. Elle ruisselle sur un sol pentu, rocailleux et recouvert d'une fine couche de terre.

L'eau n'a eu que peu de temps pour ramasser des matières organiques sur son passage si ce n'est quelques minéraux prélevés sur les roches. Très riche en oxygène, elle est relativement dure et alcaline.

Plusieurs cours d'eau se rejoignent et forment une rivière suffisamment large et profonde pour qu'elle ne soit jamais asséchée y compris au plus chaud de l'été et que les petits poissons y trouvent de quoi se nourrir, principalement d'insectes ou d'algues. Les poissons qui se nourrissent d'insectes vivent dans des eaux moyennement profondes. Leurs nageoires sont courtes. Leurs corps fuselés leur permettent de se déplacer à toute vitesse sans être gênés par le courant. Grâce à une bouche et des nageoires spécifiques, les mangeurs d'algues s'accrochent aux roches pour se nourrir des algues qui les recouvrent et résistent aux courants les plus forts.

Les algues sont pratiquement les seules plantes aquatiques vivant dans les torrents. En effet, l'eau très riche en oxygène, le courant très fort et le manque de nutriments organiques font que seules les plantes les plus résistantes survivent.

LES RIVIÈRES DE PLAINE

Les cours d'eau qui prennent naissance dans les plaines ou les régions vallonnées sont, du fait de l'environnement, très différents des torrents. Le sol rocheux fait place à un sol recouvert d'une couche de terre plus épaisse. L'eau de pluie étant presque pure, elle ne contient quasiment pas d'éléments minéraux, garantissant un même indice d'acidité quel que soit le trajet parcouru par le cours d'eau. Lorsqu'il traverse une plaine, un ruisseau prend sur son passage une petite partie des matières organiques contenues dans le sol. L'eau devient alors douce et acide.

Les poissons qui vivent dans ce type d'eau n'ont pas à se préoccuper du courant à la différence des mangeurs d'insectes ou d'algues qui élisent domicile dans les torrents. Les loches hantent les eaux peu profondes à la recherche de petites créatures aquatiques

ESPÈCES ENDÉMIQUES OU RÉPANDUES

Un bassin-versant est constitué d'étangs, lacs, marais et cours d'eau isolés qui ne se rejoignent jamais pour former une rivière ou un fleuve. Une multitude de poissons vivent dans un bassin-versant. Les grands lacs d'Afrique orientale ou d'Amérique du Nord abritent un nombre impressionnant d'espèces endémiques qui ne vivent nulle part ailleurs. Avec plus de 600 espèces endémiques dont 345 espèces de cichlidés, le lac Malawi (l'un des lacs de la Rift Valley, Afrique orientale) est un habitat naturel qui ne demande qu'à être protégé.

A contrario, d'autres espèces sont présentes dans le monde entier. Ces poissons, généralement résistants, ont une grande faculté d'adaptation et se nourrissent de plantes, d'autres espèces aquatiques ou encore d'insectes. Il y a plusieurs milliers – voire plusieurs millions – d'années, ces poissons auraient « voyagé » d'un cours d'eau à un autre alors que les continents ne formaient qu'un bloc. Avec la tectonique des plaques, les cours d'eau se sont éloignés les uns des autres emportant avec eux les différentes espèces de poisson.

Ci-dessus : Les eaux les plus calmes sont dans les parties moyenne et basse de la rivière. La végétation permet à nombre de poissons de venir s'abriter dans les zones ombragées.

tandis que des bancs de poissons se dissimulent au milieu des plantes. Si dans nombre d'endroits, les cours d'eau naturels ont été remplacés par des sites artificiels – fossés ou canaux d'irrigation – la faune aquatique reste la même.

LES AFFLUENTS

Les ruisseaux, fossés et petits cours d'eau se rejoignent pour former des petites rivières ou des cours d'eau plus importants qui, eux-mêmes, se jettent dans d'autres rivières et cours d'eau pour former un fleuve. Les eaux des différents affluents et les poissons qui vivent dans chacun d'eux se mélangent.

Le bassin du fleuve Amazone compte plus de mille affluents, certains étant plus grands que la majorité des fleuves qui coulent dans le monde. L'eau de chaque affluent dépend de la région traversée, des roches et de la qualité du sol (tout comme de la végétation environnante). Certains poissons présents dans un affluent se retrouvent dans le fleuve Amazone et dans d'autres affluents tandis que d'autres espèces ne vivent que dans un seul affluent et ne semblent pas « disposées » à se hasarder dans l'Amazone où les conditions ne correspondent pas à leurs besoins. Plusieurs espèces de corydoras (poissons-chats), différant les unes des autres par la taille et la couleur, ont élu domicile dans un affluent de l'Amazone.

Les affluents sont moins profonds et plus étroits que le fleuve. Généralement, la végétation y est très dense. En effet, les plantes aquatiques affectionnent tout particulièrement les eaux peu profondes, avec peu de courant où elles peuvent capturer le maximum de lumière et absorber les nutriments contenus dans le sol sur les berges et dissous dans l'eau.

LES FLEUVES

Les affluents se rejoignent pour donner naissance à un fleuve dont le volume d'eau permet d'accueillir une grande population de poissons et d'autres espèces animales. Selon le lieu, le milieu de la rivière abrite des barbus, des cichlidés, des poissons-chats mais aussi des carpes qui peuvent dépasser un mètre de long. Carnivores, ils se nourrissent le plus souvent de poissons plus petits. À proximité des berges, les petits poissons aiment se dissimuler et se reproduire au milieu de plantes aquatiques – roseaux ou variétés de rive.

La qualité de l'eau d'un fleuve est généralement stable même si des changements mineurs peuvent être observés au cours de l'année en fonction de la pluviométrie. Lorsque deux fleuves se rejoignent, leurs eaux ne se mélangent pas instantanément et doivent parcourir parfois plusieurs kilomètres avant que le mélange soit homogène. En fonction des régions traversées, la qualité de l'eau varie. Dans les régions tropicales, le fleuve peut traverser des forêts très denses qui fournissent de la nourriture aux poissons : fruits et graines mais aussi déchets végétaux ou charognes. Plus en aval, la forêt peut disparaître au profit de la savane ou du désert.

Dans les régions plus tempérées, le fleuve serpente à travers les plaines recouvertes de prairies. Peu à peu, la berge est attaquée par les courants les plus forts alors que des alluvions (dépôts de sédiments) sont déposées aux endroits où les eaux sont plus calmes. Au fil du temps, l'activité érosive du fleuve modifie considérablement le paysage.

LES RIPISYLVES

Si, au cours d'une année, le volume et la vitesse des petits cours d'eau et des affluents varient en fonction de la pluviométrie, rares sont les périodes où les berges sont inondées et les digues rompues. Les fleuves connaissent des variations beaucoup plus marquées. Lorsque la saison des pluies arrive, l'eau des cours d'eau et des affluents

CHANGER POUR SURVIVRE

Les poissons peuvent se transformer et s'adapter en un temps relativement court à un environnement qui, au fil des millénaires, se modifie. Les changements s'opèrent sur les plans physique et comportemental.
Les espèces originaires des marais aux eaux troubles et boueuses d'Asie du Sud-Est ont vu leur acuité visuelle diminuer au profit du toucher et de l'odorat. Grâce à leur corps en forme de torpille ou fuselé, les poissons qui vivent dans les torrents résistent à la force du courant. Certaines espèces ont même la faculté de vivre en dehors du milieu aquatique et se déplacer sur la terre ferme en période de sécheresse.

DE LA MONTAGNE À LA MER

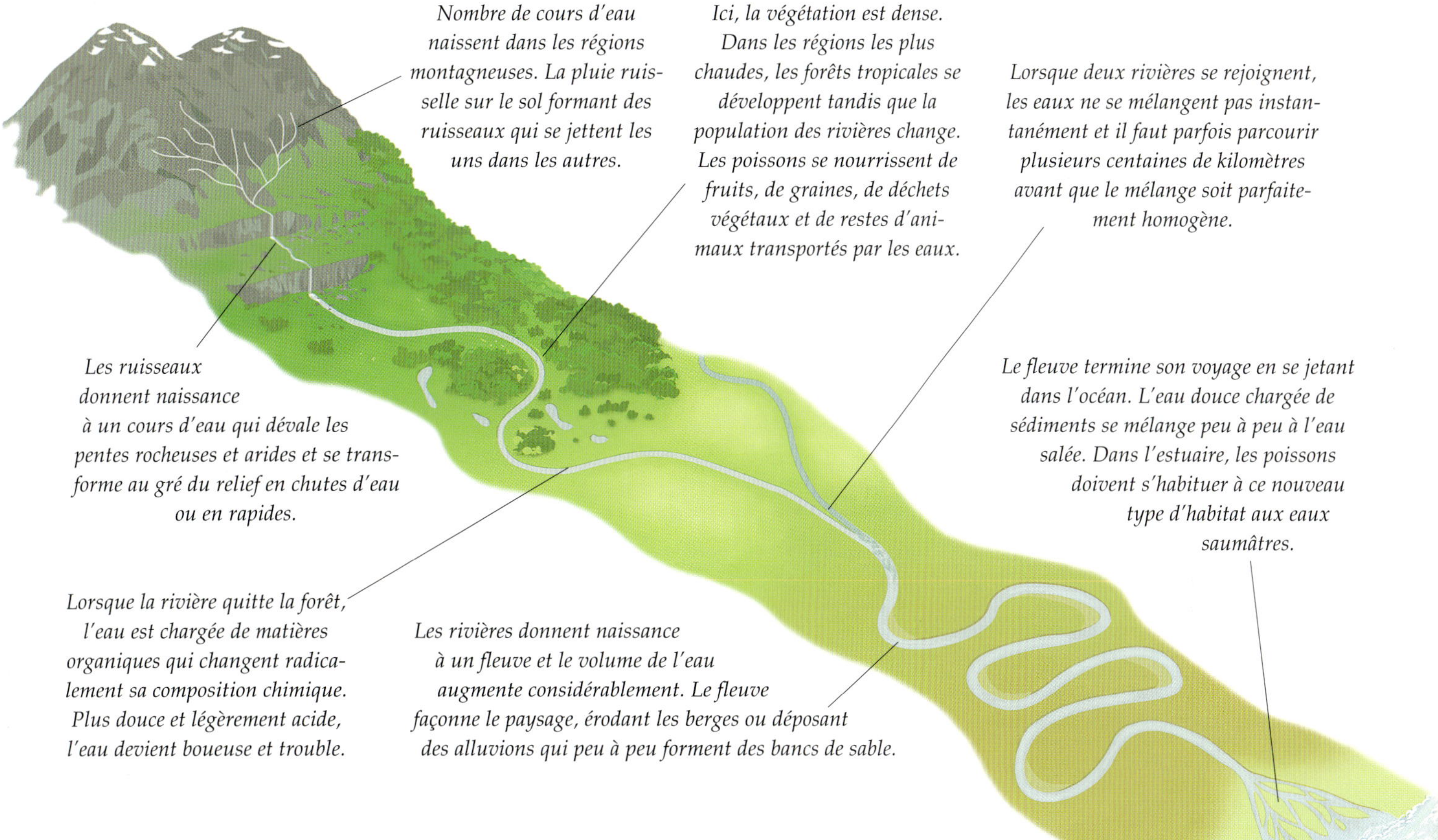

monte au même moment ; les poissons vivant dans le fleuve découvrent alors un nouvel habitat où la nourriture abonde. Certaines espèces végétales survivent aux inondations, d'autres meurent à l'instar des petits animaux particulièrement vulnérables. Ces matières biologiques sont mangées soit directement par les poissons soit par des petits animaux aquatiques et le fretin qui, à leur tour, seront mangés par les poissons et autres créatures rivulaires.

Les fruits et les graines des arbustes et des arbres de haute-tige tombent dans l'eau et sont transportés par le courant vers d'autres lieux où ils donnent naissance à de nouvelles pousses.

Au fil du temps, le niveau de l'eau baisse et si certains endroits redeviennent secs, ici et là des petits bassins peuplés de poissons demeurent. Lorsque ces bassins s'assèchent, des espèces disparaissent, d'autres survivent et

Ci-dessous : *Le fleuve dessine des méandres à travers la plaine. Les vallées et les collines étant inexistantes, rien ne peut retenir l'excès d'eau dû aux pluies torrentielles et les terres sont inondées. Dans les régions tropicales comme au Brésil, des milliers de kilomètres carrés peuvent rester inondés plusieurs mois d'affilée.*

attendent la saison des pluies et de nouvelles inondations.

LES MARÉCAGES

Dans les régions tropicales, le niveau de l'eau des marécages varie en fonction des saisons sèches et pluvieuses. Toutefois, le sol saturé n'est jamais à sec et même si l'eau est peu profonde, elle abrite une multitude d'espèces végétales et animales.

Dans cet environnement, le taux d'oxygène baisse considérablement durant la nuit quand les végétaux et les animaux en utilisent une quantité minimale pour respirer. Les eaux étant stagnantes, il y a peu d'échanges gazeux à la surface de l'eau. Les poissons qui vivent là ont dû s'adapter pour survivre. Certaines espèces remontent à la surface prendre des bouffées d'oxygène. Les poissons-chats et les loches qui vivent au fond de l'eau ont une faible acuité visuelle. Pour localiser une proie dans ces eaux troubles, ils se fient à leur toucher et leur odorat. Dans nombre de régions tropicales, la température des marécages dépasse parfois les 30 °C.

LES EAUX SAUMÂTRES

Quand le fleuve arrive à sa destination finale, l'océan, l'eau douce se mélange à l'eau salée créant des habitats saumâtres. Les eaux saumâtres ne sont pas seulement localisées au point de rencontre entre la mer et le fleuve mais peuvent s'étendre sur plusieurs kilomètres à l'intérieur des terres, l'eau de mer se mélangeant à l'eau douce au gré des marées. Même si quelques rares poissons d'eau douce vivent dans ces eaux, la majorité sont des espèces d'eau saumâtre capables de s'adapter aux différentes concentrations de sel dans l'eau et de trouver de la nourriture dans le substrat sableux. Le substrat très riche en nutriments contient un certain nombre de petits animaux et de crustacés qui se nourrissent de déchets organiques déposés par le fleuve.

Dans de nombreuses régions tropicales, les mangroves se développent dans les eaux saumâtres. Les palétuviers offrent des cachettes mais aussi de la nourriture – graines, insectes et autres animaux terrestres – et stabilisent le substrat composé principalement de boue et de limon.

Ci-dessous : *Les mangroves sont présentes dans les régions tropicales là où un fleuve se jette dans l'océan. Riches en matières organiques, les mangroves abritent une multitude de poissons et autres créatures atypiques.*

L'EAU DANS LE MONDE

En Amérique centrale

Cette partie du monde – y compris les États-Unis et le Mexique – compte un nombre élevé de fleuves et de rivières. Les grands fleuves abritent des cichlidés, gros prédateurs, alors que les cours d'eau secondaires sont peuplés d'espèces plus petites, notamment des guppys, des mollys, des porte-épées et des platys, très appréciées des aquariophiles.

En Amérique du Sud

La majorité des poissons d'aquarium sont originaires d'Amérique du Sud. Parmi les espèces les plus connues et les plus répandues : les scalaires, les tétras et les discus du bassin de l'Amazone ainsi que nombre de poissons-chats, barbus et rasboras. Dans les régions montagneuses, les forêts tropicales et les plaines d'Amérique du Sud, chaque espèce vit dans un habitat particulier. Les bassins acides, les torrents, les fleuves, les mangroves, les ripisylves et les affluents offrent une multitude de biotopes dont s'inspirent les aquariophiles.

En Chine

Sur le plan écologique, les plus grands systèmes hydrographiques de Chine ont énormément souffert de l'activité des hommes. Barbus et carpes ont dû s'adapter pour survivre. La plupart des espèces que l'on retrouve en aquariophilie vivent dans les torrents qui alimentent les plus grands cours d'eau. Parmi elles, des petites loches à la fois carnivores et mangeuses d'algues ainsi que quelques espèces de poissons-chats. Le néon chinois ou poisson-cardinal et la loche pontuée sont des poissons d'aquarium.

En Europe

Dans cette région du monde, le climat est tempéré. Nombre d'espèces de poissons vivent dans des eaux froides : les Cyprinidés (ex. : poissons rouges), les épinoches, les bouvières, les poissons-soleil mais aussi des espèces plus grandes comme les rotengles ou gardons rouges et les carpes qui peuplent les étangs. Certaines espèces de loches et mangeurs d'algues sont également répandus en Europe. Les poissons-chats sont plus rares.

En Asie du Sud-Est et en Indonésie

Les îles indonésiennes relativement petites ne comptent que quelques grands systèmes hydrographiques. Les pluies étant abondantes, nombre d'espèces de poissons peuplent les marécages, les ruisseaux et les petites rivières. Parmi les poissons d'aquarium originaires de cette région : les gouramis, les barbus de petite taille notamment le barbu-tigre, les rasboras et nombre de loches dont la loche-clown, la loche épineuse ou kuhli et le requin à queue rouge.

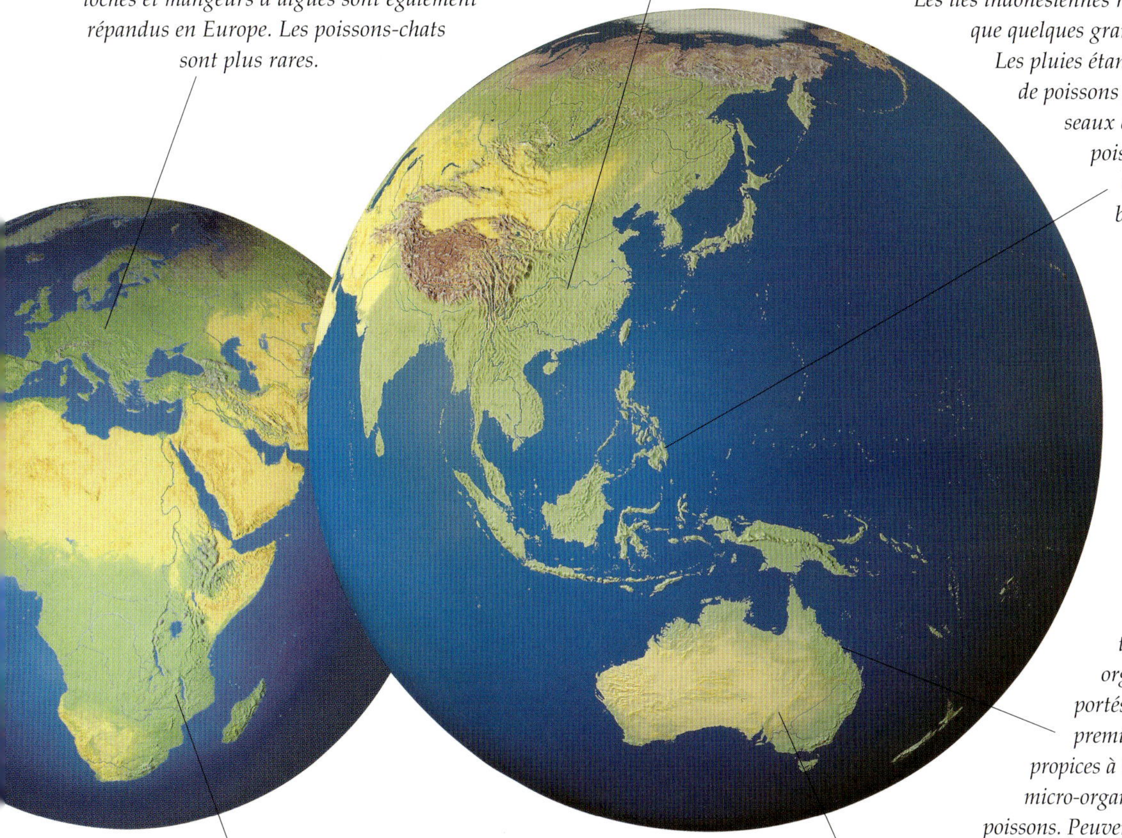

Dans les mangroves

Situées dans les régions tropicales, les mangroves abritent des poissons qui peuvent vivre dans les aquariums aux eaux saumâtres. Les mangroves sont très fertiles et riches en matières organiques et en minéraux transportés par les fleuves. Les eaux qui, à première vue, sont boueuses et peu propices à la vie abritent une multitude de micro-organismes dont se nourrissent les poissons. Peuvent vivre dans un aquarium : les scatophages, les poissons-lunes argentés, les périophthalmes, les poissons-archers ainsi que certaines espèces tropicales de crabes.

En Afrique

C'est en Afrique que se trouvent quelques-uns des plus grands systèmes hydrologiques du monde y compris le Congo, le Zambèze et les trois lacs de la Rift Valley – Tanganyika, Victoria et Malawi. Parmi la multitude de poissons vivant dans les eaux africaines, un grand nombre occupent avec les poissons d'Amérique du Sud une place prépondérante en aquariophilie. Les poissons-chats notamment des Synodontis spp. *et des cichlidés africains de grande taille aiment nager dans les eaux au courant fort alors que les poissons de plus petite taille affectionnent les zones bordées par la forêt tropicale et nombre de bassins et affluents du fleuve. Les lacs de la Rift Valley comptent des milliers de cichlidés dont la plupart sont devenus des poissons d'aquarium.*

En Australie et en Nouvelle-Guinée

Entre la forêt tropicale et le bush*, les paysages, la faune et la flore sont des plus variés. Au centre, des petites mares, des ruisseaux, des petites rivières et autres cours d'eau qui sont à sec une partie de l'année abritent une grande diversité d'espèces dont seuls quelques spécimens sont des poissons d'aquarium, les importations et les exportations d'espèces animales étant strictement contrôlées par les autorités. Toutefois, on peut voir dans certains aquariums des poissons arc-en-ciel, des poissons-chats et des barbus originaires d'Australie et de Nouvelle-Guinée.*

Comment vivent les poissons

Avec les chats et les chiens, les poissons sont l'espèce la plus répandue dans nos foyers même si on ne peut considérer les poissons comme des animaux de compagnie à part entière dans la mesure où les échanges avec les hommes sont inexistants. Les aquariophiles sont toujours étonnés par les traits de caractère – taille, couleur et comportement – qui différencient les spécimens les uns des autres. Tenez compte des caractéristiques de chaque espèce en termes d'alimentation, de reproduction et d'habitat afin que votre aquarium soit une reproduction miniature de l'environnement dans lequel vivent les poissons à l'état naturel.

Pour ce faire, observez le mode de vie des poissons afin de comprendre, d'une part, comment ils vivent dans l'environnement qui leur est propre et, d'autre part, comment ils ont évolué au fil du temps et ont réussi à s'adapter à différents habitats.

***À gauche :** Le corps de la Hachette marbrée* (Carnegiella strigata) *est extrêmement comprimé latéralement. Pour fuir un danger, elle peut littéralement se propulser hors de l'eau.*

L'ÉVOLUTION DES POISSONS

Le premier habitat des poissons fut l'océan et il est probable que nombre d'animaux terrestres – reptiles, mammifères et oiseaux – descendent des poissons. Les chiffres parlent d'eux-mêmes : plus de 20 000 espèces de poissons ont été répertoriées et selon les spécialistes plusieurs milliers d'espèces n'auraient toujours pas été découvertes ou identifiées. Parmi les spécimens connus, plus de 40 % vivent dans les eaux douces ce qui est étonnant dans la mesure où ces habitats ne représentent qu'une infime partie de l'eau sur Terre. Cette contradiction est le reflet des conditions environnementales. Dans les océans, la qualité de l'eau peut varier légèrement dans certaines régions côtières mais, en général, elle est relativement stable et présente les mêmes caractéristiques sur tout le globe. Si les poissons d'eau de mer restent dans certaines zones ce n'est pas parce que des « barrières » délimitent leur territoire mais parce qu'ils sont en sécurité dans leur environnement et qu'ils y trouvent de quoi se nourrir. *A contrario*, les eaux douces peuvent, au sein d'une même zone, varier considérablement tandis que les barrières terrestres naturelles délimitent des habitats isolés les uns des autres. Si un poisson d'eau de mer a tout l'océan à sa disposition, un poisson d'eau douce doit se contenter d'un lac ou d'une petite partie d'une rivière.

Au fil du temps, les poissons de mer se sont peu à peu hasardés dans les eaux douces, se cantonnant à un habitat délimité et évoluant pour donner naissance à de nouvelles espèces.

***Ci-dessous :** Tous les poissons se développent afin de survivre dans un habitat spécifique. Cette végétation haute, dans les eaux limpides brésiliennes, constitue un véritable refuge pour de nombreux mangeurs de plantes, prédateurs et nécrophages.*

Les différences rencontrées par ces poissons – qualité de l'eau, nourriture, prédateurs et facteurs environnementaux – ont eu des répercussions sur l'évolution des espèces, certaines ayant une faculté d'adaptation que d'autres n'avaient pas.

Un exemple flagrant de l'évolution d'une espèce nous vient de la Rift Valley et plus précisément du lac Malawi. Les Cichlidés du lac Malawi appelés

L'ÉVOLUTION D'UNE ESPÈCE

On parle d'évolution dès lors qu'un changement génétique même mineur devient pour la descendance un avantage ou un handicap. Dans le premier cas, les gènes concernés sont transmis au cours de la reproduction et assurent la survie de la descendance. Dans le second, les poissons ont peu de chance de survivre et, par conséquent, de se reproduire et transmettre les gènes.
À l'échelle du temps, une modification génétique *a priori* insignifiante peut totalement changer l'aspect physique d'un poisson – taille, couleur, morphologie –, son comportement voire ses attributs biochimiques.

M'bunas – poissons présentant de nombreux points communs avec les poissons de mer – aiment nager au milieu des rochers. Or les différences géologiques (roches abruptes, fonds sableux et marécages) ont contribué à une spéciation à l'apparition de spécimens avec des différences physiologiques. Sur une période de plusieurs millions d'années, la première espèce de cichlidés a donné naissance à plus de 600 espèces distinctes.

***Ci-dessous :** Les cichlidés vivant dans les lacs de la Rift Valley arrachent les algues recouvrant les roches au fond de l'eau à l'aide de petites « dents ».*

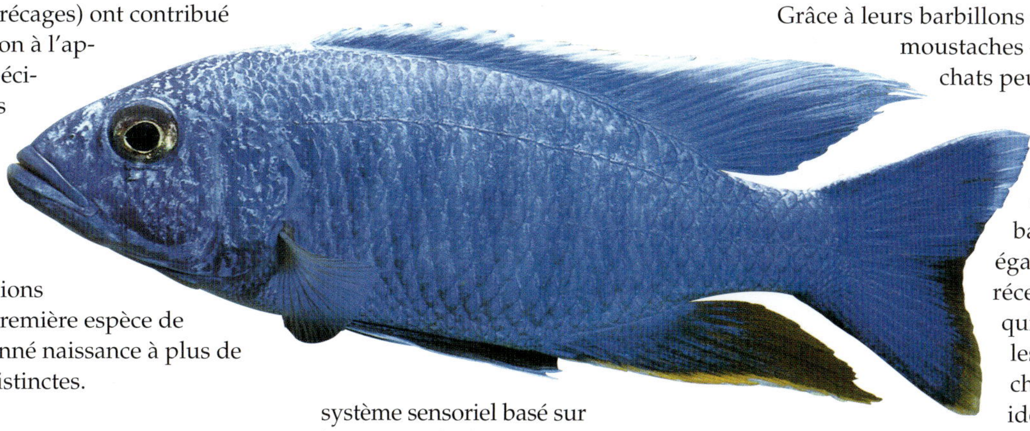

LES SENS

Les poissons possèdent les mêmes sens – toucher, goût, odorat, vue et ouïe – que les humains et autres espèces animales, auxquels vient s'ajouter un sixième sens, la variation de pression. Ce sens est localisé sur la ligne latérale constituée de canaux dotés de récepteurs sensoriels sensibles aux variations de pression de l'eau. Certains poissons ont également un système sensoriel basé sur l'émission de champs électriques. Les sens sont plus ou moins développés selon l'environnement dans lequel évoluent les poissons. Par exemple, les poissons-chats qui vivent au fond des cours d'eau aux eaux boueuses ont une acuité visuelle peu développée. Pour se diriger ou se nourrir, ils se fient à leur toucher et leur odorat. *A contrario*, les gros poissons carnivores qui nagent dans les eaux claires et les petits poissons qui se nourrissent d'insectes à la surface de l'eau ont une excellente acuité visuelle. En conclusion, si tous les poissons sont dotés des mêmes sens, certains sont plus développés que d'autres en fonction de l'évolution de chaque espèce, de son habitat et de ses habitudes comportementales.

***Ci-dessous :** Pour trouver la nourriture dissimulée dans le substrat, le* Synodontis robertsi *se fie plus à ses barbillons qu'à son acuité visuelle.*

SE REPÉRER DANS LE NOIR

Grâce à leurs barbillons – sorte de moustaches – les poissons-chats peuvent se diriger et localiser leur proie. Très sensibles au contact, ces barbillons sont également dotés de récepteurs de goût qui enregistrent les signaux chimiques et identifient certains paramètres de la composition de l'eau notamment la température, le taux d'oxygène et la salinité. Certaines espèces de cyprinidés (y compris les poissons rouges), les corydoras (petits poissons-chats) et les loches utilisent leurs barbillons pour fouiller la couche supérieure du substrat. Les poissons peuvent chercher leur nourriture tout en voyant ce qui se passe autour d'eux.

Les barbillons de certains poissons-chats sont plus longs que leur corps. Ils s'en servent pour localiser leur proie et identifier ce qui les entoure. Pour mieux comprendre, observez un poisson-chat dans un aquarium. Dès que vous jetez une algue, les barbillons se mettent à bouger, ce qui prouve que le poisson sent l'odeur ou enregistre les signaux chimiques émis par le végétal. Dès qu'un barbillon touche l'algue, le poisson sait où elle se trouve et si ce type de nourriture lui convient. Si oui, il se jette dessus et l'avale.

La bouche des anabantidés porte six barbillons qui, en fait, sont le prolongement des nageoires ventrales. Chaque barbillon est doté de récepteurs de goût et de récepteurs chimiques.

Dans les eaux troubles des marécages, ces poissons se fient principalement à leur toucher pour détecter les zones les mieux oxygénées et identifier les objets. Dans un aquarium, observez la manière dont ils touchent leurs compagnons, les plantes et objets divers afin de savoir à qui ou à quoi ils ont affaire.

SOUS PRESSION

Les poissons détectent les variations de pression de l'eau grâce à leur ligne latérale. Sur les flancs de la plupart des espèces, une ligne de petits orifices ou pores est visible de la tête à la queue. Ces pores permettent à l'eau de pénétrer dans un minuscule canal sous-cutané sur toute la longueur du flanc. Les variations de pression font bouger l'eau se trouvant dans le canal et de minuscules cils sensoriels connectés aux cellules nerveuses sur les parois du canal qui envoient des impulsions au cerveau.

Cette faculté de percevoir les variations de la pression de l'eau permet aux poissons de localiser les obstacles se trouvant sur leur passage et de détecter les mouvements des autres poissons. Les variations de pression ressemblent un peu aux remous qui se forment derrière un bateau. Lorsqu'un poisson ou un végétal bouge, il produit une sorte de remous. Les autres poissons détectent la variation de pression grâce à leur ligne latérale. C'est cette même ligne qui leur permet de ressentir un changement de pression et le mouvement de l'eau lorsqu'un objet s'approche d'eux.

Le fait de ressentir les variations de pression permet à un poisson, d'une part, de se déplacer dans son environnement, de se sauver et de se cacher lorsqu'il est chassé par un prédateur et, d'autre part, d'éviter ses compagnons lorsqu'il se déplace en bande. Dans un aquarium, des ondes de pression peuvent résulter de vibrations provenant de l'environnement extérieur, par exemple, les bruits émis par un appareil électroménager ou une personne tapant sur la vitre. Les ondes de pression génèrent alors des « sons », véritables détonations qui parviennent aux poissons et sont, vous le comprendrez aisément, sources de stress. Les poissons grégaires sont particulièrement sensibles aux ondes de pression et, au moindre bruit, ils changent de direction afin de s'éloigner le plus possible du stimulus.

UN CHAMP VISUEL TRÈS LARGE

Les yeux des poissons sont similaires aux yeux des hommes et nombre d'autres espèces animales. Certaines espèces ont une meilleure acuité visuelle que d'autres. L'eau absorbe plus la lumière que l'air. Sous l'eau, la luminosité est considérablement atténuée et évaluer une distance est alors très difficile pour les yeux habitués à être sollicités en milieu terrestre. Plus l'eau est profonde, plus il fait sombre. Nombre de poissons ne sont pas capables d'apprécier les distances. En effet, les deux yeux placés de chaque côté de la tête ne permettent pas toujours une vision bilatérale alors que le champ de vision est particulièrement large. Les poissons peuvent pratiquement voir tout ce qui se passe autour d'eux. Or il est nettement plus important de ne pas se laisser surprendre par un prédateur que d'apprécier les distances.

Lorsque l'on parle de l'acuité visuelle des poissons, il est nécessaire de différencier la perception des couleurs et la sensibilité à la lumière. La première est utile chez les poissons qui vivent dans les eaux claires et limpides car ils peuvent ainsi faire la différence entre leurs « amis » et leurs « ennemis ». Pour les spécimens vivant dans les récifs, perce-

LA LIGNE LATÉRALE

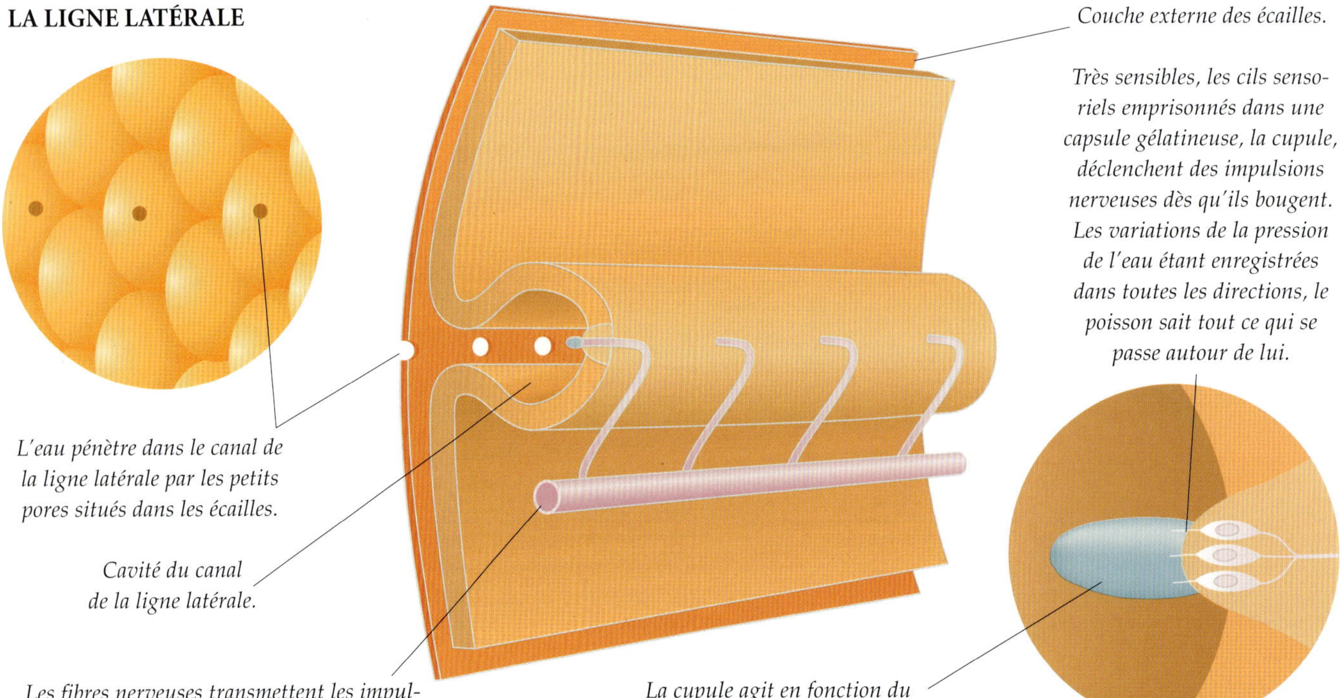

UNE VISION À 360°

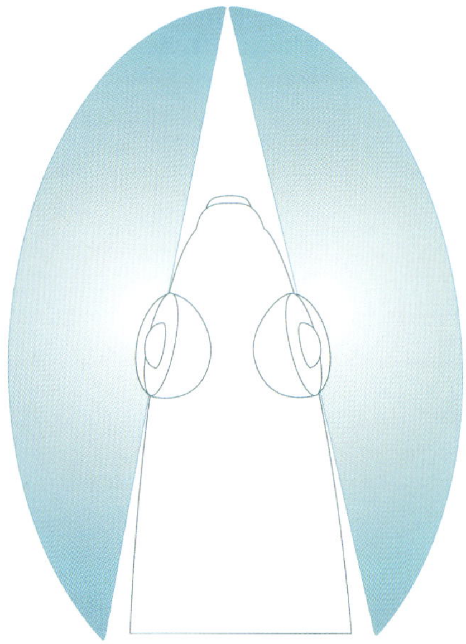

Ci-dessus : *Les poissons ont du mal à apprécier les distances. Leur vision n'est pas bilatérale alors que le champ de vision est particulièrement large.*

voir les couleurs est primordial ce qui explique pourquoi la plupart sont très colorés. Pour les poissons qui se fient plus à leurs autres sens qu'à leur vue, qui vivent dans les eaux sombres ou sont nocturnes, la sensibilité à la lumière est nettement plus importante que la perception ds couleurs. Certaines espèces, notamment les poissons-chats, ont une perception très aiguë de la lumière. Leur corps est peu coloré voire terne.

MORPHOLOGIE ET MOUVEMENT

La forme et les caractéristiques de son corps livrent moult informations sur l'environnement d'un poisson. La forme de la bouche en dit beaucoup sur la façon dont il se nourrit et l'endroit où il trouve sa nourriture. Une bouche tournée vers le haut – poissons actifs, anabantidés – indique que le poisson trouve sa nourriture à la surface de l'eau (insectes). Une bouche tournée vers le bas – loches – signifie que le poisson fouille le sol pour se nourrir. Un poisson doté d'une bouche terminale cherche sa nourriture en pleines eaux ou à la surface.

La forme du corps d'un poisson renseigne sur la manière dont il se comporte dans son milieu naturel. Les poissons dont le corps est allongé et aplati sur les côtés – scalaires et gouramis – apprécient les eaux calmes où ils peuvent se déplacer aisément entre les végétaux. Certaines espèces de poissons-chats et de loches ont un corps aplati plus large que haut qui leur permet de passer pratiquement inaperçus et de se dissimuler dans les cavités sous les roches, dans les morceaux de bois ou autres objets creux. La plupart des poissons ont un corps fuselé. Ils peuvent nager en pleines eaux en faisant le minimum d'effort. Tous les poissons qui vivent en pleines eaux ont un corps fuselé.

Certaines espèces sont dotées d'un corps à la forme et à la taille inhabituelles qui, en grande partie, assure leur survie. Par exemple, le poisson-hachette est aisément reconnaissable à son corps aplati sur le dessus et bombé voire semi-circulaire sur le dessous et à sa bouche tournée vers le haut. Ces caractéristiques indiquent qu'il aime nager près de la surface. À l'approche d'un prédateur, il se propulse littéralement hors de l'eau pour lui échapper. Le poisson-archer a également un corps atypique. Ses muscles sont si tendus qu'il déverse sur les insectes accrochés à la végétation des jets d'eau jusqu'à ce qu'ils lâchent prise (voir page 195).

Grâce à leur silhouette et à leur couleur, certains poissons n'ont aucun mal à se camoufler. Les poissons-chats des genres *Farlowella* et *Sturisoma* ont des corps longs et fins qui rappellent les petites branches qui recouvrent le substrat. Le poisson-feuille *(Monocirrhus spp.)* doit son nom à son corps marbré en forme de feuille. Sa façon de nager fait penser à une feuille qui tombe d'un arbre. Certaines espèces de poissons-chats ont des techniques de camouflage bien à elles. Leur peau présente des excroissances inhabituelles que les prédateurs confondent avec les sédiments qui recouvrent le substrat.

EN BANC SERRÉ OU LÂCHE

Dans un aquarium, certains poissons gardent les habitudes comportementales

POSITION DE LA BOUCHE

La mâchoire inférieure plus longue que la mâchoire supérieure laisse deviner que le poisson attrape la nourriture par le dessous.

Les poissons de moyenne eau ont généralement une bouche terminale qui leur permet de foncer droit sur leur proie pour l'avaler.

Une mâchoire supérieure plus longue que la mâchoire inférieure est typique des poissons qui fouillent le substrat à la recherche de nourriture.

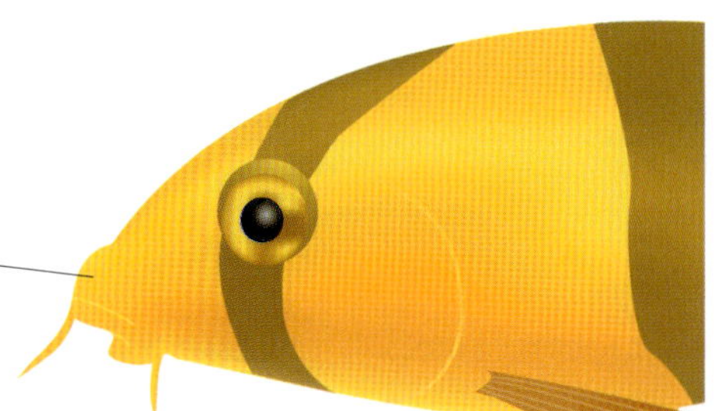

qui, dans leur habitat naturel, leur permettent de survivre. Les petits poissons ont tendance en se déplacer en groupe ou banc en suivant un mode précis : soit les poissons sont très proches les uns des autres et il suffit que l'un d'eux change de direction pour que tous les autres suivent, soit ils gardent une certaine distance entre eux et bougent au même moment imitant les mouvements des poissons extérieurs au groupe.

Dans l'océan, cette seconde tactique est adoptée par les poissons de petite taille qui se réunissent pour faire bloc et échapper à leurs ennemis. En effet, dès qu'un prédateur approche, le banc éclate en plusieurs petits groupes qui partent dans des directions diverses. Le prédateur qui a l'habitude de se concentrer sur une seule proie est totalement déstabilisé et repart bredouille. Les tétras et autres espèces ont compris que le nombre fait la force dès lors qu'il s'agit de trouver de la nourriture ou d'échapper aux prédateurs.

TERRITOIRE ET REPRODUCTION

La quasi-totalité des poissons d'aquarium notamment les cichlidés semblent avoir un fort instinct de propriété dans la mesure où ils ont besoin d'un endroit sûr où ils peuvent se reproduire et garder leurs alevins. Dans leur environnement naturel, les poissons entrent rarement en conflit les uns avec les autres. Rapidement, les spécimens dominants sont identifiés et les plus faibles partent sans demander leur reste. Dans un aquarium, il n'est pas toujours possible de partir et, régulièrement, des conflits voire des combats éclatent.

Pour séduire une femelle, un poisson mâle joue sur les apparences ! Généralement, les mâles sont beaucoup plus colorés que les femelles et, durant la période de reproduction, les couleurs de la robe deviennent plus vives. La femelle choisit le mâle dont les couleurs sont les plus intenses, persuadée qu'il s'agit là d'un poisson en excellente santé et d'un bon géniteur.

CRÉER UN ENVIRONNEMENT NATUREL

Comme nous l'avons vu, la forme, la taille, la couleur et le comportement des poissons ont évolué au fil du temps. En pratique, créer le meilleur environnement qui soit exige de prendre en compte nombre de facteurs : choix des plantes, couleur du substrat et qualité de l'eau. Plus la vie dans l'aquarium se rapproche de la vie dans l'environnement naturel, plus les poissons sont heureux. Les tétras sont des poissons grégaires qui ne supportent pas la solitude. Nombre de poissons-chats aiment se cacher derrière des roches ou dans des grottes. Les anabantidés ont besoin de vivre au milieu des plantes. Les poissons aux couleurs ternes n'aiment pas la lumière vive. Les cichlidés sont des pacifistes. Dans un aquarium, privilégiez les éléments faisant partie de l'environnement naturel des poissons afin qu'ils aient de belles couleurs, qu'ils soient plus résistants et en bonne santé. Un vrai bonheur pour les poissons et un véritable plaisir pour les aquariophiles.

À droite : *Les barbus d'Odessa* (Puntius ticto) *sont des poissons grégaires qui se déplacent toujours en bande, d'une part pour trouver de la nourriture et, d'autre part, pour échapper aux prédateurs.*

COMME À LA MAISON

Si l'environnement dans lequel ils vivent ne leur convient pas, les poissons sont sujets au stress. Si la qualité de l'eau est idéale mais que les éléments qu'ils rencontrent dans leur habitat naturel font défaut, les poissons souffrent. Par exemple, les espèces qui vivent dans des cours d'eau à la végétation dense et aux nombreuses cachettes ont du mal à s'adapter à un aquarium quasiment vide. En effet, ignorant que dans un aquarium elles ne risquent pas d'être attaquées par un prédateur, elles sont sans cesse sur le qui-vive. Le stress est si fort qu'elles peuvent tomber malades voire mourir.

Substrats et décors

Le style d'un aquarium repose sur quatre éléments de base : le substrat, le bois, les roches et les galets. Pour personnaliser votre aquarium ou lui donner un style particulier, associez ces éléments de décor de différentes manières. Le décor n'a pas seulement un caractère esthétique. En effet, selon les matériaux utilisés les poissons se plaisent ou non dans un aquarium et les plantes grandissent ou périssent. Par exemple, certaines plantes poussent mieux si vous utilisez tel substrat plutôt que tel autre. Le décor permet également de dissimuler des accessoires indispensables mais peu esthétiques – filtres et tuyaux – et favorise la reproduction de certaines espèces.

LE CHOIX DES SUBSTRATS

Il n'est pas toujours facile de choisir parmi tous les types et qualités de substrats commercialisés. Privilégiez les substrats destinés aux aquariums. En effet, même si le gravier et autres substrats commercialisés en vrac sont beaucoup moins onéreux, nous vous recommandons de vous fournir dans les magasins spécialisés afin de ne pas risquer de modifier la qualité de l'eau, par exemple en utilisant des produits trop riches en calcaire ou contaminés par des métaux lourds. Les substrats purs comme le schiste argileux (ardoise) ou le granite sont pratiquement sans risques.

Le choix du substrat est primordial, dès lors qu'un aquarium contient des plantes vivantes. En effet, celles-ci puisent une grande part de leurs nutriments dans le substrat or un substrat de qualité standard dans lequel les racines se fixent aisément est relativement pauvre en nutriments. Si possible, optez pour un mélange à base de substrats inertes et riches en éléments nutritifs, sans calcaire et à teneur élevée en azote, potassium et phosphore.

Un mélange de ce type permet de recréer dans l'aquarium les conditions naturelles bénéfiques aux plantes. Pour un résultat encore meilleur, placez des câbles chauffants au fond du bac avant d'étaler le substrat. Ceux-ci chauffent doucement le substrat et font bouger les nutriments qui sont alors plus facilement puisés par les racines des plantes (voir page 28).

Les poissons ont toujours une préférence pour le substrat le plus proche de celui de leur habitat naturel.

Ci-dessus : *Le lit d'un cours d'eau typique est un mélange de boue, de substrat riche en limon, de graviers ou de roches. Dans les eaux rapides, le limon est entraîné, laissant les roches à nu, tandis que dans les eaux calmes, il se dépose au fond.*

Ci-dessous : *Dans cette rivière aux eaux calmes, les sédiments se superposent sur les roches au fond du lit. Près des berges, les racines des plantes s'y fixent plus facilement.*

Ci-dessous : *De nombreux mangeurs d'algues, notamment le* Panaque nigrolineatus, *creusent dans le sable et la boue pour se cacher et fouillent au milieu des roches à la recherche de nourriture.*

Les poissons qui vivent dans les petites rivières et les affluents sont habitués à des substrats de petite granulométrie, aux éléments légers et ronds qui ressemblent au sable de rivière utilisé pour les aquariums. Les corydoras, par exemple, aiment fouiller le substrat à la recherche de nourriture. Les poissons grégaires comme les tétras aiment se dissimuler au milieu des plantes qui bordent les berges. Dans un aquarium, prévoyez des endroits où ils peuvent se cacher. À l'état naturel, ils vivent principalement dans des cours d'eau au substrat foncé ce qui leur permet d'échapper plus facilement à leurs prédateurs. En effet, vus du dessus ils se confondent avec le sol et vus du dessous ils passent presque inaperçus, leur ventre étant très pâle. Certaines espèces de loches originaires notamment d'Indonésie affectionnent les eaux calmes et marécageuses. Elles fouinent dans le sol pour trouver de la nourriture et échapper aux prédateurs. Ce type d'environnement n'est pas facile à recréer dans un aquarium et, pour obtenir le meilleur résultat, mieux vaut opter pour des substrats de faible granulométrie.

Si le substrat ne convient pas aux poissons – et ce quel que soit le décor – leur santé peut rapidement se dégrader. Les espèces peu aventureuses (par exemple, les tétras) sont stressées si le substrat est de couleur trop vive ou trop pâle. Leur système immunitaire s'affaiblit et elles sont sujettes à nombre de maladies. En résumé, choisir un substrat n'est pas une décision à prendre à la légère. Déterminez les besoins, d'une part, des poissons et, d'autre part, des plantes. Si la couche supérieure du substrat est particulièrement importante pour les poissons, ce sont les couches inférieures qui font que les racines des plantes vont se fixer et que les végétaux vont pousser.

LES DIFFÉRENTS SUBSTRATS

Si le choix du substrat est d'une importance capitale pour le bien-être des poissons et des plantes, entre également en ligne de compte l'aspect purement esthétique qui fait que votre décor sera ou non réussi. Mélanger plusieurs substrats est vivement conseillé. La plupart des substrats sont inertes et n'affectent pas la qualité de l'eau. Néanmoins, vérifiez toujours ce point au moment de l'achat. Le sable et le gravier de corail adaptés aux aquariums d'eau de mer ont une teneur élevée en calcium. Si vous utilisez ce type de substrat dans un aquarium d'eau douce, le pH et la dureté de l'eau vont rapidement augmenter. Les substrats riches en calcium ne conviennent qu'aux cichlidés africains originaires de la Rift Valley.

Pour les plantes, privilégiez les substrats inertes qui ne risquent pas de durcir l'eau et de petite granulométrie. En effet, l'eau circule entre les graviers de grosse granulométrie entraînant sur son passage les nutriments qui ne peuvent pas se fixer sur le substrat. Si vous voulez absolument utiliser un substrat de grosse granulométrie dans un aquarium avec des vraies plantes, étalez au fond du bac une épaisse couche de substrat de petite granulométrie (2 à 4 mm) et recouvrez-la d'une fine couche de gravier d'une granulométrie variant entre 1 et 2 cm.

Le sable de rivière est – comme son nom l'indique – très similaire au substrat des ruisseaux, des torrents et des rivières. Les grains sont ronds et de petite granulométrie. Très utilisé dans les aquariums, le sable de rivière est inerte même si certaines particules de roches contenues dans le sable peuvent légèrement faire augmenter le pH de l'eau, la rendant plus alcaline (pH > 7). La granulométrie la plus fine est de 1 à 2 mm et la plus grosse de 10 à 12 mm. Pour les plantes, mieux vaut utiliser du sable de petite granulométrie qui permet aux racines de se fixer sans problème ou mieux encore du sable de quartz sans calcaire. Pour recréer le « lit d'une rivière » dans un aquarium, mélangez des substrats de différente granulométrie et ajoutez des petits cailloux ronds ou des galets. Vous pouvez également répandre une couche de sable de rivière sur un substrat d'une granulométrie encore plus fine afin de favoriser l'enracinement des plantes.

Le sable de rivière est généralement de couleur pâle. Pour le foncer, mélangez-le à du sable de quartz ou du gravier noir. Ce type de mélange est particulièrement recommandé si vous voulez recréer un environnement de ripisylve.

Le sable de quartz est un substrat inerte généralement garanti sans calcaire recommandé pour les aquariums riches en végétaux dont l'eau a un pH acide (eau douce). Le sable de quartz est généralement marron-or clair (idéal pour recréer le fond d'une rivière), noir ou blanc. Le sable de quartz noir est conseillé dans les aquariums abritant des poissons grégaires timides comme les tétras. Les couleurs vives des poissons et des plantes se détachent sur le substrat. Dans un sable de quartz de petite granulométrie (1 à 2 mm) les plantes s'enracinent facilement. Sur le sable de quartz, étalez une couche de substrat riche en nutriments.

Le sable est l'un des substrats les plus courants. Plus ou moins gros, les grains ne dépassent généralement pas 1 mm de diamètre. Si toutes les qualités peuvent être utilisées dans un aquarium, sachez que seul le sable argenté ou sable de Loire largement commercialisé dans les magasins spécialisés en aquariophilie est totalement inerte. Très fin – on dirait presque des grains de poussière – le sable de Loire forme des blocs compacts qui empêchent l'eau de circuler. L'oxygène vient alors à manquer dans cette eau stagnante. Le substrat noircit et des substances toxiques (hydrogène sulfuré) sont libérées menaçant la santé des poissons. Les plantes pourrissent et les algues se développent.

Pour éviter que les grains de sable ne se compactent et favoriser l'oxygénation du substrat, mélangez doucement le sable avec vos doigts. Moins l'aquarium est profond, moins le substrat devient compact.

Le sable de Loire n'est donc pas la solution idéale si vous souhaitez mettre de vraies plantes dans votre aquarium. Vous pouvez, cependant, étaler une fine couche de sable (3 cm) et la recouvrir d'un substrat plus gros. Certaines plantes – *Vallisneria*, *Sagittaria* et *Eleocharis* – se développent sur du sable de Loire si les autres conditions de milieu (qualité de l'eau, luminosité, etc.) sont optimales. Le sable de Loire est

LES SUBSTRATS : UN VASTE CHOIX

Le sable de rivière est le substrat le plus couramment utilisé dans les aquariums.

Le sable de rivière de petite granulométrie présente de nombreux avantages : les particules ne sont pas remises en suspension et les racines des plantes se fixent facilement.

Le gravier garanti sans calcaire est inerte et ne modifie pas la qualité de l'eau. Idéal pour les plantes.

Le sable de Loire a tendance à former des blocs compacts. Il permet de réaliser de très beaux décors.

Le quartz noir est utilisé pour foncer les substrats plus clairs.

recommandé si vous désirez recréer un environnement particulier : eaux saumâtres, estuaires, cours d'eau australiens ou berges.

Le gravier de couleur est commercialisé sous diverses formes et granulométries. Bien qu'inerte, il risque au cours des premiers mois de légèrement colorer l'eau. Pour éviter ou tout au moins atténuer ce phénomène, lavez le gravier à grande eau avant de l'utiliser.

Les graviers sont recouverts d'un plastique coloré qui leur donne un aspect lisse.

Le choix des couleurs est une question de goût. Toutefois, si vous cherchez à créer un environnement naturel, l'orange, le pourpre, le vert vif, le rose et les couleurs fluorescentes ou les mélanges sont à éviter au profit du noir, du rouge foncé et du marron.

Le gravier de couleur de grosse granulométrie (supérieur à 4 mm) est peu propice à l'enracinement des plantes. Vous pouvez néanmoins en étaler une couche sur un substrat plus fin. Le gravier de couleur peut être mélangé à d'autres substrats afin d'apporter une note colorée ou utilisé seul si vous optez pour un substrat unicolore.

Le terreau est relativement peu utilisé dans un aquarium car les particules les plus petites flottent et salissent l'eau tandis que certains nutriments libérés favorisent la prolifération d'algues. Néanmoins, si vous optez pour des poissons vivant à l'état naturel dans des eaux boueuses, le terreau est une bonne option. Sachez qu'une eau trouble n'est pas particulièrement esthétique et que les filtres risquent rapidement de s'encrasser voire se boucher. Réfléchissez donc mûrement avant d'utiliser du terreau ou mélangez-le à un autre substrat. Les nutriments libérés par le terreau favorisent la croissance des plantes. Si la luminosité est bonne et si la teneur en gaz carbonique est suffisante, les plantes puiseront suffisamment de nutriments pour empêcher la prolifération des algues. Par ailleurs, les racines maintiennent le sol en place ce qui évite que l'eau se salisse.

Si vous optez, malgré tout, pour du terreau, étalez une couche au fond du bac et recouvrez-la de sable ou de gravier pour empêcher que l'eau se trouble ou mettez des plantes et attendez au minimum un mois avant de faire fonctionner les filtres et d'introduire des poissons. Ce délai est indispensable pour que la terre « se fixe », que les racines prennent et que l'eau devienne claire. Ne mettez jamais des poissons vivant au fond de l'eau dans

Le gravier de couleur est très esthétique.

Le gravier aux couleurs vives (y compris un blanc très pur) manque quelque peu de naturel.

Un mélange de tourbe et d'argile sous une couche de gravier favorise l'enracinement des plantes et garantit un apport en nutriments.

Les substrats riches en nutriments, notamment la latérite, riche en fer, sont à privilégier dans les aquariums plantés. La latérite peut être mélangée à d'autres substrats.

Le gravier de corail est particulièrement adapté aux aquariums d'eau de mer mais convient aussi aux aquariums d'eau saumâtre.

Le gravier riche en calcium augmente le pH de l'eau et ne doit être utilisé que dans des aquariums remplis d'eau dure ou d'eau saumâtre.

un aquarium dans lequel vous avez mis du terreau mais optez, par exemple, pour des poissons-chats.

Le terreau peut être nocif s'il contient des pesticides, des herbicides et autres substances chimiques. Lisez attentivement la composition sur les étiquettes et méfiez-vous des additifs artificiels. N'utilisez jamais de la terre de jardin car même si elle ne contient aucune substance chimique toxique, elle renferme des créatures microscopiques qui, en se décomposant, risquent de polluer l'eau.

Le terreau donne à un aquarium un petit air naturel qui rappelle les rivières, les ripisylves ou les marécages. L'utilisation de ce substrat, qui demande quelques précautions, est déconseillée aux aquariophiles inexpérimentés.

Les substrats riches en nutriments favorisent la croissance des plantes. Même si un apport en nutriments peut être garanti par d'autres moyens, notamment sous la forme d'additifs liquides, un substrat riche en nutriments assure un apport régulier et constant aux plantes aquatiques. Les substrats les plus répandus sont à utiliser avec modération. La couche doit être prise « en sandwich » entre deux couches d'un autre substrat, par exemple du quartz sans calcaire ou du sable de Loire de faible granulométrie afin que les particules ne soient pas en suspension ; elles troubleraient l'eau et les racines des plantes ne s'« accrocheraient » pas. Vous pouvez également mélanger le substrat riche en nutriments avec la moitié d'un substrat standard. Étalez le mélange au fond du bac et recouvrez-le avec une autre couche de substrat standard.

Les substrats à base d'argile et la latérite sont les plus utilisés même s'ils libèrent lentement les nutriments contenus. Les substrats riches en nutriments sont d'autant plus bénéfiques aux plantes que le fond du bac est équipé d'un câble chauffant.

Les additifs tout comme les substrats riches en nutriments libèrent lentement les éléments nutritifs sur une période relativement longue. Les additifs les plus courants se présentent sous forme de boulettes (5 à 10 mm ou plus de diamètre) placées directement sous les racines. L'avantage des boulettes est que vous les déposez uniquement là où il y a des plantes. Sous des *Echinodorus*, plantes aquatiques tropicales consommant une grande quantité de fer plus connues sous le nom de plantes-épées d'Amazonie, placez une boulette sous les racines afin d'alimenter les plantes sans que le reste de l'aquarium soit fertilisé ce qui favoriserait l'apparition d'algues.

LES AUTRES SUBSTRATS

Dès lors que vous voulez créer un style particulier, le choix du substrat est primordial et ce même si votre objectif n'est pas de restituer à l'identique un habitat naturel. En effet, un décor à base de roches et de galets peut être

INSTALLER UN CÂBLE CHAUFFANT

1 Un câble chauffant favorise la circulation des nutriments. Laissez 5 à 10 cm entre les boucles selon le voltage.

2 Un sable de faible granulométrie assure une répartition égale de la chaleur et maintient le câble en place. Recouvrez le câble avec une couche de sable d'environ 2 cm soit une épaisseur totale de 5 cm.

3 Recouvrez le sable avec une fine couche de substrat riche en nutriments puis ajoutez une couche de gravier sans calcaire de petite granulométrie sur une épaisseur d'environ 5 cm.

Ci-dessus : Les aquariophiles sont unanimes, un aspirateur est un accessoire indispensable. L'eau est aspirée à l'aide d'un siphon dans un tube dans lequel les impuretés sont séparées du gravier.

mis en place non pas pour imiter un environnement naturel mais pour accueillir des poissons grégaires qui aiment se cacher. Pour personnaliser votre aquarium, n'hésitez pas à utiliser des matériaux peu ordinaires comme du charbon ou des morceaux de teck. Des éclats de roche – granite, quartz, grès, argile ou basalte – apportent de la couleur et une note originale à l'ensemble. Jouez avec les contrastes et mélangez des gros morceaux et des éclats d'une même roche. Des cailloux ou des galets et du sable de rivière de grosse granulométrie sont recommandés dans les aquariums abritant des gros poissons, par exemple des cichlidés africains originaires de la Rift Valley.

Dans un aquarium aux eaux dures ou saumâtres, mélangez du sable ou du gravier de corail avec quelques coquillages pour recréer un environnement marin.

Ajoutés en petites quantités, ces substrats apportent une touche de réalisme et une texture particulière au substrat existant. Un substrat uniforme au fond du bac paraît artificiel et, en le regardant, il est bien difficile de penser à un habitat naturel. Dans notre « tour du monde » présenté dans la seconde partie de cet ouvrage, je ferai souvent référence à ces substrats inhabituels.

LES CÂBLES CHAUFFANTS

Dans un aquarium riche en plantes et contenant un substrat de granulométrie relativement fine – gravier de quartz ou sable de rivière – mélangé à un substrat riche en nutriments, il est recommandé d'installer au fond du bac un câble chauffant qui assure la circulation des éléments nutritifs et les empêche de stagner.

Un câble chauffant augmente légèrement la température de la couche inférieure du substrat créant des courants de convection. L'eau chaude remonte vers la surface du bac alors que l'eau froide descend vers le fond. Ce mouvement incessant brasse les nutriments contenus dans le substrat qui ont alors plus de chance d'entrer en contact avec les racines des plantes et d'être puisés par elles.

Étalez sur le câble chauffant une couche d'un substrat de très fine granulométrie afin que la chaleur soit rapidement diffusée et que toute la couche inférieure du substrat soit chauffée. Le sable de Loire est idéal à condition de n'en mettre que sous et sur le câble afin d'éviter que des blocs compacts se forment.

Installer un câble chauffant n'est pas indispensable dans un aquarium planté hormis si les plantes sont nombreuses, le substrat utilisé riche en nutriments, la luminosité forte et le taux de dioxyde de carbone élevé.

PRÉPARATION DU SUBSTRAT

Pratiquement tous les substrats, notamment le quartz sans calcaire, renferment des débris et des particules de poussière qui troublent l'eau. La seule solution : rincer le substrat avant de l'utiliser. Les seuls substrats qui ne nécessitent pas un rinçage sont le sable de Loire, les substrats riches en nutriments et le terreau. Pour débarrasser un substrat de ses impuretés, prenez-en une petite quantité dans le creux de votre main et passez-le sous l'eau du robinet ou d'un tuyau d'arrosage jusqu'à ce que l'eau soit limpide. Cette opération peut prendre un peu de temps mais mieux vaut en passer par là que d'avoir une eau trouble dans son aquarium. Si malgré tout, après avoir étalé le substrat et rempli l'aquarium, l'eau est trouble, attendez quelques jours qu'elle redevienne claire et transparente.

ENTRETENIR UN SUBSTRAT

Au fil du temps, le substrat forme des blocs compacts et se salit ce qui favorise la prolifération d'algues et le développement de bactéries dangereuses pour les poissons qui se nourrissent au fond de l'eau notamment les poissons-chats.
Pour empêcher ce phénomène, remuez le substrat au minimum deux fois par

LE TEST DES BULLES

Pour déterminer si une roche risque de changer la qualité de l'eau de votre aquarium, versez quelques gouttes d'une substance acide, par exemple du vinaigre, sur le dessus. Si la roche contient du calcaire, des bulles se forment : n'utilisez pas cette roche.

Ci-dessous : Test d'acidité d'une roche avec du inaigre blanc.

semaine en raclant le fond avec vos doigts.

Si vous n'utilisez qu'un seul substrat, aspirez régulièrement les déchets, par exemple lorsque vous ajoutez de l'eau propre dans votre aquarium. Si vous utilisez plusieurs substrats, enlevez les impuretés qui se trouvent sur la couche supérieure.

ROCHES ET BOIS

Les magasins spécialisés proposent une multitude de roches et de bois pour aquariums. Faites votre choix en fonction du style que vous voulez créer. Par exemple, des grands morceaux d'ardoise dentelés sont à éviter dans un aquarium de style marécageux mais de bon aloi dans un aquarium inspiré d'un torrent.

LES DIFFÉRENTS TYPES DE ROCHES

À côté des roches « standards », nombre de roches façonnées par l'érosion ou l'activité volcanique sont commercialisées. Certaines permettent de créer des décors atypiques alors que les roches teintées ou en « verre » ont un côté artificiel parfois dérangeant.

Toutes les roches ne peuvent pas être utilisées dans un aquarium. C'est notamment le cas des roches contenant des composés calcaires qui modifient le pH de l'eau et la rendent plus dure. Parmi ces roches : la craie, la pierre à chaux, le marbre et le tuf. Méfiez-vous également des roches décoratives calcaires comme les roches spaghettis. Les roches avec cavité sont souvent calcaires. Les trous sont dus à l'érosion des substances calcaires à l'intérieur de la roche. Les roches calcaires sont conseillées dans un aquarium aux eaux dures ou saumâtres car elles contribuent au maintien d'un pH élevé et d'une eau basique stable.

Parmi les roches inertes pouvant être utilisées sans risque dans un aquarium : le charbon, le basalte, le silex, le granite, le grès, l'ardoise et la roche de lave.

Les roches en tant que telles peuvent sembler statiques et dépourvues d'intérêt. Or, il suffit de les placer d'une certaine manière à un certain endroit pour qu'elles soient du plus bel effet. Pour recréer une chute de pierres, disposez des grosses roches puis dispersez autour d'elles des roches plus petites et des éclats. Si vous

ROCHES ET BOIS

Au fil du temps, la texture du granite se modifie et devient de plus en plus naturelle.

Définir l'emplacement de morceaux d'ardoise – grands ou petits – demande réflexion sous peine d'obtenir un résultat peu esthétique.

Les gros galets apportent une note particulière à un aquarium et font le bonheur des poissons mangeurs d'algues.

Cette roche du Westmorland (comté britannique) se reconnaît à sa couleur rougeâtre et ses dessins atypiques.

Les éclats de roches sont largement commercialisés dans les magasins spécialisés. Associez des morceaux d'ardoise de différentes tailles.

Des morceaux de lave mélangés à des grosses roches sont du plus bel effet.

Le charbon lavé ressort merveilleusement sur un substrat clair.

Des petits galets ronds sont indispensables dans un aquarium inspiré d'une rivière.

aimez la sobriété, optez pour une ou deux grosses roches et quelques pierres plus petites. Les roches permettent de délimiter une zone ou de créer une cachette dans laquelle les poissons se mettent à l'abri ou se reproduisent.

MISE EN PLACE DES ROCHES

Si vous utilisez seulement quelques roches – une ou deux grosses ou plusieurs petites – posez-les tout simplement sur le substrat ou, pour plus de sécurité, enfoncez-les dedans. Empiler des roches poreuses légères – par exemple, des roches de lave – est relativement simple alors qu'entasser des roches lourdes exige quelques précautions. Avant de remplir l'aquarium d'eau, fixez les roches avec du silicone afin qu'elles ne s'effondrent pas et brisent la vitre.

Pour éviter tout problème, posez les roches les plus grosses sur le substrat puis empilez des roches plus petites. Dès que la pile atteint 30 cm de haut, fixez les roches avec du silicone. Laissez sécher 24 heures puis empilez d'autres roches, fixez-les avec du silicone, laissez sécher 24 heures et ainsi de suite jusqu'à obtention du résultat escompté.

Pour créer une avancée rocheuse, empilez plusieurs grosses roches puis couchez l'aquarium sur le dos ou sur un côté et continuez la construction. Fixez les roches avec du silicone, laissez-les sécher puis remettez l'aquarium dans sa position initiale. Du point de vue de l'esthétique, veillez à ce que la partie collée soit face à la paroi arrière de l'aquarium.

LES DIFFÉRENTES ESPÈCES DE BOIS

Les bois les plus couramment utilisés en aquariophilie sont les bois tropicaux qui peuvent être immergés plusieurs années d'affilée sans pourrir, sans être infestés par les champignons ou autres bactéries. Parmi les espèces les plus appréciées des aquariophiles : le teck ou bois de mopani. Le bois de mopani est décapé à la sableuse d'où un côté marron foncé et un côté lisse et couleur sable. Le bois de mopani est particulièrement recommandé dans les aquariums aux eaux saumâtres dont le fond est recouvert de sable. Les racines enchevêtrées sont très appréciées dans les aquariums inspirés des marécages, des mangroves et des ripisylves. Parmi les autres bois utilisés, les bambous, les brindilles et les écorces de liège qui ont été traités au préalable. Les chaumes de bambou au

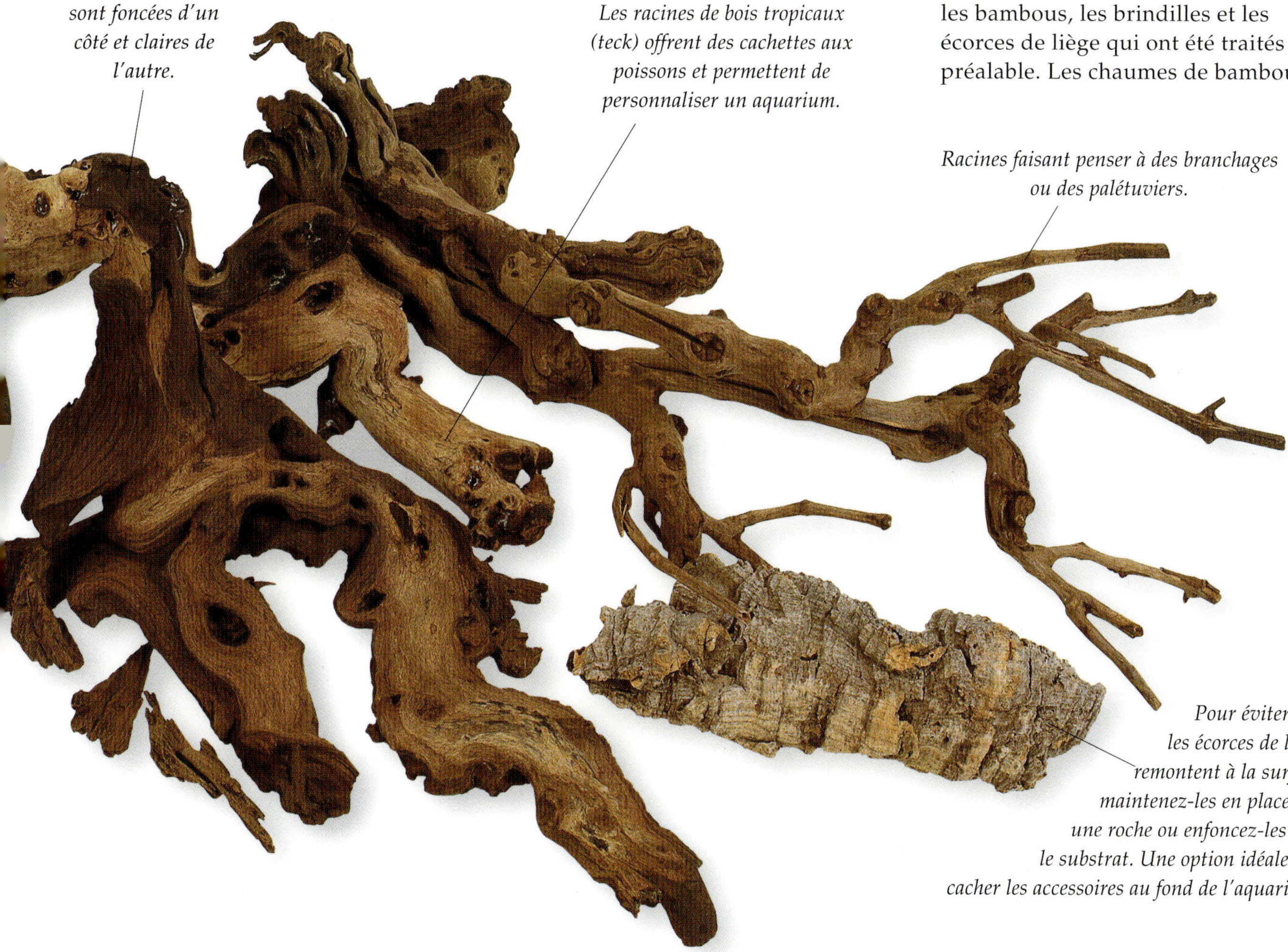

Les racines de mopani prélavées sont foncées d'un côté et claires de l'autre.

Les racines de bois tropicaux (teck) offrent des cachettes aux poissons et permettent de personnaliser un aquarium.

Racines faisant penser à des branchages ou des palétuviers.

Pour éviter que les écorces de liège remontent à la surface, maintenez-les en place avec une roche ou enfoncez-les dans le substrat. Une option idéale pour cacher les accessoires au fond de l'aquarium.

milieu d'une végétation dense sont recommandés pour recréer un milieu marécageux. Les brindilles (branchages secs) rappellent les racines de certains arbres notamment des palétuviers. Les écorces de liège vendues dans certains magasins d'aquariophilie sont appréciées des poissons qui hantent le fond des aquariums.

Au fil du temps, nombre de variétés de bois – et tout particulièrement le teck – libèrent des acides tanniques qui colorent l'eau de l'aquarium. Inoffensifs pour les poissons, ces acides peuvent diminuer le pH ou la dureté de l'eau et même si l'eau légèrement marron apporte à l'ensemble une note naturelle, en général, les aquariophiles préfèrent une eau propre et limpide.

Les filtres à charbon actif éliminent les impuretés et rendent l'eau claire. Il est conseillé de faire tremper le teck afin d'enlever le maximum de tannins ce qui peut prendre plusieurs semaines.

N'utilisez que du bois vendu dans les magasins spécialisés car un bois qui n'est pas assez sec ou qui n'a pas trempé suffisamment longtemps renferme des éléments organiques qui favorisent la prolifération des bactéries ou des champignons nocifs pour les poissons et risquent d'altérer la qualité de l'eau. Seul un bois de diamètre relativement fin, parfaitement sec qui a subi un traitement spécifique peut être utilisé dans un aquarium.

Ci-dessous : *Vérifiez que les chaumes des bambous sont parfaitement secs puis passez une couche de vernis à l'intérieur et à l'extérieur pour les rendre imputrescibles.*

CONSTRUIRE UNE GROTTE AVEC DE LA LAVE

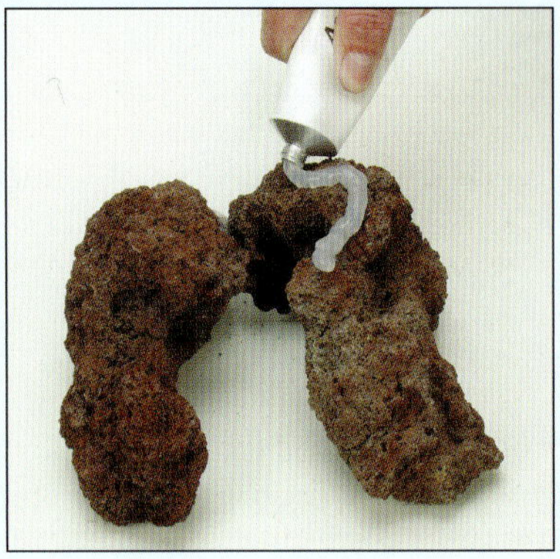

1 Choisissez les roches. Posez les plus gros morceaux à plat puis mettez du silicone sur le dessus.

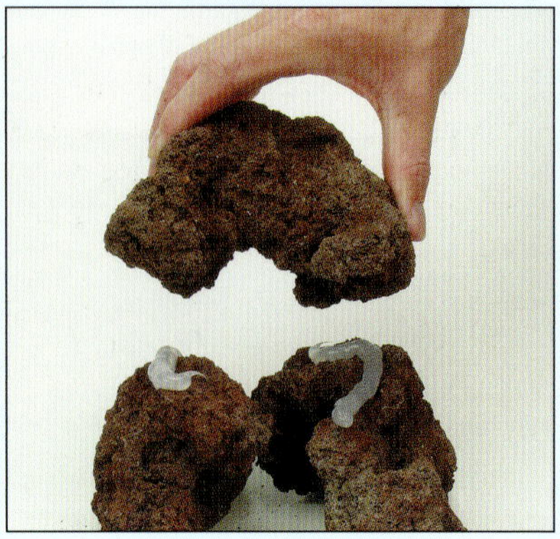

2 Appuyez fortement le « toit » de la grotte et laissez sécher le silicone. Si besoin est, posez un objet lourd sur le dessus afin de maintenir la structure en place.

3 Comblez les interstices avec du silicone. Mouillez votre doigt et enlevez le surplus. Les parties siliconées seront placées face à la paroi arrière de l'aquarium.

4 Attendez 24 heures pour que le silicone soit sec puis enlevez l'excès afin de donner à la structure un aspect naturel. Placez la grotte à l'endroit voulu dans l'aquarium.

PRÉPARATION DU BOIS

Le teck ne nécessite aucune préparation préalable alors que les bambous doivent être trempés, séchés puis vernis afin d'éviter la prolifération des bactéries et des champignons. Retirez la « peau » à l'intérieur des chaumes puis passez une couche de vernis polyuréthane de teinte claire sur toutes les parties visibles. Laissez sécher. Les vernis colorés contiennent des substances chimiques nocives pour les poissons et les plantes.

Il n'est pas nécessaire de vernir les brindilles mais cassez-les à certains endroits (1 cm de diamètre) afin de vérifier que le bois est parfaitement sec. Un bois vert qui se plie mais ne se brise pas n'est pas suffisamment sec pour pouvoir être utilisé. Les brindilles, le teck et l'écorce de liège flottent. Fixez-les avec du silicone sur un objet lourd – une grosse roche, un morceau d'ardoise ou une plaque de verre que vous dissimulerez sous le substrat.

Pour créer une paroi en écorce de liège, collez le liège sur la vitre arrière de l'aquarium et laissez sécher plusieurs jours.

DÉCOR ARTIFICIEL

Parmi les décors commercialisés, les aquariophiles ont le choix entre les décors naturels (bois, roches) et les décors en plastique (crânes, ponts de couleur fluorescente, etc.). Si ces accessoires n'ont rien à voir dans un aquarium inspiré d'un milieu naturel et n'apportent rien au bien-être des poissons, ils permettent de ne pas retomber dans les sempiternels décors à base de roches et de bois. Au bout de quelques mois passés dans l'eau, les roches, les grottes et les racines perdent de leur éclat et deviennent peu à peu plus « naturelles » notamment si quelques algues se développent sur la surface. Les accessoires en plastique offrent aux poissons des cachettes alors que les formes inhabituelles permettent de créer des « plates-formes » sur lesquelles seront plantées différentes espèces végétales. Ces accessoires permettent également de dissimuler les filtres et les tuyaux fort peu esthétiques. Les grottes en plastique mettent fin au casse-tête pour trouver la meilleure façon d'empiler et de fixer les roches qui, au demeurant, risquent toujours de tomber et de briser les vitres de l'aquarium.

LES PAROIS ARRIÈRE

Une paroi arrière est un élément indispensable pour personnaliser un aquarium et faire disparaître les tuyaux, câbles ou papier peint qui ne sont cachés ni par les plantes ni par les différents accessoires. Fixez une paroi représentant des roches ou des végétaux sur la vitre arrière de l'aquarium puis observez le résultat. Si l'ensemble peut, parfois, sembler un peu artificiel, la paroi donne de la profondeur et fait ressortir les éléments (roches, grottes, plantes, etc.) utilisés.

Les parois en relief qui représentent soit des roches empilées soit des racines donnent l'impression d'avoir devant soi un décor en 3D. Les matériaux les plus couramment utilisés sont les plaques en polystyrène ou en caoutchouc dur fixées avec du silicone sur la vitre arrière de l'aquarium.

Laissez sécher deux à trois jours. Pendant ce temps, organisez le décor et mettez en place les différents accessoires notamment les plantes dont les racines ne doivent pas être enterrées sous peine de pourrir comme la fougère et la mousse de Java ou les espèces du genre *Anubias*.

Le décor de cette plaque en plastique de 1 cm d'épaisseur est en relief. Coupez la plaque et fixez-la sur la vitre arrière de l'aquarium.

Une multitude de décors de « scènes naturelles » – roches et racines d'arbres – sont commercialisés dans les magasins spécialisés.

Les plaques en plastique sont fixées sur la vitre arrière de l'aquarium. Choisissez une plaque légèrement plus grande que la vitre et ajustez-la.

À gauche : *Choisissez le décor, placez-le contre la vitre, ajustez-le puis fixez-le avec de la colle ou du ruban adhésif.*

Les plantes aquatiques

Au milieu d'un décor statique ce sont, d'une part, les poissons et, d'autre part, les espèces végétales qui apportent de la vie. Les espèces aquatiques sont sélectionnées en fonction du style et du milieu dont vous vous êtes inspiré pour votre aquarium mais aussi des poissons choisis. Le substrat doit être suffisamment riche pour fournir aux plantes les nutriments dont elles ont besoin.

Si les besoins des plantes diffèrent selon les variétés, les principes de base – lumière, nutriments, qualité du substrat et qualité de l'eau – restent les mêmes pour toutes.

LUMIÈRE ET CROISSANCE DES PLANTES

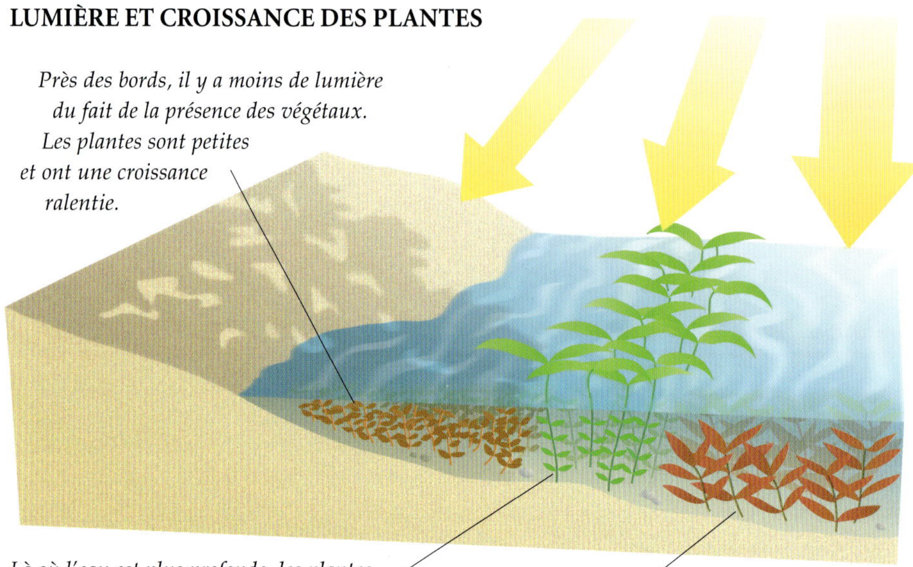

Près des bords, il y a moins de lumière du fait de la présence des végétaux. Les plantes sont petites et ont une croissance ralentie.

Là où l'eau est plus profonde, les plantes dotées d'une tige de large diamètre vont chercher la lumière naturelle à la surface.

Les plantes placées au centre reçoivent la lumière mais le spectre varie en fonction des masses d'eau.

LA LUMIÈRE

Pour vivre, les plantes transforment le dioxyde de carbone et l'eau en glucose. Ce processus appelé photosynthèse est basé sur le fait que la lumière du Soleil a le pouvoir de briser et de rétablir les liaisons chimiques entre les atomes de carbone, d'oxygène et d'hydrogène. Ne comptez pas uniquement sur la lumière du Soleil pour éclairer un aquarium. En effet, la luminosité varie selon les saisons et les moments de la journée et peut, parfois, favoriser l'apparition et le développement d'algues. C'est pourquoi il est indispensable d'installer un système d'éclairage.

Si un tube fluorescent est amplement suffisant pour mettre en valeur le décor, la lumière dégagée est insuffisante pour les plantes. Pour une végétation dense, comptez trois ou quatre néons et plusieurs réflecteurs. Veillez à ce que le spectre soit parfaitement adapté à la photosynthèse des plantes.

La lumière blanche est constituée de nombreuses couleurs. La lumière blanche est celle qui se rapproche le plus de la lumière du jour qui révèle les différentes nuances entre les couleurs. Plus le spectre est large et puissant sur le rouge, l'orange et le bleu, plus la lumière convient aux plantes. Les tubes fluorescents de large spectre donnent une couleur rose violacé. Pour contrebalancer cette lumière, installez parallèlement un tube fluorescent plein spectre, l'idéal étant deux ou trois tubes fluorescents favorisant la croissance des plantes et un tube fluorescent plein spectre pour une couleur agréable à regarder.

Les lampes les plus puissantes, notamment les lampes à vapeur de mercure (HQL) ou à halogénures métalliques (HQI), sont recommandées pour les aquariums profonds et/ou à la végétation dense. En effet, la lumière convient parfaitement aux plantes et l'aspect général de l'aquarium est agréable.

NUTRIMENTS ET SUBSTRATS

Les plantes ont besoin de dix-sept nutriments dans des proportions variées. Même si la plupart des eaux sont suffisamment riches en nutriments, les aquariophiles ont tendance à utiliser des produits afin de pallier toute carence éventuelle. Les substrats riches en nutriments, les compléments pour substrats et les engrais liquides libèrent dans l'eau des éléments nutritifs qui sont absorbés par les feuilles et/ou le plus souvent les racines des plantes. L'action des engrais liquides est quasi immédiate. Toutes les deux ou trois semaines, ajoutez un engrais liquide. Une utilisation plus rapprochée risquerait de neutraliser le rôle de l'oxygène, des minéraux et des substances organiques contenus dans l'eau.

Les deux nutriments qui, souvent, font défaut aux plantes sont le fer et le dioxyde de carbone (CO_2). Pour augmenter la teneur en fer, ajoutez un engrais liquide. Les plantes consomment du dioxyde de carbone or le CO_2 monte à la surface et s'échappe de l'aquarium. Si l'eau est agitée en surface ou si l'aération est très forte, le CO_2 s'échappe plus vite encore.

Au cours de la photosynthèse – soit durant la journée – une grande quantité de dioxyde de carbone est consommée. Dans la plupart des cas, un apport en engrais ou l'ajout d'un éclairage ne pallient pas les besoins des plantes si l'eau n'est pas suffisamment riche en CO_2. Un apport continu en dioxyde de carbone assuré par un système approprié est donc indispensable. Le principe de base est simple : introduction du CO_2

qui doit rester suffisamment longtemps au contact de l'eau pour être dissous et absorbé par les plantes. Dans les aquariums de grande capacité, il est conseillé d'utiliser des bombonnes de CO_2 rechargeables ainsi qu'un régulateur et un compteur de bulles. Selon les modèles, les compteurs de bulles régulent la libération des bulles de CO_2 qui montent en zigzag ou en spirale jusqu'à la surface avant de s'échapper dans l'atmosphère. Lorsque les bulles sont en contact avec l'eau, le gaz est absorbé et la quantité de CO_2 dissous augmente. Des systèmes plus complexes équipés d'interrupteurs empêchent notamment la libération du CO_2 durant la nuit soit lorsque les plantes ne consomment pas de CO_2 mais dégagent de l'oxygène.

Des petits systèmes compacts sont particulièrement bien adaptés aux aquariums de faible capacité. La libération de CO_2 est constante. Ces systèmes comprennent deux parties : un réservoir dans lequel vous placez un comprimé et de la poudre, ou du liquide et de la poudre, et un bac de récupération pour le CO_2. Une réaction chimique se produit dans le réservoir, le CO_2 est libéré lentement (comptez environ un mois) puis absorbé par l'eau dans le bac de récupération. Une fois encore, le CO_2 doit être libéré en continu durant la journée afin que le taux de gaz dissous dans l'eau soit suffisant. Un bon éclairage, un substrat relativement fin, un apport régulier en engrais et une teneur suffisante en CO_2 sont les quatre paramètres propices à la bonne croissance des plantes.

Pour les aquariums à la végétation dense, un substrat enrichi en engrais garantit aux plantes un apport régulier en nutriments sur une période relativement longue.

Nous avons passé en revue les différents substrats dans les pages précédentes (pages 24-33).

En résumé, un bon substrat est un substrat de faible granulométrie (1 à 2 mm), riche en nutriments et étalé sur une couche de 5 cm d'épaisseur. Un complément nutritionnel augmente

FONCTIONNEMENT D'UNE BOMBONNE À CO_2

Les bombonnes à CO_2 sont les systèmes les mieux adaptés aux aquariums de grande capacité.

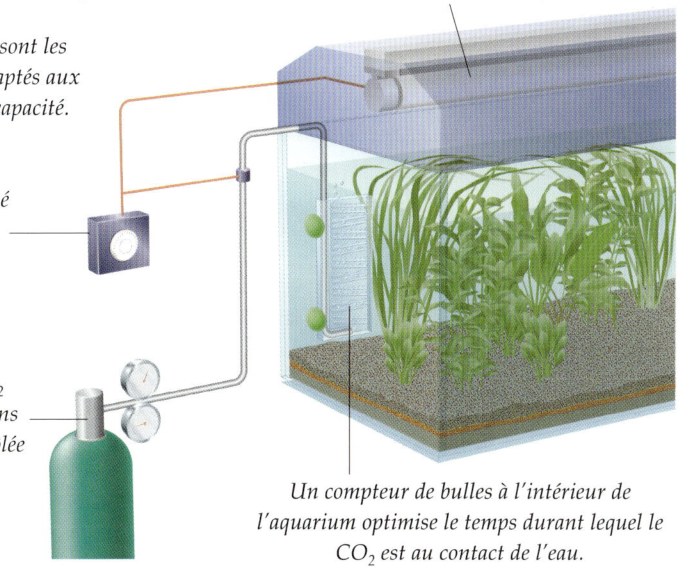

La lumière de l'aquarium fournit aux plantes l'énergie nécessaire à la photosynthèse.

Un minuteur connecté à une valve stoppe l'émission de CO_2 lorsque les lumières sont éteintes.

La libération du CO_2 comprimé et stocké dans la bombonne est contrôlée par un régulateur.

Un compteur de bulles à l'intérieur de l'aquarium optimise le temps durant lequel le CO_2 est au contact de l'eau.

ÉCLAIRER UN AQUARIUM

***Ci-dessus :** La coloration rose violacé due au tube fluorescent favorise la croissance des plantes et fait ressortir la couleur des poissons. Il suffit de mettre d'autres tubes fluorescents pour que la couleur rose violacé disparaisse.*

***Ci-dessus :** Les tubes de spectre blanc ou plein spectre donnent un éclairage naturel qui convient parfaitement aux plantes et aux poissons. Un tube plein spectre est souvent plus vif que les autres tubes.*

***Ci-dessus :** Les spots dégagent une lumière très intense qui convient mieux aux plantes qu'aux poissons. Ils sont utilisés pour faire ressortir un détail dans le décor ou mettre l'accent sur une plante.*

***Ci-dessus :** Pour favoriser la croissance des plantes, mélangez plusieurs substrats, chacun apportant certains nutriments spécifiques.*

l'apport en nutriments qui sera puisé par les racines des plantes. Les substrats étant généralement pauvres en oxygène, il n'y a pas de risque d'avoir un excès de nutriments.

LA QUALITÉ DE L'EAU

En fonction du milieu auquel elles sont habituées, les plantes aiment les eaux plus ou moins dures. Une plante vivant dans une eau au pH acide risque de dépérir dans une eau au pH basique. En effet, selon la qualité de l'eau, la plante n'a pas besoin de la même quantité de nutriments. Une plante qui, à l'état naturel, vit dans une eau dure assimile facilement les nutriments dans une eau au pH basique alors qu'une plante vivant dans une eau douce est habituée aux nutriments présents dans une eau au pH acide. Si l'eau ne correspond pas aux besoins de la plante, il est toutefois possible de rétablir l'équilibre en ajoutant des compléments nutritionnels. Cette solution permet d'avoir dans une eau douce des plantes préférant une eau dure et vice versa.

Par ailleurs, certaines espèces ne s'adaptent pas aux eaux salées et saumâtres alors que d'autres ne se plaisent pas du tout dans des eaux où le courant est fort. L'oxygène se mélange aux nutriments qui deviennent alors inutilisables pour les plantes. De même si l'eau à la surface de l'aquarium est agitée de remous, le CO_2 se libère très rapidement dans l'atmosphère et ne reste pas suffisamment longtemps au contact de l'eau.

Un apport en nutriments ne suffit pas à régler ces problèmes et mieux vaut être vigilant et ne pas mettre n'importe quelle plante dans n'importe quelle eau. Certaines plantes à la croissance lente sont particulièrement résistantes et s'adaptent mieux que d'autres. C'est notamment le cas de la fougère de Java *(Microsorium pteropus)*, des *Anubias*, de la *Vallisneria*, de la *Sagittaria* et de certaines espèces d'*Hygrophila*. Mais comme toujours, c'est en forgeant que l'on devient forgeron et, au fil du temps, vous apprendrez quelle espèce privilégier dans une eau douce ou plus ou moins dure.

La bonne santé d'une plante dépend donc de la qualité de l'eau mais aussi d'autres conditions. Comme les poissons, les plantes sont sensibles à la température de l'eau qui agit sur la vitesse métabolique – la vitesse à laquelle les cellules fonctionnent et la vitesse à laquelle les calories sont consommées par l'organisme. Dans une eau chaude, les plantes poussent plus vite mais elles ont aussi besoin de plus de lumière, de plus de nutriments et de plus de dioxyde de carbone pour vivre.

Les substances polluantes présentes dans l'eau sont aussi nocives pour les plantes que pour les poissons. Une eau ayant une teneur élevée en polluants métalliques et/ou biologiques peut contaminer une plante qui peu à peu va cesser de pousser pour finalement mourir. *A contrario*, certains polluants comme l'ammoniaque et les nitrates sont bénéfiques aux plantes car ils fournissent de l'azote, l'un des nutriments dont elles ont le plus besoin – ce qui ne veut pas dire qu'il faille ajouter de l'ammoniaque ou des nitrates dans l'eau d'un aquarium ! Même si l'aquarium est équipé d'un système de filtres très efficace, une petite quantité de polluants résultant de l'activité des poissons et des bactéries contamine l'eau. Les plantes assimilent ces polluants souvent plus vite que les filtres. En fait, les plantes sont en quelque sorte des filtres qui éliminent les substances toxiques de l'eau.

LE CHOIX DES PLANTES

Les plantes pour aquarium ne manquent pas. Il y en a pour tous les goûts et tous les styles. Dans la seconde partie, vous trouverez quelles variétés se prêtent le mieux à un milieu donné. Choisissez les plantes en fonction de leur habitat naturel. Dans la plupart des aquariums, les plantes sont regroupées selon trois schémas types : à l'arrière-plan (les plantes les plus grandes), au milieu (les plantes de taille moyenne) et au premier plan (les petites plantes). N'hésitez pas à opter également pour des plantes qui flottent ou poussent sur les roches ou les morceaux de bois.

Un décor sera plus ou moins esthétique et plus ou moins naturel selon les plantes sélectionnées. Par exemple, des plantes dotées de feuilles longues et fines comme les *Vallisneria* sont recommandées pour un aquarium inspiré d'une rivière car le courant fait remuer les feuilles ce qui augmente l'impression d'eau vive.

Pour recréer un milieu marécageux, optez pour des espèces petites et touffues comme l'hétéranthère à feuilles de zostère *(Heteranthera zosterifolia)* ou la cardamine du Japon *(Cardamine lyrata)* associées à des plantes flottantes et dotées de longues racines traçantes.

Sagittaria platyphylla *est une espèce à placer idéalement au premier plan d'un aquarium soit isolément ou en groupe selon l'effet recherché.*

Les plantes jouent un rôle crucial sur le plan de l'esthétique. Choisissez des espèces qui, comme Hygrophila guianensis, *sont dotées de feuilles aux formes et aux couleurs atypiques.*

Dans ce type d'aquarium, les plantes ne doivent pas être regroupées par espèce mais au contraire se mélanger avec des spécimens dispersés ici et là dans l'aquarium.

Dans un aquarium mettant en scène une rivière, privilégiez les cryptocorynes ou des plantes de plus grande taille comme certains *Echinodorus*.

Lorsque vous associez plusieurs variétés de taille, de forme et de couleur différentes, gardez toujours à l'esprit le côté esthétique et veillez à ce que les plantes choisies soient adaptées au milieu que vous souhaitez recréer. N'oubliez pas les aspects pratiques notamment la qualité et la température de l'eau, la croissance (lente ou rapide) des plantes et la compatibilité entre les plantes et les poissons.

LES PLANTES DE SURFACE

Éléments décoratifs dans leur environnement naturel, les plantes flottantes sont également appréciées par un grand nombre de poissons. En effet, elles apportent de l'ombre, offrent des cachettes et/ou des lieux de reproduction. Afin que les feuilles ne souffrent pas de la lumière dégagée par les tubes fluorescents, prévoyez une bonne ventilation. La majorité des plantes flottantes sont résistantes et ont une grande faculté d'adaptation. Leur croissance étant généralement très rapide, on les taille régulièrement. Dans un aquarium inspiré d'un marécage, d'un lac ou d'un étang, les plantes flottantes s'imposent. Certaines variétés de nénuphars s'adaptent à la vie en aquarium même si leur taille n'atteint jamais celles des variétés qui peuplent les mares et les étangs. Toutefois, un nénuphar originaire d'un pays tropical aura tôt fait de recouvrir la surface d'un aquarium si celui-ci est bien éclairé et si l'eau est chaude et riche en nutriments. Celles et ceux qui aiment ces plantes très envahissantes doivent prévoir un aquarium de grande capacité.

LES PLANTES TERRESTRES ET SEMI-AQUATIQUES

Les plantes qui ne sont pas de « vraies » espèces aquatiques ont tout à fait leur place dans certains décors. Par exemple, des roches surplombant l'eau de l'aquarium pourront être recouvertes par des espèces terrestres aimant les lieux humides – mousses, fougères et plantes alpestres. En effet, ces plantes n'ont besoin que d'une fine couche de substrat pour pousser et prennent racine dans les plus petits trous, crevasses ou fissures. Les plantes dont les racines aiment être immergées se prêtent également à la vie en aquarium à condition qu'il soit bien ventilé et que le système d'éclairage ne dégage pas trop de chaleur ce qui risquerait de brûler les feuilles. Il est parfois nécessaire de pulvériser de l'eau afin que le degré d'humidité soit correct.

Un grand nombre d'espèces vendues aux aquariophiles sont, en fait, des plantes terrestres qui poussent naturellement dans les zones régulièrement inondées. Sans être des plantes aquatiques, elles peuvent rester plusieurs mois dans l'eau avant de devoir être remplacées. La forme et la coloration de leurs feuilles sont souvent atypiques. Certaines variétés aquatiques peuvent, quant à elles, être plantées au-dessus de l'eau car dans leur environnement naturel, elles résistent aux variations climatiques qui, parfois, font considérablement baisser le niveau de l'eau. Les fougères de Java, les *Anubias*, les *Eleocharis* et certaines espèces d'*Echinodorus* se développent même si les tiges et les feuilles sont au-dessus de l'eau à condition que le sol autour des racines soit toujours gorgé d'eau et que l'air environnant soit humide.

Les feuilles rouges de l'Echinodorus osiris *qui, au fil du temps deviennent vertes, sont du plus bel effet dans un aquarium.*

LA PLANTATION

Pour faciliter la naturalisation des plantes, quelques précautions s'imposent. Enlevez tout d'abord les feuilles mortes et abîmées et si les plantes sont de grande taille (par exemple, les *Echinodorus*) les feuilles les plus grosses et ce même si elles sont en parfaite santé. De ce fait, les plantes auront besoin de moins de nutriments lorsqu'elles seront en place dans l'aquarium. Par ailleurs, une fois naturalisées, les plantes produiront une multitude de feuilles.

Ensuite, coupez les racines afin qu'elles ne mesurent que 2 à 3 cm. Les racines trop longues sont souvent endommagées au moment où elles entrent en contact avec le substrat. Plus les racines sont courtes, plus les plantes se naturalisent facilement. Les espèces aquatiques se plantent comme les espèces terrestres. Faites un trou dans le substrat, positionnez la plante et recouvrez les racines de substrat. Espacez les plants de 2 à 3 cm selon la taille des feuilles. Écartez un peu plus les plantes dotées de très grandes feuilles.

PLANTER DES ESPÈCES SUR DES ROCHES OU DU BOIS

Un grand nombre d'espèces – *Microsorium*, *Anubias*, *Vesicularia* et *Bolbitis* – poussent mieux sur les roches et le bois que dans du substrat ce qui est un avantage considérable lorsque vous réalisez le décor de certains aquariums. En effet, les plantes ne sont plus mises côte à côte sur le substrat mais peuvent prendre place sur une roche ou du bois créant un effet visuel des plus intéressants. L'inconvénient, c'est que les plantes doivent être fixées au support, à la paroi arrière de l'aquarium ou à une structure au-dessus de l'eau.

Coupez les racines afin qu'il ne reste que 2 à 3 cm et attachez la racine ou le rhizome le plus gros au support (bois, roche, etc.) avec du fil à pêche ou un fil de coton noir. Placez ensuite la plante à l'endroit choisi. Au fil du temps, des racines se développeront à la surface et, si les conditions sont bonnes, elles s'étaleront. Sur un même support, plantez plusieurs espèces de petite taille, par exemple, de la mousse de Java *(Vesicularia dubyana)* autour des racines de grandes plantes aux feuilles effilées.

PLANTER UN *ECHINODORUS*

1 Retirez délicatement le pot autour des racines. Si nécessaire, coupez les racines enroulées autour du pot.

Dégagez les racines en prenant soin de ne pas les abîmer.

2 Coupez les racines. Des racines dépassant 2 à 3 cm de long risquent d'être endommagées au moment de la plantation. Rapidement de nouvelles racines apparaîtront.

Enlevez les feuilles mortes ou abîmées et dégagez les tiges de la base.

3 Procédez comme pour une plante terrestre. Tenez la plante dans le creux de votre main et avec un doigt, faites un trou dans le substrat.

4 Placez les racines dans le trou et comblez les interstices à la base avec du substrat en prenant soin de recouvrir la zone blanche au-dessus des racines.

FIXER UNE PLANTE SUR UN SUPPORT EN BOIS

1 Un grand nombre de plantes qui arrivent à pousser sur un support ont généralement un système racinaire très développé. Retirez le pot et dégagez délicatement les racines.

2 Coupez les racines pour ne laisser que 2 à 3 cm en prenant soin de ne pas couper ou endommager le rhizome. Enlevez les feuilles abîmées.

Un fil de coton noir passera totalement inaperçu dans un aquarium et, après un certain temps, finira par se casser.

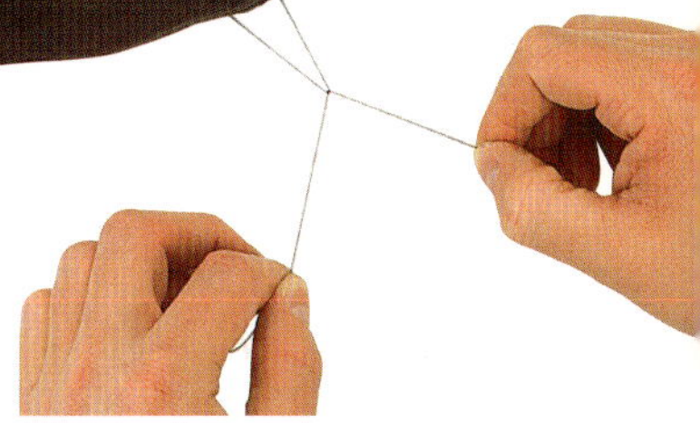

3 Positionnez la plante sur le support en bois et enroulez un fil de coton plusieurs fois à la base des racines. Des petites racines s'enrouleront autour du bois.

L'ASSOCIATION PLANTES-POISSONS

Ce n'est pas parce que la plupart des poissons vivent dans un environnement où la végétation est largement présente que toutes les espèces de plantes et de poissons peuvent cohabiter dans un aquarium. Les poissons aiment les plantes car elles font partie de leur milieu naturel et parce qu'elles sont pour eux un lieu où ils peuvent se cacher et se reproduire. Certains poissons mordillent les plantes en complément de leur nourriture sans causer de réels dommages (le plus souvent, ils mangent les parties déjà abîmées). D'autres (*Metynnis spp.*, *Abramites spp.*, *Scatophagus spp.*, les *Distichodus* et certains cichlidés) sont des herbivores capables de mettre à sac un aquarium, les plantes étant dévorées avant même d'avoir pu donner de nouvelles pousses.

Les plantes sont également menacées par les poissons actifs comme les barbus, les poissons-chats et les cichlidés. Les oscars (cichlidés) essaient, par exemple, de déménager tous les objets qui se trouvent dans l'aquarium – y compris les plantes – afin de délimiter leur territoire. Très souvent, les gros poissons arrachent les feuilles des plantes uniquement parce qu'elles sont sur leur passage.

A contrario, certains poissons sont bénéfiques aux plantes. Dans un aquarium, il arrive souvent que des algues se développent sur les feuilles des plantes ce qui ralentit leur croissance et peut être à l'origine de maladies. Les petits poissons-chats comme les *Otocinclus* et les *Peckoltia* se nourrissent d'algues sans toutefois endommager les plantes. Les poéciliidés et les loches sont même capables d'enlever très minutieusement les algues sur les plantes.

Tout comme les algues, les déjections des poissons, les particules de plantes et autres déchets se déposent sur les plantes aux feuilles effilées notamment les espèces de petite taille qui occupent généralement le devant de l'aquarium. Or les débris qui s'accumulent entre les feuilles bloquent la lumière et entravent la photosynthèse. Pour éviter que cela ne se produise, il est conseillé de mettre dans l'aquarium des poissons nettoyeurs qui, pour trouver de la nourriture, remuent les feuilles des plantes et, par-delà, les déchets qui se sont déposés. Pour un ménage parfait, comptez sur les corydoras et les loches épineuses *(Pangio kuhlii)* !

Ci-dessous : *Le poisson-chat* Otocinclus *est une vraie fée du logis.*

Pour une eau de bonne qualité

Rien qu'en voyant le style d'un aquarium, un aquariophile expérimenté sait dire si l'eau est dure ou douce. La qualité de l'eau est primordiale et repose sur un ensemble de paramètres qui font que les poissons et autres créatures vivantes vont ou non se sentir bien dans un environnement donné. Même si toutes les conditions semblent réunies, un poisson ne sera pas en bonne santé (couleurs plus ou moins ternes) et aura un comportement étrange si l'un des paramètres est faussé. Un bon aquariophile prend soin de ses poissons mais « soigne » également la qualité de l'eau de son aquarium.

***À droite :** À l'œil nu, il est impossible de voir les sels et les minéraux qui font qu'une eau est dure. Habitués à une eau alcaline, les poissons du lac Malawi sont sujets à nombre de maladies dans une eau douce.*

L'ENVIRONNEMENT INVISIBLE

Il est rare que l'eau des rivières et des fleuves soit pure comme du cristal du début à la fin de l'année et, à l'état naturel, les poissons qui peuplent nos aquariums vivent le plus souvent dans des eaux troubles où une multitude de débris sont en suspension. C'est pourquoi ils se moquent éperdument de la couleur ou de l'aspect de l'eau dans l'aquarium. L'absence de limon et de déchets et un bon système de filtration garantissent une eau limpide tandis qu'il suffit d'ajouter un produit chimique pour modifier la coloration de l'eau. Un filtre de bonne qualité, une alimentation adaptée et un entretien régulier favorisent la disparition de polluants invisibles – ammoniaque et nitrates – nocifs pour les poissons. Nombre d'entre nous pensent qu'une eau pure et limpide est la condition *sine qua non* pour qu'un poisson soit heureux et en bonne santé. Or, dans leur milieu naturel (et dans un aquarium) l'eau est rarement pure. En effet, elle contient un certain nombre de produits chimiques, organiques et minéraux et si les poissons ne meurent pas, c'est uniquement parce qu'un certain équilibre entre ces différentes substances est respecté.

***Ci-dessous :** L'eau de cette rivière entourée de végétation est limpide mais ne vous méprenez pas, les substances toxiques sont généralement invisibles.*

Sur le plan physiologique, un poisson s'adapte aux conditions dans lesquelles il vit. La qualité de l'eau varie en fonction de l'environnement et des substances qui s'ajoutent les unes aux autres entre le moment où les gouttes de pluie tombent sur le sol et le moment où l'eau parvient à sa destination finale. Par exemple, la Rift Valley est une région rocheuse et relativement aride. Lorsqu'il pleut sur cette région, l'eau ruisselle sur les roches majoritairement volcaniques et se charge de minéraux divers et variés. Certains de ces minéraux associés à d'autres substances produisent des carbonates. Or c'est la quantité de minéraux contenus dans une eau qui fait que celle-ci est plus ou moins dure. Plus la teneur en minéraux est élevée plus l'eau est dure. L'eau des lacs de la Rift Valley est relativement dure et si vous mettez des poissons originaires de cette région (en majorité des cichlidés) dans un aquarium rempli d'eau douce, ils auront du mal à s'adapter.

L'ÉCHELLE DE pH

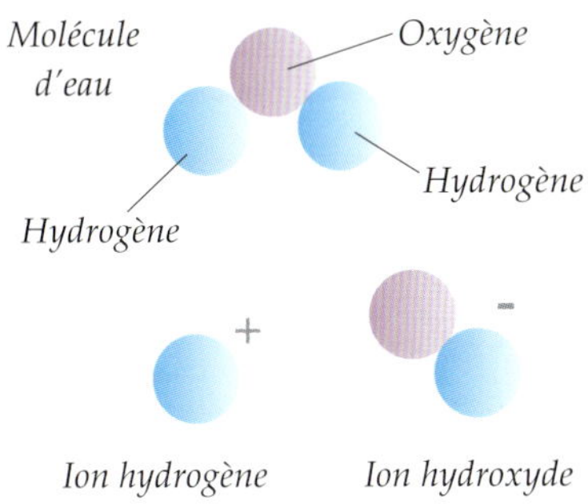

L'eau (H_2O) est composée d'ions chargés positivement (H^+) et d'ions chargés négativement (OH^-). Le pH mesure le ratio entre ces deux types d'ions. Une eau acide est plus riche en ions hydrogènes. Une eau alcaline est plus riche en ions hydroxydes. Une eau neutre a autant d'ions hydrogènes que d'ions hydroxydes.

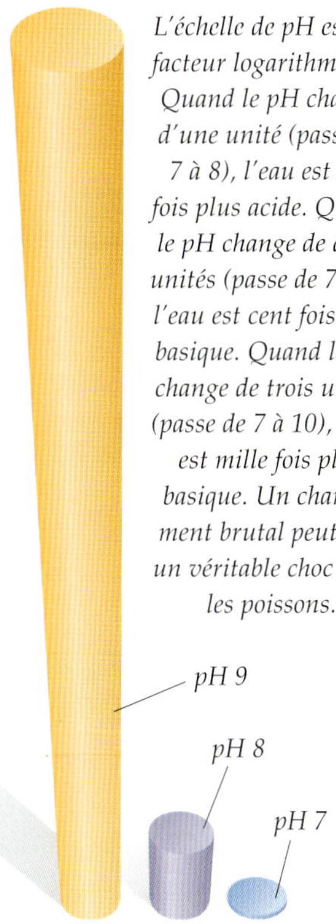

L'échelle de pH est un facteur logarithmique. Quand le pH change d'une unité (passe de 7 à 8), l'eau est dix fois plus acide. Quand le pH change de deux unités (passe de 7 à 9), l'eau est cent fois plus basique. Quand le pH change de trois unités (passe de 7 à 10), l'eau est mille fois plus basique. Un changement brutal peut être un véritable choc pour les poissons.

Ci-dessus : *Dans de l'eau, versez quelques gouttes d'un ou plusieurs réactifs en tenant la bouteille à la verticale. Comparez la couleur à la couleur initiale.*

Ci-dessus : *Le test révèle un pH égal à 8,5 soit une eau alcaline. Vérifiez régulièrement le pH de l'eau de votre aquarium.*

A contrario, les tétras et certains cichlidés (scalaires et discus) qui vivent dans le fleuve Amazone préfèrent les eaux douces. Avant d'arriver dans le fleuve, l'eau s'est chargée de substances organiques et d'acides qui diminuent sa dureté et font baisser le pH.

Le pH est si bas et l'eau est si douce que les cichlidés de la Rift Valley ne pourraient survivre dans une eau de cette qualité.

Les poissons alcalophiles affectionnent les eaux dures (pH > 9) à la différence des poissons acidophiles qui préfèrent un milieu acide (pH < 5). Toutefois, la majorité des espèces aiment les eaux moyennement dures. Les poissons ont une très grande faculté d'adaptation et survivent dans des eaux qui ne correspondent pas exactement à leurs besoins. Quoi qu'il en soit, essayez toujours de recréer les conditions qui se rapprochent le plus de leur milieu naturel. S'il est possible de modifier les propriétés de l'eau avant de remplir un aquarium, il est indispensable de bien connaître les facteurs susceptibles d'avoir une influence sur le pH et d'adoucir ou de durcir une eau.

L'ÉCHELLE DE pH

L'échelle de pH dont les valeurs sont comprises entre 0 et 14 mesure le degré d'acidité ou d'alcalinité d'une solution aqueuse. L'échelle mesure le ratio entre les ions hydrogènes ou H^+ (atome d'hydrogène qui a perdu son électron) et les ions hydroxydes ou OH^- (groupement d'un atome d'oxygène et d'un atome d'hydrogène qui a gagné un électron). L'eau pure (H_2O) a un pH neutre égal à 7 (ratio équilibré entre les ions hydrogènes et les ions hydroxydes). S'il y a plus d'ions hydrogènes que d'ions hydroxydes, l'eau est acide (pH < 7). S'il y a plus d'ions hydroxydes que d'ions hydrogènes, l'eau est alcaline ou basique (pH > 7). Le pH est un facteur logarithmique : quand le pH d'une solution augmente d'une unité (pH 7 à pH 8), la solution est dix fois plus basique ; quand le pH augmente de deux unités (pH 7 à pH 9), la solution est cent fois plus basique ; quand le pH augmente de trois unités (pH 7 à pH 10), la solution est mille fois plus basique et ainsi de suite. Vous comprendrez aisément qu'une eau dont le pH augmente soudainement d'une unité est un véritable choc pour les poissons alors qu'un pH qui augmente de deux unités entraîne généralement la mort des espèces les plus fragiles. Plus l'augmentation du pH est progressive, plus les poissons ont des chances de s'habituer à leur nouveau milieu – à condition bien évidemment que leurs conditions physiologiques le leur permettent.
En règle générale, les poissons qui peuplent nos aquariums vivent à l'état naturel dans une eau dont le pH est compris entre 5 et 9 – la moyenne étant un pH variant entre 6,5 et 7,5 – en fonction des caractéristiques géographiques.
Certaines espèces du bassin de l'Amazone vivent et se reproduisent dans des eaux dont le pH est inférieur à 3. Dans un aquarium, il est inutile d'essayer de recréer ce milieu particulièrement acide.

LA DIFFÉRENCE ENTRE LE JOUR ET LA NUIT

LE JOUR

Le jour, les plantes consomment du dioxyde de carbone et dégagent de l'oxygène. Une partie du CO_2 dissous dans l'eau se transforme en acide carbonique entraînant une augmentation du pH.

Évolution du pH sur une période de 24 heures

LA NUIT

La nuit, les plantes et autres organismes vivants produisent du dioxyde de carbone et consomment de l'oxygène ce qui entraîne une baisse du pH.

LES POISSONS

Tous les organismes vivants – y compris les poissons et les bactéries – respirent. Ils consomment de l'oxygène et rejettent du dioxyde de carbone.

LES PLANTES

En présence de lumière, les plantes consomment du dioxyde de carbone et produisent de l'oxygène. C'est ce que l'on appelle la photosynthèse.

LES POISSONS

Les bactéries et les plantes continuent à respirer au même rythme alors que la respiration des poissons se ralentit.

LES PLANTES

En l'absence de lumière, la photosynthèse cesse. Les plantes ne consomment plus de dioxyde de carbone et ne dégagent plus d'oxygène.

LES FACTEURS INFLUENÇANT LE pH

Le pH dépend, en grande partie, de la quantité de dioxyde de carbone (CO_2) contenue dans l'eau. Le dioxyde de carbone libère de l'acide carbonique ce qui fait chuter le pH (l'eau devenant alors plus acide). D'autres acides naturels – acides humiques ou tanniques – font progressivement baisser le pH. Les déchets des plantes, les déjections des poissons et certaines bactéries rendent l'eau plus acide ce qui explique pourquoi l'eau des aquariums a tendance à s'acidifier au fil du temps.

Certaines substances ont l'effet contraire et font grimper le pH. C'est notamment le cas des roches et des substrats contenant des particules calcaires (par exemple, du calcium) qui bloquent l'action des acides et empêchent le pH de chuter.

S'il y a suffisamment d'éléments calcaires, les ions hydrogènes diminuent au profit des ions hydroxydes. Le pH augmente et l'eau devient plus alcaline.

LE CYCLE DIURNE

Comme nous venons de le voir, les valeurs du pH dépendent en grande partie du taux de dioxyde de carbone dissous dans l'eau. Ce taux varie en permanence en fonction de l'activité des poissons, des plantes et des bactéries présents dans l'aquarium. En respirant, les organismes vivants produisent du dioxyde de carbone – ils consomment de l'oxygène et rejettent du dioxyde de carbone. Dans un aquarium, ce sont les bactéries qui produisent le plus de dioxyde de carbone. Toutefois, le taux de dioxyde de carbone ne met jamais en danger la vie des poissons car il y a un échange air/eau permanent à la surface de l'eau. Le dioxyde de carbone s'échappe alors que l'oxygène pénètre dans l'eau.

La respiration des créatures vivantes et l'échange air/eau garantissent un taux de dioxyde de carbone stable tout au long de la journée et, par conséquent, un pH qui ne change pratiquement pas. Or, dans un aquarium, la photosynthèse des plantes et dans une plus petite proportion la celle des algues viennent perturber cet équilibre.

Au cours de la photosynthèse, les plantes consomment du dioxyde de carbone et dégagent de l'oxygène. Le taux de dioxyde de carbone diminuant, il n'y a pratiquement plus d'acide carbonique ce qui fait chuter ou grimper le pH (en fonction des facteurs que nous avons étudiés précédemment). La nuit ou en l'absence de lumière, la photosynthèse cesse alors que les plantes continuent à respirer ce qui se traduit par une chute des taux d'oxygène et une augmentation des taux de dioxyde de carbone. La production d'acide carbonique augmente et le pH chute.

Les fluctuations entre le jour et la nuit sont d'autant plus marquées que le nombre de plantes dans l'aquarium est élevé et/ou que l'effet de fertilisation du CO_2 est important. Dans leur environnement naturel, les poissons sont habitués à subir les variations du cycle diurne sans aucun problème. Dans un aquarium, les fluctuations sont souvent plus marquées que dans le milieu naturel ce qui nécessite une plus grande vigilance. Si, durant le jour, le pH augmente d'une unité voire plus, prévoyez un système d'aération supplémentaire afin que durant la nuit il y ait plus d'échanges air/eau et une diminution de la concentration du dioxyde de carbone dans l'eau. Inutile de faire fonctionner le système d'aération le jour, dans la mesure où les plantes consomment du CO_2 lors de la photosynthèse.

LA DURETÉ DE L'EAU

Pour qualifier une eau, on dit qu'elle est douce ou dure selon le pH. Dans la nature, les eaux acides sont généralement douces et les eaux alcalines, dures. La dureté de l'eau dépend de la concentration en sels et en minéraux. Plus la concentration est élevée, plus l'eau est dure et plus la concentration est faible, plus l'eau est douce. Le pH d'une eau dure – c'est-à-dire une eau riche en minéraux et en sels – est généralement plus élevé car l'action des substances acides et organiques qui font baisser le pH est bloquée par les minéraux.

A contrario, les eaux douces contiennent peu de minéraux risquant d'entraver l'action des acides.

L'eau du robinet est généralement dure alors que le pH est peu élevé car les minéraux et les sels n'entravent pas l'action des substances organiques et acides qui sont ajoutées. C'est également ce qui se produit lorsque des substances acides sont ajoutées dans l'eau d'un aquarium (effet de la fertilisation du CO_2).

QUELLE EAU CHOISIR ?

Selon l'endroit où vous vivez, la qualité de l'eau (pH et dureté) convient plus ou moins aux poissons que vous envisagez de mettre dans votre aquarium. Le plus souvent, il est nécessaire de modifier la qualité de l'eau du robinet ou de trouver une autre eau qui correspond aux besoins des différentes espèces. Si l'eau du robinet est l'option la plus pratique, ce n'est pas toujours la meilleure.

L'EAU DU ROBINET

En règle générale, l'eau du robinet ne peut pas être utilisée telle quelle dans un aquarium. Trois facteurs (autres que le pH et la dureté de l'eau) sont à prendre en compte : la teneur en chlore/chloramine, la teneur en nitrates et les métaux lourds. L'eau du robinet contient du chlore et de la chloramine qui détruisent les bactéries nocives pour les humains mais également les bactéries indispensables dans un aquarium. De plus, le chlore et la chloramine attaquent les branchies en provoquant des asphyxies. Si une aération 24 h/24 permet d'éliminer le chlore au cours des échanges air/eau (le chlore est un gaz), elle n'évacue pas la chloramine (qui, au fil du temps, libère du chlore). Avant de remplir votre aquarium, neutralisez le chlore et la chloramine à l'aide d'un osmoseur vendu dans les magasins spécialisés en aquariophilie. Certains produits éliminent également les métaux lourds nocifs pour les poissons les plus fragiles comme les discus et les loches-clowns. Dans un aquarium contenant beaucoup de plantes, la présence de métaux lourds est moins problématique dans la mesure où les plantes débarrassent l'eau de ces polluants.

Pour finir, l'eau du robinet est souvent riche en nitrates, sels présentant un danger pour les espèces les plus fragiles.

RELATION ENTRE LA DURETÉ ET LE pH DE L'EAU

Les minéraux contenus dans l'eau dure agissent comme des « tampons » qui se mélangent avec les acides jusqu'à ce qu'ils les neutralisent et que le pH de l'eau dure et alcaline (soit un pH élevé) reste stable. Or, comme le montrent les illustrations ci-contre, tous les minéraux présents dans l'eau dure n'ont pas les mêmes effets.

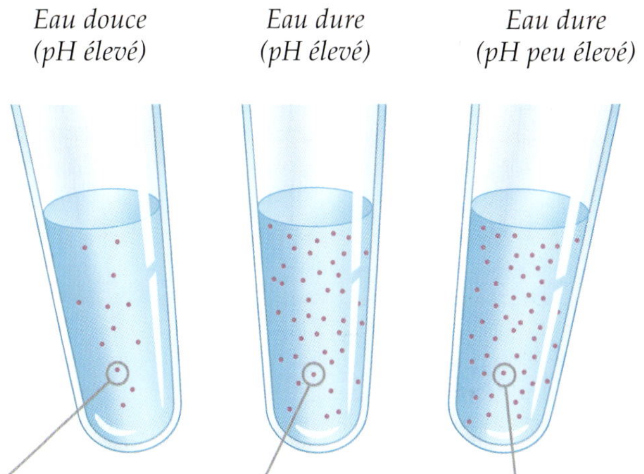

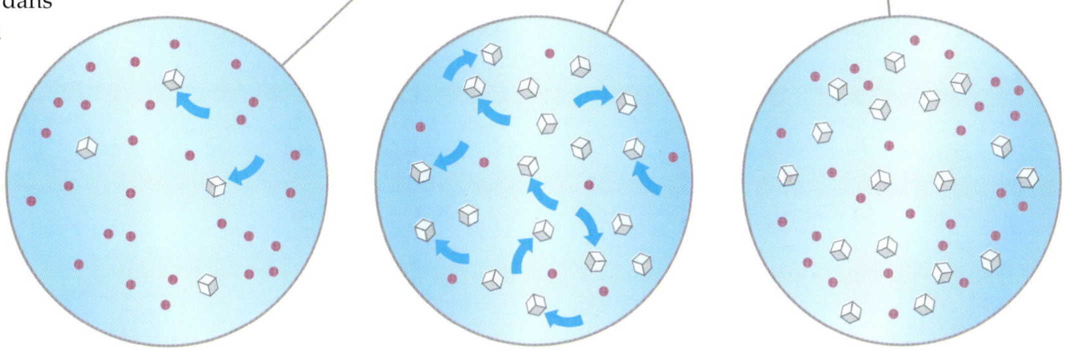

L'eau douce ne contient que quelques minéraux capables de neutraliser les acides. Par conséquent, l'eau douce est généralement acide même si les valeurs peuvent fluctuer.

L'eau dure contient généralement un certain nombre de minéraux qui neutralisent les acides, le pH restant stable.

Certaines eaux de source contiennent des minéraux spécifiques qui ne neutralisent pas les acides. Le pH de l'eau est alors peu élevé.

Ci-dessus : *L'eau de pluie est une eau relativement pure et douce qui ne contient pratiquement pas de substances acides. Seule la filtration permet d'éliminer les agents polluants.*

Pour éliminer les nitrates, utilisez un filtre au charbon actif ou tout autre filtre ayant une action similaire. Le filtre est souvent inclus dans le système de filtration général de l'aquarium.

L'EAU DE PLUIE

Nombre d'aquariophiles remplissent leur aquarium avec de l'eau de pluie. Cette eau particulièrement douce convient parfaitement à certaines espèces de poissons comme les tétras et les cichlidés du bassin de l'Amazone. Il est, cependant, nécessaire de filtrer l'eau de pluie afin d'éliminer les agents polluants contenus dans l'atmosphère.

Mis à part ces substances, l'eau de pluie est quasiment pure avec une dureté nulle et un pH compris entre 6,5 et 7 (le dioxyde de carbone dissous produisant des acides carboniques). Une fois les polluants éliminés, il est recommandé de mélanger l'eau de pluie à de l'eau du robinet ou d'introduire une quantité minimale ou des traces d'éléments qui augmentent légèrement la dureté de l'eau afin que le pH reste relativement stable lorsque l'eau est versée dans l'aquarium.

L'OSMOSE INVERSE

L'obtention d'une eau pure nécessite l'élimination de nombre de composés (sels, nitrates, métaux lourds, polluants, dioxines, etc.) par un procédé appelé l'osmose inverse. L'eau est filtrée par une fine membrane qui ne laisse passer que les molécules d'eau ; toutes les autres molécules (molécules plus grosses) étant arrêtées. L'eau récupérée est une eau pure dont la composition chimique est pratiquement identique à l'eau de pluie : dureté nulle et pH neutre.

L'avantage de l'osmose inverse est le faible risque de contamination de l'eau. Comme pour l'eau de pluie, mieux vaut mélanger l'eau filtrée à de l'eau du robinet avant de remplir l'aquarium.

DURCIR UNE EAU DOUCE

Modifier la dureté d'une eau afin qu'elle convienne à certaines espèces comme les

Les osmoseurs sont équipés d'un préfiltre mécanique et d'un préfiltre chimique qui font une grande partie du travail.

Ci-dessus : *L'eau filtrée par un osmoseur a un pH compris entre 6,5 et 7 et une dureté nulle. Avant de remplir l'aquarium, mélangez l'eau filtrée à de l'eau du robinet afin qu'elle se charge d'éléments indispensables aux plantes et aux poissons.*

L'OSMOSE INVERSE

L'eau a la faculté d'« équilibrer » la concentration entre les différents composés et de répartir les sels et les minéraux dissous. L'osmose inverse est une filtration mécanique contraire à l'osmose « naturelle ».

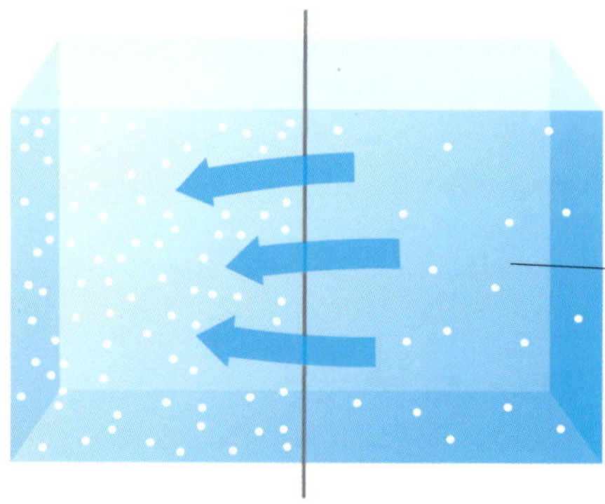

L'osmose « naturelle » : l'eau passe d'une solution diluée à une solution concentrée par une membrane semi-perméable.

L'osmose inverse : l'eau est filtrée par une fine membrane qui ne laisse pas passer les sels et les minéraux dissous.

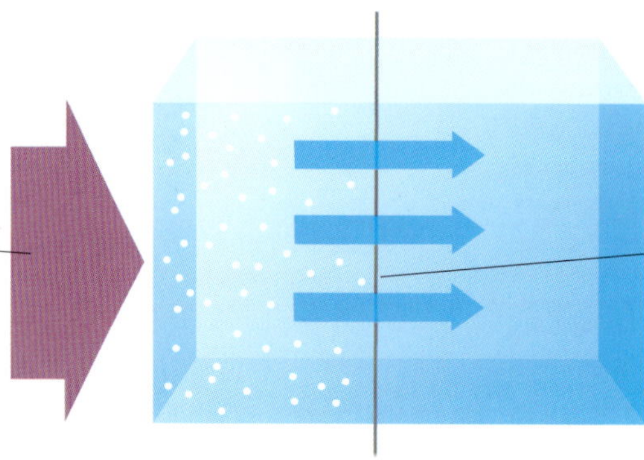

La membrane est si fine que seules les molécules d'eau passent à travers. L'eau récupérée est une eau pure.

LE POUVOIR TAMPON

Pour toutes les sources d'eau naturelle, la dureté et le pouvoir tampon qui permet au pH de rester stable sont intimement liés. Or, la plupart des poissons ne résistent pas aux fluctuations brutales du pH de l'eau.

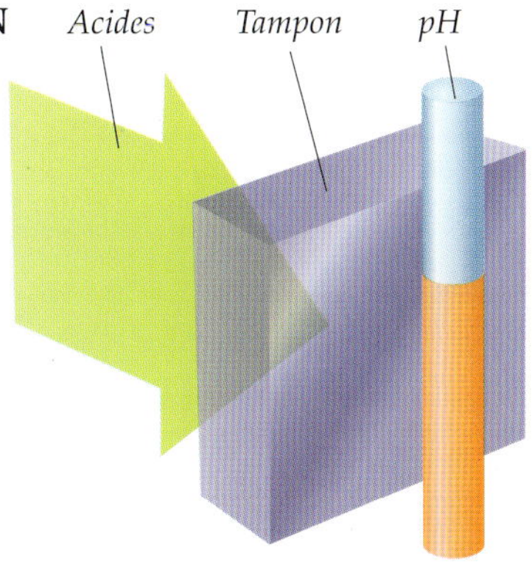

Le pouvoir tampon permet d'éliminer ou de lier les substances acides libérées et empêche le pH de fluctuer.

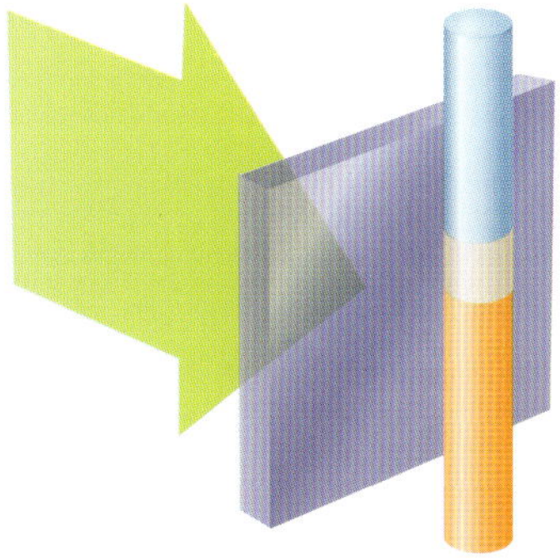

Dans les aquariums remplis d'eau douce, le pouvoir tampon est réduit. Certaines substances entraînent une hausse ou une chute brutales du pH.

Si le pouvoir tampon diminue ou si l'eau est trop douce, les substances acides modifient les valeurs du pH.

Du gravier riche en calcium au fond de l'aquarium permet de garder un pH stable. Seules les espèces vivant dans les eaux dures supportent une teneur élevée en calcium.

Les poissons et les plantes vivant dans les eaux dures se plaisent dans les aquariums où le pouvoir tampon est élevé.

Les poissons vivant dans les eaux douces et la majorité des plantes résistent aux fluctuations mineures.

Si le pH varie brusquement, la vie des poissons et des plantes est menacée.

cichlidés africains ou les poéciliidés est relativement simple dans la mesure où il suffit d'ajouter des substances dans l'eau. Si vous ne voulez pas utiliser les préparations commercialisées dans les magasins spécialisés, placez des roches ou un substrat riches en calcaire dans l'aquarium. L'eau sera plus dure, le pH augmentera et restera stable.

Cette solution ne peut être utilisée que pour les poissons alcalophiles. Le pH peut augmenter très soudainement (parfois jusqu'à 8,5) mettant en danger la vie des poissons les plus fragiles. L'ajout d'additifs est la solution adoptée par la plupart des aquariophiles, l'augmentation du pH étant alors progressive et peu marquée.

ADOUCIR UNE EAU DURE

L'élimination de certains éléments étant une opération complexe, il est plus facile de durcir une eau que de l'adoucir. Si l'eau de votre aquarium est trop dure, changez-la par de l'eau osmosée ou par de l'eau de pluie. Vous pouvez également mettre des substances libérant des acides (par exemple, du teck) dans le bac et/ou avoir recours à l'effet de fertilisation du dioxyde de carbone pour éliminer les sels et les minéraux responsables de la dureté de l'eau.

Le succès de cette méthode dépend totalement des sels et des minéraux présents dans l'eau. En effet, certains composés peuvent ne pas être affectés par la présence de substances acides, l'eau étant toujours dure en dépit d'un pH bas. Certains produits qui diminuent la dureté et le pH ne peuvent être utilisés que dans une eau dont le pH est inférieur ou égal à 7-8. Si le pH est plus élevé, les carbonates ne peuvent plus se dissoudre, l'eau se trouble et les filtres se bouchent.

LE POUVOIR TAMPON

Le pouvoir tampon d'une eau est sa capacité à garder une valeur de pH stable lorsque des acides sont ajoutés. L'eau contient des tampons – le plus souvent sous la forme de carbonates – qui empêchent les ions hydrogénés de fluctuer brutalement et le pH de chuter. Une eau dure est généralement plus riche en éléments tampons et plus alcaline (un pH plus élevé) qu'une eau douce. Pour préserver le pouvoir tampon de l'eau, ajoutez régulièrement de l'eau dans l'aquarium. Il est primordial de mesurer la dureté de l'eau d'un aquarium riche en plantes dans la mesure où leur consommation de CO_2 risque de diminuer le pouvoir tampon et la dureté de l'eau.

Installer un aquarium

Décider où vous allez installer votre aquarium et pour quel style vous allez opter ne se fait pas à la légère.

En effet, si l'aquarium doit être mis en valeur, son emplacement doit convenir aux poissons et aux plantes. De même, le choix des accessoires et des différents éléments de décor demande réflexion. Heureusement, depuis une trentaine d'années, l'aquariophilie est devenue un véritable hobby et, dans les magasins spécialisés, chacun peut trouver ce qu'il recherche.

TROUVER LE BON EMPLACEMENT

Selon l'architecture et l'agencement de votre maison, certains endroits se prêtent mieux à l'installation d'un aquarium que d'autres – même si les lieux *a priori* les mieux adaptés réservent parfois de mauvaises surprises. Sachez qu'une fois installé et rempli d'eau, il sera difficile de changer votre aquarium de place. Trois éléments sont à prendre en considération.

Premièrement, le meilleur emplacement du point de vue de l'esthétique.

Deuxièmement, l'emplacement le plus pratique, d'une part pour accéder aux différents équipements/accessoires et, d'autre part, pour assurer l'entretien de l'aquarium et s'occuper des poissons et des plantes.

Et, troisièmement, l'environnement le mieux adapté aux besoins des poissons et des plantes. Si le premier point est plus une question de goût qu'autre chose, les deux autres doivent répondre à des règles précises.

ÉQUIPEMENT ET ENTRETIEN

Le plus souvent, l'aquarium est placé sur un meuble ou un socle, les équipements et les accessoires – y compris les systèmes de filtration – étant rangés sous l'aquarium. Laissez environ 8 cm derrière et de chaque côté du meuble pour passer les câbles, les fils électriques et les tuyaux. Installez une prise de courant à proximité du meuble. Afin que l'eau ne coule pas le long des fils électriques jusqu'à la prise, mettez-la à environ 2 cm au-dessus de la plinthe de manière que les fils tombent sur le sol et remontent vers la prise. L'espace au-dessus et devant l'aquarium doit être dégagé afin que vous puissiez sans problème changer l'eau et nettoyer les filtres. Il n'est pas indispensable d'avoir un robinet près de l'aquarium, l'eau pouvant être transportée dans un arrosoir ou tout autre récipient.

L'ENVIRONNEMENT

Les bruits, les vibrations, les mouvements, la chaleur et la lumière autour de l'aquarium ont un effet direct sur le bien-être des poissons. Selon l'environnement, les poissons sont calmes ou stressés. Pour qu'ils soient en bonne santé, qu'ils aient de belles couleurs et qu'ils ne soient pas sur le qui-vive, choisissez avec soin l'emplacement de l'aquarium. Les vibrations dues aux appareils électroménagers (machine à laver, lave-vaisselle mais aussi télévision et matériel hi-fi) ou toute autre source de bruit traversent les vitres de l'aquarium et parviennent jusqu'aux occupants. Les poissons sont très sensibles aux vibrations qui leur permettent d'identifier la présence d'un objet, d'une plante ou d'un congénère. S'il y a trop de vibrations provenant de l'extérieur de l'aquarium, les poissons souffrent d'une « surcharge sensorielle » pouvant perturber leur système immunitaire, favoriser le développement d'une maladie voire entraîner la mort. Les vibrations dues à une porte qui claque, à des personnes qui marchent à proximité de l'aquarium ou qui tapent sur la vitre ont le même effet. L'idéal est d'installer

À gauche : *Un aquarium est un meuble à part entière qui ne peut pas être placé n'importe où au milieu de n'importe quelle pièce. Réfléchissez mûrement avant de choisir son emplacement car une fois installé et rempli d'eau, il sera difficile à déplacer.*

INSTALLER UN AQUARIUM

l'aquarium dans un lieu calme contre un mur et face à une porte afin que les poissons voient les personnes entrer dans la pièce et ne soient pas surpris.

La lumière ambiante est également un facteur important même si tant que l'aquarium est allumé, l'éclairage de la pièce n'a pas vraiment d'impact sur les poissons.

Lorsque vous éteignez en même temps toutes les lampes de la pièce et que les poissons se retrouvent d'un seul coup dans l'obscurité, les effets sont semblables à ceux causés par les vibrations. Allumez l'aquarium dès que la pièce est dans la pénombre et éteignez-le au minimum vingt minutes avant d'éteindre les autres lampes. Ne placez pas l'aquarium face à une fenêtre car, en été, l'eau chauffe, les algues prolifèrent et l'eau devient verte. De même, n'installez pas l'aquarium prêt d'un radiateur ou toute autre source de chaleur.

CHOISIR LE BON AQUARIUM

Il existe des aquariums de toutes formes et de toutes tailles. Choisissez en fonction de vos goûts, de votre budget et de l'espace dont vous disposez. Pour des raisons d'entretien, achetez le plus grand aquarium que vous puissiez vous offrir. En effet, plus le volume d'eau est important, moins le pH et autres paramètres risquent de fluctuer (les polluants et les déchets sont moins nocifs car ils sont plus dilués). Par ailleurs, vous pourrez plus facilement donner libre cours à votre imagination si votre aquarium est grand. Que les aquariophiles dont le budget est restreint ou qui ne disposent que de peu d'espace ne se découragent pas : j'ai vu des aquariums de petite taille particulièrement bien réussis sur le plan de l'esthétique.

Vous avez le choix entre les meubles complets ou des kits qui seront assemblés en fonction de vos goûts et de vos besoins. Un meuble complet avec les filtres, les systèmes de chauffage et d'éclairage intégrés est, sur le plan financier, certes plus avantageux mais ne laisse aucune marge en cas de problème. Les fabricants proposent de plus en plus d'aquariums aux formes peu courantes ou réalisent des modèles sur mesure.

LA MISE EN PLACE

Un aquarium rempli d'eau est très lourd et exerce une forte pression sur le sol. Sur un parquet – notamment à l'étage – posez les pieds du meuble à l'aplomb des solives. L'eau exerce également une pression sur les vitres de l'aquarium. Vérifiez soigneusement le montage afin d'éviter d'éventuelles fuites.

Si la pression de l'eau est concentrée sur une partie à la base de l'aquarium, celui-ci risque de se fissurer. Pour éviter ce risque, le bac des aquariums modernes repose sur un support et non plus directement sur le meuble ou le socle. Dans le cas contraire, glissez une plaque de polystyrène ou un tapis en caoutchouc entre l'aquarium et le meuble/socle afin que les imperfections soient atténuées et que la pression soit également répartie.

CHOISIR UN STYLE

Selon le style choisi, l'équipement diffère. Par exemple, un aquarium représentant un torrent nécessite un certain nombre de pompes alors que vous devrez prévoir des filtres supplémentaires pour éliminer les déchets si vous vous inspirez du lac Malawi et que vous mettez beaucoup de poissons et de plantes dans votre aquarium. Pour un aquarium riche en plantes, la production de dioxyde de carbone doit être suffisante, prévoyez un substrat riche en CO_2 ou des engrais. Ayez une idée précise du style de biotope que vous souhaitez recréer avant d'acheter un aquarium et les différents accessoires. Si tout est, bien évidemment, une question de goût, l'entretien pèse également très lourd dans la balance. Un aquarium contenant des plantes et des poissons très exigeants quant à la qualité de l'eau est plus difficile à entretenir, demande plus de temps et de connaissances qu'un aquarium avec deux ou trois plantes et quelques poissons.

CRÉER UN PAYSAGE AQUATIQUE

Mis à part la construction d'une grotte et l'installation d'un décor sur la paroi arrière de l'aquarium, mieux vaut installer les différents éléments de base en une seule étape. Positionnez-les, avancez-les, reculez-les, etc. jusqu'à ce

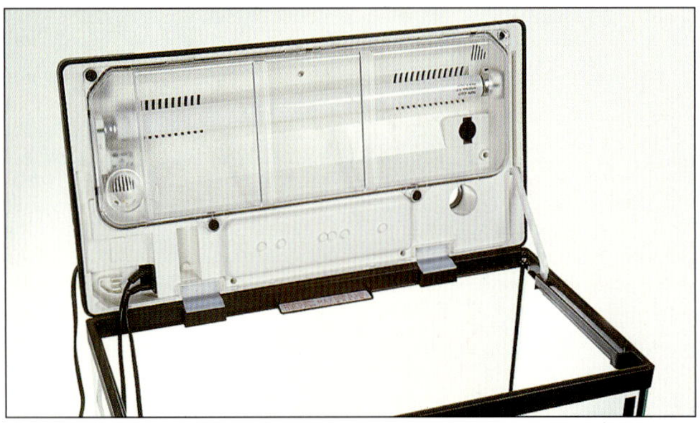

À gauche : Le système électrique de l'aquarium – tube fluorescent, prise et câbles – est installé dans le couvercle de l'aquarium.

À droite : Un aquarium vide permet de laisser libre cours à votre créativité. L'aquarium ci-contre (90 x 30 x 45 cm) se prête à nombre de réalisations.

L'ÉQUIPEMENT DE BASE

Quel que soit l'aquarium choisi, l'équipement de base – chauffage, éclairage et filtres – reste le même.

Le chauffage

Le combiné résistance/thermostat assure la régulation thermique des câbles chauffants et des chauffe-eau. Protégés par un verre étanche, la plupart des combinés sont totalement submersibles. Certains filtres ont un système de chauffage intégré ou un compartiment dans lequel se range le chauffe-eau. Quel que soit le modèle choisi, l'élément le plus important à prendre en considération est la puissance. Plus l'aquarium est grand, plus la puissance doit être élevée. La puissance moyenne de la résistance doit être de 1 watt par litre d'eau selon la température ambiante. Si l'aquarium est exposé à des courants d'air froids, la résistance doit être plus puissante.

Ci-dessous : Une grille et un verre étanche protègent la résistance contre les chocs (objets ou poissons) et empêchent les poissons de se brûler s'ils s'approchent trop près.

Les filtres

Le choix du filtre dépend du courant et du volume de l'eau et de l'emplacement que vous lui réservez dans l'aquarium. Les gros filtres sont la solution idéale pour un aquarium représentant un torrent alors qu'ils ne sont pas adaptés aux aquariums riches en plantes (le courant étant trop fort) ou inspiré d'un marécage ou d'une rivière paisible. En effet, le

Ci-dessus : Les filtres extérieurs sont efficaces et ne prennent pas de place dans l'aquarium. Prévoyez un meuble pour ranger ces filtres généralement assez volumineux.

courant perturbe parfois la croissance des plantes et apporte une agitation qui ne convient pas à tous les styles d'aquarium.

Dans un aquarium représentant un torrent ou une rivière aux eaux tumultueuses, prévoyez des pompes supplémentaires ou choisissez un filtre avec un petit orifice par lequel sortiront des bulles qui favoriseront l'oxygénation de l'eau.

Plus le filtre est gros plus il est puissant et élimine les polluants organiques (ammoniaque, nitrites et même nitrates). Peu encombrants, les filtres intérieurs (placés dans l'aquarium) sont recommandés pour les aquariums de petite capacité. Les filtres extérieurs sont généralement plus gros et doivent être rangés dans un meuble à part avec les différents accessoires (éponges, charbon actif, etc.). Les filtres extérieurs sont conseillés dès lors que vous envisagez de mettre beaucoup de poissons (si vous vous inspirez des lacs de la Rift Valley), des espèces de grande taille (par exemple, des cichlidés d'Amérique du Sud) ou des poissons qui comme les discus sont particulièrement exigeants quant à la qualité de l'eau.

Il est plus facile de dissimuler un filtre de petite taille au milieu de plantes, derrière des roches ou tout autre élément de décoration que dans un aquarium inspiré d'un marécage (dans ce cas, mieux vaut opter pour un filtre extérieur).

L'éclairage

En règle générale, l'éclairage est assuré par des tubes fluorescents. Si besoin est, ajoutez des spots orientables ou des lampes de grande intensité. La puissance varie selon l'éclairage souhaité : éclairage intense 1 watt pour un litre d'eau, éclairage fort 1 watt pour deux litres d'eau et éclairage moyen 1 watt pour 3 litres d'eau, éclairage faible 1 watt pour quatre litres d'eau. La puissance du ballast doit être identique ou légèrement supérieure à celle du tube mais jamais inférieure. Installez le ballast à l'extérieur de l'aquarium et même s'il est protégé contre les éclaboussures, veillez à ce qu'il n'y ait jamais d'eau dessus. La solution idéale est de le ranger avec les câbles et tout autre matériel électrique dans un meuble situé sous l'aquarium.

Les tubes fluorescents ne chauffent pas beaucoup, ne craignent pas les éclaboussures mais n'aiment pas la condensation. Pour éviter tout problème, placez un bac ou un couvercle en verre entre le tube fluorescent et la surface de l'eau.

Les lampes à halogénures métalliques (HQI) ou à vapeur de mercure (HQL) favorisent la pousse des plantes. Plus onéreuses que les tubes fluorescents, elles sont aussi plus lumineuses et sont très appréciées dans les aquariums de plus de 45 cm de profondeur. Accrochez des spots au plafond ou sur tout autre support en vous assurant que les ampoules sont à 45 cm minimum de la surface de l'eau. Sous les lampes, l'eau s'évapore et il est nécessaire de vérifier régulièrement le niveau de l'eau.

Ci-dessous : Les tubes fluorescents sont le type d'éclairage le plus couramment utilisé pour les aquariums. Certains modèles favorisent la pousse des plantes tandis que d'autres font ressortir les couleurs.

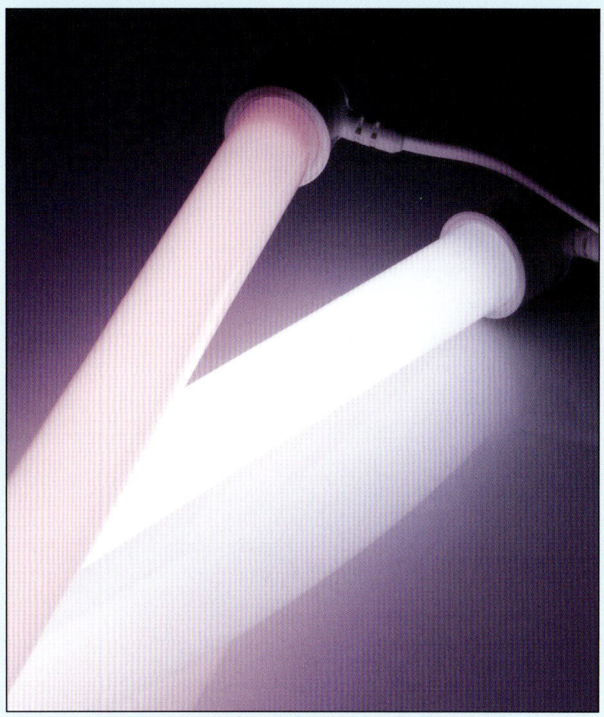

Ci-dessus : *Commencez par dessiner votre projet sur une feuille de papier. L'emplacement et la décoration de l'aquarium doivent tenir compte des besoins des poissons.*

que vous obteniez le résultat escompté et que l'ensemble soit réussi. Définissez ensuite l'emplacement des plantes et autres éléments de décoration. Pour plus de facilité, faites un plan sur une feuille de papier (nombre de plantes, plantation isolée ou en groupe, etc.).

Ne négligez aucun détail. Prenez votre temps et étudiez les différentes possibilités : le résultat n'en sera que meilleur.

Tenez compte des besoins des poissons. Aiment-ils se cacher derrière des roches ou au milieu des plantes ? Préfèrent-ils une lumière vive ou une lumière tamisée ? Si vous espérez que vos poissons se reproduisent, prévoyez des lieux propices à la reproduction. Les anabantidés aiment les petites plantes flottantes dotées de feuilles qui se divisent en fins segments comme les cabombes *(Cabomba)*. Les cichlidés nains notamment les *Kribensis* (cichlidés pourpres) et les *Apistogramma* ont une prédilection pour les grottes, les roches plates et les territoires bien délimités.

Avant de vous mettre au travail, établissez ce dont vous avez besoin afin que rien ne manque au moment voulu.

L'EMPLACEMENT

Une fois l'aquarium mis à sa place, vérifiez qu'il est de niveau et bien centré par rapport au meuble ou au socle. Assurez-vous également qu'il y a suffisamment d'espace derrière et de chaque côté pour le passage des fils électriques et des tuyaux.

POSER LE DÉCOR ARRIÈRE

Commencez toujours par installer le décor arrière qui peut être une simple plaque en plastique de couleur fixée à l'intérieur ou à l'extérieur de l'aquarium. Si vous prévoyez beaucoup d'éléments de décoration, la plaque destinée à dissimuler les tuyaux, les fils électriques ou le papier peint sera fixée à l'extérieur de la vitre avec du ruban adhésif. Par contre, si l'aquarium est relativement sobre, fixez le décor arrière à l'intérieur afin d'éviter que des bulles se forment entre la vitre et le décor. Utilisez une pâte adhésive et imperméable commercialisée dans les magasins spécialisés.

AJOUTER LE SUBSTRAT

Selon le style choisi, le substrat peut être une simple couche de sable de rivière ou un mélange de plusieurs matériaux propices à la pousse des plantes. Quel qu'il soit, lavez-le soigneusement (voir page 29) puis étalez chaque couche afin d'obtenir le résultat escompté. Selon les plantes, les couches doivent être superposées dans un ordre précis. Si vous optez pour un câble chauffant, c'est le moment de l'installer (voir pages 28-29).

Ci-dessous : *Pour créer un « parterre » surélevé, utilisez des grosses roches ou de grandes racines et entassez du sable derrière jusqu'à la hauteur désirée. Voir l'aquarium photographié pages 142-143.*

***À droite :** L'aquarium est divisé en plusieurs parties bien délimitées. Le résultat particulièrement réussi sur le plan de l'esthétique est le fruit d'un long travail de préparation.*

Le substrat est étalé en une couche lisse ou en pente douce. Le substrat est l'élément qui, le plus souvent, paraît le plus artificiel. Regardez autour de vous et vous verrez que dans la nature les substrats sont rarement plats et uniformes mais plutôt irréguliers et parsemés de cailloux, de morceaux de bois ou autres débris organiques. Pour donner une note naturelle à votre aquarium, disposez ici et là des éclats de roches, des galets et des racines et répandez du sable sur les grottes ou autres éléments du décor afin d'éliminer l'effet statique et d'apporter du « mouvement » à l'ensemble tout en respectant – bien évidemment – une certaine logique. Très important, veillez à ce que le sable semble être toujours poussé dans la même direction.

INSTALLER LES ÉQUIPEMENTS

Positionnez le filtre, les systèmes d'éclairage et de chauffage avant de mettre en route l'aquarium. Installer le combiné résistance/thermostat est relativement facile : placez-le à 45° avec le thermostat sur le dessus et face au courant afin qu'il n'y ait pas d'écart de température entre la surface et le fond de l'eau et que la chaleur dégagée par la résistance n'ait pas un impact immédiat sur le thermostat. Ne mettez jamais le combiné sous tension hors de l'eau sous peine de voir le verre se briser ce qui rendrait le matériel inutilisable. Placez la résistance à mi-hauteur le long d'une vitre de manière qu'elle soit totalement immergée. Prenez soin de l'éloigner suffisamment de tout objet de décoration susceptible de l'endommager. Protégez-le des attaques des poissons très actifs ou belliqueux avec un étui en plastique.

Positionnez les filtres intérieurs en veillant à ce que l'orifice soit environ à 5 cm au-dessous de la surface de l'eau. Il n'est pas nécessaire que l'eau soit très agitée. Si l'eau remue ne serait-ce qu'un petit peu, cela signifie qu'elle est suffisamment oxygénée. Dissimulez les filtres intérieurs derrière une plante ou une roche mais veillez à avoir un accès facile pour les nettoyer ou intervenir si un problème venait à se poser.

Les filtres extérieurs se mettent en dessous du niveau du bac afin que l'eau entre dans le filtre par gravité. Si vous pouvez les placer sur le côté – ou même au-dessus – du bac, vous devez les placer au-dessous du bac lorsque vous les mettez en marche pour la première fois ou après que vous les avez nettoyés afin de bien amorcer la pompe. Assurez-vous que les tuyaux sont assez longs pour descendre jusqu'au filtre et remonter jusqu'à l'arrière du bac. Le tuyau qui amène l'eau du bac vers le filtre doit être suffisamment éloigné du tuyau qui rejette l'eau filtrée dans l'aquarium et que l'eau filtrée ne soit pas immédiatement aspirée mais qu'elle soit brassée. Positionnez le premier juste au-dessus du substrat afin que la plus grande partie des déchets déposés au fond soient aspirés et le second juste sous la surface de l'eau afin que l'oxygénation soit optimale. Que vous utilisiez un filtre extérieur ou intérieur, il est parfois nécessaire d'avoir recours à une canne de refoulement afin de diminuer les remous.

POSITIONNER LES ÉLÉMENTS DE DÉCORATION

Disposez les roches, plantes et autres éléments de décoration selon votre goût mais en suivant des règles précises qui vous éviteront de commettre des erreurs. Créez un environnement varié avec des cachettes – où peuvent s'abriter et se reproduire les poissons – et des espaces dégagés.

Dans la mesure du possible, disposez les différents éléments sur les côtés et au fond de l'aquarium afin que les poissons puissent nager sans être dérangés au milieu du bac.

Évitez de mélanger les styles. Utilisez des bois de la même espèce et des roches qui s'harmonisent avec le substrat. Un décor sobre paraît souvent plus naturel qu'un décor surchargé. Ce qui différencie un décor « naturel » d'un décor artificiel ce sont plus les petits détails que les éléments les plus importants.

Pour finir, sachez qu'un décor n'est jamais figé et qu'il est toujours possible d'apporter des changements afin de l'embellir.

REMPLIR L'AQUARIUM D'EAU

Il est temps maintenant de remplir votre aquarium d'eau. Posez une assiette ou un bol au fond du bac et versez l'eau dessus afin de briser le jet et ne pas creuser des trous dans le substrat. Vous pouvez utiliser de l'eau du robinet mais si vous remplissez l'aquarium à l'aide d'un tuyau d'arrosage, laissez couler l'eau quelques minutes afin d'évacuer l'eau ayant stagné dans le tuyau.

Une fois l'aquarium rempli, versez un conditionneur d'eau (déchlorinateur) ailleurs afin d'éliminer le chlore et la chloramine. Mettez l'aquarium en route et vérifiez le fonctionnement des filtres, du chauffage et de l'éclairage. Attendez trois à quatre jours que l'eau se réchauffe et se stabilise avant de mettre des poissons dans l'aquarium. Profitez de cet intervalle pour ajouter – si nécessaire – quelques plantes et éléments de décor.

PLANTER LE DÉCOR

Ci-contre : *les différentes étapes qui vous permettront d'obtenir un résultat réussi. Attention à bien respecter chacune d'elles.*

Le sable de faible granulométrie favorise l'enracinement.

Le sable de moyenne granulométrie se mélange facilement.

Le sable de rivière de grosse granulométrie est idéal dans un aquarium de style « rivière ».

Fixez le décor en premier, avec du ruban adhésif (à l'extérieur) ou une pâte adhésive imperméable (à l'intérieur).

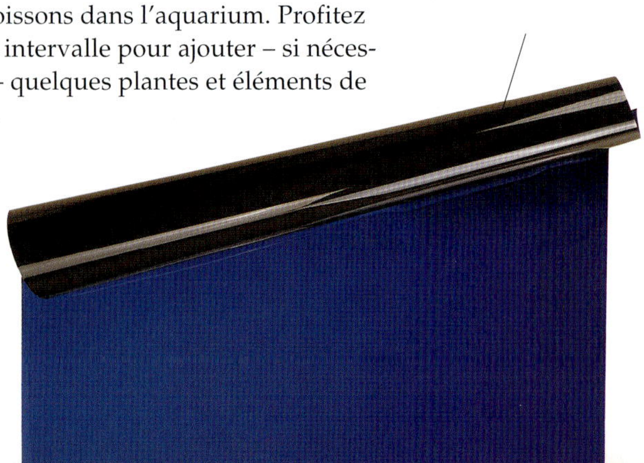

Étape nº 1

Lavez soigneusement le substrat avant de l'étaler au fond du bac. Mettez le substrat dans un récipient et répartissez-le en fonction du but recherché. Vider en une seule fois une grande quantité de sable ou de gravier risque d'abîmer le verre. Gardez du substrat que vous rajouterez plus tard si besoin est.

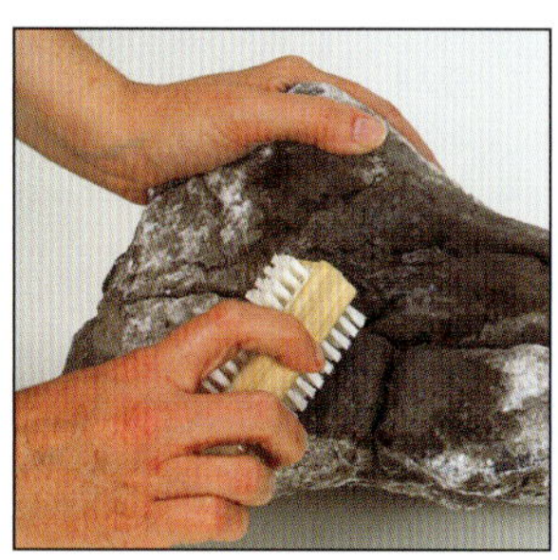

Étape nº 2

Placez en premier les éléments les plus gros. Vérifiez que les roches et autres éléments lourds sont bien en équilibre et ne risquent pas de tomber et de briser les vitres de l'aquarium. Mettez en place les filtres et les systèmes de chauffage et d'éclairage. Ne mettez aucun appareil sous tension avant d'avoir rempli l'aquarium d'eau.

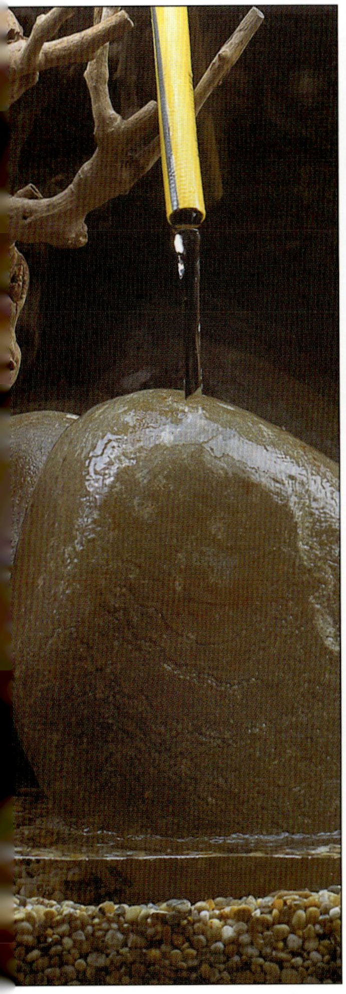

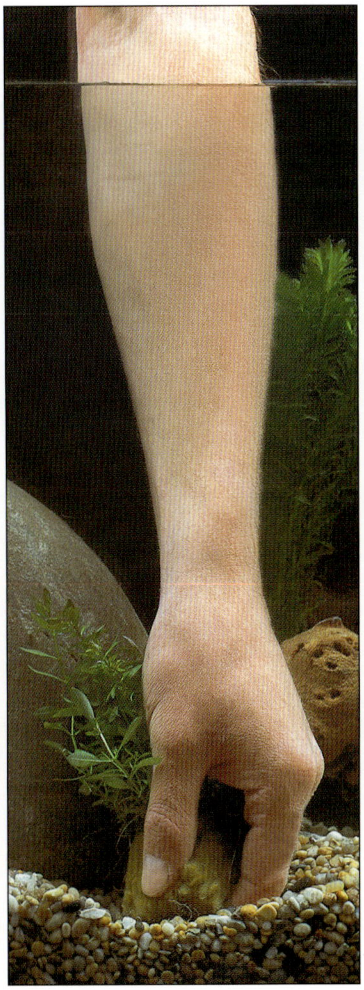

Étape nº 3

emplissez l'aquarium. L'eau du binet convient parfaitement. Si ous utilisez un tuyau d'arrosage, issez couler l'eau ailleurs uelques minutes afin d'évacuer eau stagnante. Faites couler l'eau ur une roche plate ou une assiette osée au fond de l'aquarium afin e briser le jet et ne pas abîmer le ubstrat. Ne remplissez pas l'aquaium jusqu'en haut afin de pouvoir – si besoin est – ajouter des éments de décoration. Versez le nditionneur d'eau (déchlorinaur) et mettez les appareils éleciques sous tension.

Étape nº 4

Ajoutez les plantes en les regroupant par espèce et en les espaçant suffisamment pour qu'elles puissent pousser librement. Vérifiez le fonctionnement des filtres et des systèmes de chauffage et d'éclairage. Attendez quelques minutes que les bulles d'air s'échappent des filtres extérieurs.

Étape nº 5

Ajoutez la touche finale et disposez ici et là sur le substrat des éclats de roches, des morceaux de bois et des galets qui donneront une note naturelle à l'ensemble. Faites en sorte que les roches et les pierres utilisées se marient harmonieusement avec le substrat.

Étape nº 6

Une fois les plantes et les éléments de décoration mis en place, remplissez l'aquarium jusqu'en haut. Attendez quelques jours que l'eau chauffe et se stabilise avant de mettre des poissons. Si possible, introduisez les poissons par petits groupes et laissez-les s'habituer progressivement à leur nouvel environnement. Nettoyez régulièrement l'aquarium, vérifiez le fonctionnement des appareils électriques et veillez à ce que les plantes ne manquent pas de nutriments. Prenez immédiatement de bonnes habitudes !

SECONDE PARTIE

Scènes d'aquarium

Les aquariophiles le savent bien : la réussite d'un aquarium repose sur plusieurs principes de base. Si l'un ou l'autre de ces principes n'est pas respecté, l'aquarium aura beau être parfaitement situé et entretenu avec des poissons et des plantes de toute beauté, toute une partie des efforts sera annihilée. Pour que votre aquarium ne soit pas quelconque mais attire les regards, inspirez-vous de la nature qui offre une multitude de biotopes abritant une kyrielle d'espèces dont les modes de vie et les besoins diffèrent les uns des autres. Observez les environnements naturels et notez leurs spécificités (la qualité de l'eau, la végétation alentour et le substrat) ; étudiez la physiologie et le comportement des poissons et des plantes qui y vivent. Par exemple, les néons chinois qui affectionnent les eaux vives claires et bien oxygénées et pauvres en végétation ne sont heureux que dans un aquarium de grande capacité, peu encombré et avec du courant. Pour donner à l'ensemble un aspect naturel, ajoutez des cascades, des roches, des plantes résistant au courant, des branches, des racines ou d'autres éléments présents dans la nature.

Quels que soient le type de l'aquarium et les espèces sélectionnées, référez-vous au milieu naturel. Les tétras aiment nager parmi les racines entrelacées et recherchent les substrats dépourvus de sédiments. Les gouramis quant à eux évoluent dans des eaux marécageuses riches en plantes aquatiques et semi-aquatiques au milieu de chaumes de bambou tandis que les cichlidés du lac Malawi préfèrent les substrats sableux parsemés de galets. Plus un aquarium est proche du milieu naturel des poissons choisis, plus le résultat final est réussi.

Dans cette partie, nous étudierons en détail un grand nombre de biotopes et d'habitats naturels, la géologie, le paysage, la qualité de l'eau et la végétation qui les caractérisent puis nous regarderons comment associer ces différents éléments dans un aquarium afin de recréer un environnement répondant aux besoins des poissons et du plus bel effet esthétique.

Les cours d'eau des montagnes de Chine

Les ruisseaux et les torrents se jettent les uns dans les autres pour former des rivières qui se rejoignent pour créer des affluents qui, à leur tour, donnent naissance à des fleuves. Si dans les plaines, les ruisseaux se forment dans les zones marécageuses les plus basses ou proviennent de sources souterraines, les ruisseaux prennent généralement naissance dans les montagnes ou tout au moins dans les régions vallonnées. En effet, les chutes d'eau sont beaucoup plus importantes en altitude que dans les plaines. Dans les nuages, la vapeur d'eau se condense pour former des gouttelettes qui retombent sur le sol. La terre gorgée d'eau ne s'assèche jamais même au plus chaud de l'été.

L'eau traverse la surface du sol, s'écoule sur les roches pour donner naissance à des sources souterraines dont la plupart font rapidement surface et se rejoignent pour former des cours d'eau. Le volume de l'eau augmente et devient suffisant pour abriter différentes espèces animales y compris des petits poissons, maillons d'une chaîne alimentaire complexe.

En montagne, les ruisseaux ne sont jamais à sec même si le volume de l'eau varie au fil des saisons. Lorsque les pluies sont abondantes, les ruisseaux grossissent et abritent une multitude de poissons. Durant la saison sèche, seuls les ruisseaux les plus importants ne sont jamais asséchés et abritent toujours nombre de poissons. Les eaux sont relativement calmes mais dès que la pluie tombe, le niveau augmente considérablement, le courant devient plus fort et de l'écume apparaît.

BEAUCOUP D'ARBRES, BEAUCOUP DE POISSONS

Le nombre et les espèces de plantes et de poissons varient en fonction de la géologie. Dans les régions vallonnées à faible altitude, la couche de terre est suffisante pour permettre l'enracinement des arbres et autres végétaux. Or plus il y a de végétaux, plus il y a d'espèces animales y compris des petits mammifères et des insectes. Cette biodiversité fournit des aliments aux créatures aquatiques notamment aux poissons. Les fruits, les graines, les insectes, les plantes et les minuscules organismes qui se nourrissent de « déchets » organiques sont mangés par les poissons qui eux-mêmes sont mangés par d'autres espèces animales. Les racines des arbres et autres végétaux retiennent quantité d'eau dans le sol. Ce « réservoir » naturel empêche les cours d'eau de souffrir des variations climatiques qui affectent le volume de l'eau, permettant ainsi aux poissons de survivre.

Dans les régions de haute altitude, les pentes sont recouvertes d'une couche de terre trop fine pour permettre l'enracinement des arbres et autres végétaux de grande taille. Les seuls végétaux qui poussent là sont des fougères, des mousses, des petits arbustes et des herbes. Si quelques familles d'insectes et

Les ruisseaux et les torrents

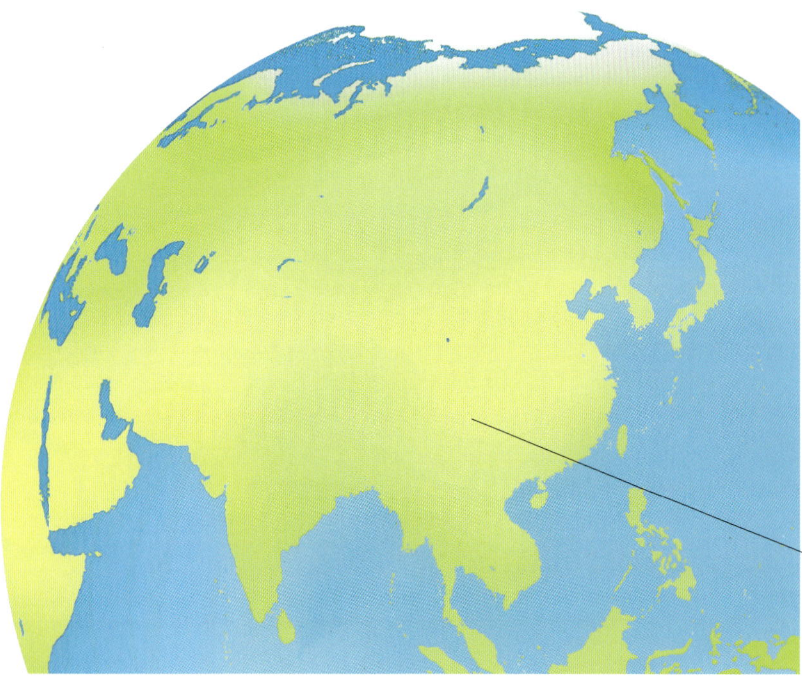

Le volume de l'eau des ruisseaux et des torrents qui se rejoignent pour donner naissance aux rivières varie au fil des saisons. L'eau y est claire, bien oxygénée et pauvre en substances organiques. Le nombre d'espèces qui vivent dans les ruisseaux et les torrents est limité. Seules les créatures les plus robustes survivent aux aléas climatiques extrêmes.

Les ruisseaux et les torrents sont présents dans pratiquement toutes les régions montagneuses du globe. Les poissons qui vivent dans les aquariums inspirés de ces habitats sont, en grande partie, originaires des massifs montagneux de Chine.

Ci-dessus : Un torrent dans la réserve Woolong (province du Sichuan, Chine) dévale la montagne au milieu de la forêt qui abrite des pandas géants. Les eaux y sont particulièrement poissonneuses.

espèces de fruits permettent aux rares poissons qui vivent là de se nourrir, ces derniers sont souvent obligés de se déplacer pour trouver de quoi manger.

PLUS VOUS REGARDEZ DE PRÈS, PLUS VOUS VOYEZ DE CHOSES

Les cours d'eau de montagne ne sont pas des habitats propices à la végétation. En effet, l'eau est pauvre en matières organiques et en nutriments. De plus, les nutriments présents ne peuvent être consommés par les plantes car ils sont oxydés ou associés à des minéraux que l'on trouve dans les eaux vives très oxygénées. Les plantes de grande taille sont quasiment inexistantes car la couche de terre est trop fine pour permettre leur enracinement. À cela s'ajoutent les variations climatiques qui affectent le niveau des cours d'eaux et empêchent les plantes de se naturaliser. Le manque de végétation présente toutefois un avantage. Les rayons du soleil ne sont pas arrêtés et chauffent les eaux peu profondes, favorisant la photosynthèse des algues, des plantes aquatiques et semi-aquatiques et des mousses qui souvent sont immergées.

Dans nombre de cas, le lit du cours d'eau est constitué de roches nues (seuls les bords des roches sont parfois recouverts d'une fine couche de terre) ou de petits étangs à proximité du cours d'eau principal. Les algues sont les seuls végétaux présents dans les zones rocheuses à côté de rares espèces qui jouent un rôle – ne serait-ce que mineur – dans la chaîne alimentaire. Ces êtres microscopiques ou unicellulaires qui vivent au milieu des algues sont mangés soit par des petits poissons soit par des petites créatures, des larves d'insectes, des amphipodes et autres invertébrés et crustacés qui à leur tour sont dévorés par les poissons et autres animaux aquatiques.

Les poissons qui vivent dans les cours d'eau de montagne sont pourvus de barbillons ou moustaches dont ils se servent pour détecter la nourriture. Les petites espèces de poissons-chats et les loches préfèrent manger les algues qui recouvrent les roches.

ÉVITER UNE ATTAQUE SOUDAINE

Si, de par leur taille, les ruisseaux et les torrents offrent peu de nourriture et ne favorisent pas la présence de gros poissons prédateurs, les espèces les plus fragiles ne sont pas pour autant à l'abri de tout danger. En effet, nombre d'oiseaux et animaux terrestres viennent chercher leur nourriture dans les cours d'eau. Les cachettes étant rares, les petits poissons ont du mal à échapper à leurs prédateurs, la meilleure défense étant de réagir vite. Les poissons des régions montagneuses sont des espèces vives qui se déplacent à toute allure. Un corps fuselé en forme de torpille et une nageoire caudale très développée favorisent la propulsion et une nage rapide dans les eaux au courant fort.

Des nageoires petites et arrondies permettent aux poissons de couvrir très rapidement de longues distances avec des accélérations et des décélérations marquées soit pour échapper à un prédateur soit pour trouver de la nourriture.

Grâce aux petits battements rapides de leurs nageoires pectorales, les poissons vivant dans les torrents peuvent rester plusieurs minutes au même endroit. Ils utilisent cette technique pour se cacher ou pour se reposer après une course effrénée à l'abri d'une roche dans des eaux calmes et profondes. Si le courant devient plus fort, les poissons agitent leurs nageoires stabilisatrices afin de ne pas être déséquilibrés et de rester au même endroit.

Les poissons vivant dans les régions montagneuses et les espèces fouillant le substrat à la recherche de nourriture présentent de nombreuses similitudes. Certains semblent « planer » au-dessus du substrat et s'emparent de déchets et autres aliments reposant sur les roches ou le sol. Dans la plupart des cas, ils se nourrissent d'organismes contenus dans le substrat, minuscules particules invisibles à l'œil nu, ou de plus grosses créatures dissimulées entre les pierres.

CARACTÉRISTIQUES DE L'EAU

L'eau des cours d'eau de montagne est rarement acide et riche en nutriments car elle passe si vite sur les roches qu'elle n'a pas le temps de se charger en matières organiques susceptibles de l'adoucir. Le pH de l'eau est généralement neutre voire légèrement ou moyennement alcalin selon la quantité et le type des minéraux dont sont constituées les roches environnantes. L'eau des cours d'eau de montagne y compris dans les régions tropicales est généralement fraîche, la température étant nettement plus basse que celle de l'eau des rivières et autres cours d'eau en aval. Dans un aquarium, les espèces vivant à l'état naturel dans ce type d'habitat se plaisent dans une eau comprise entre 20 et 22 °C et jamais supérieure à 24 °C.

Ci-dessus : *La Loche des rivières rayée* (Pseudogastromyzon fasciatus) *au corps fuselé et aux nageoires petites et arrondies vit dans les eaux vives et se nourrit d'algues fixées sur les roches.*

DIFFÉRENCES MORPHOLOGIQUES

Toutes les espèces vivant dans les ruisseaux et torrents n'ont pas un corps fuselé. Par exemple, les loches et les poissons-chats qui se nourrissent d'algues sont relativement petits et ont un corps comprimé latéralement. La loche *Pseudogastromyzon cheni*, originaire de la province de Fukien au sud de la Chine, mesure environ 10 cm. Or si vous la regardez de côté, elle ne fait pas plus de 1 cm de haut. Grâce à la forme atypique de son corps, elle s'approche très près des roches et des pierres sur lesquelles elle colle sa bouche dirigée vers le bas pour arracher les algues. Son corps qui est souvent comparé à l'aile d'un avion résiste à la poussée du courant. Les poissons ayant cette morphologie atypique passent la plupart de leur temps sur le lit des cours d'eau ce qui explique que leur vessie natatoire – poche d'air qui permet aux poissons de flotter – ne soit pas très développée. Lorsqu'ils se déplacent, les poissons frottent leur ventre contre l'eau ce qui les fait « monter » puis « planer » avant de redescendre sur le substrat.

Les galets sont usés par l'eau. Les pierres les plus lisses se trouvent dans les ruisseaux de montagne et les torrents.

Les roches biseautées sont utilisées dans un aquarium pour créer des cascades. Les surfaces planes orientent le courant.

UN AQUARIUM INSPIRÉ D'UN COURS D'EAU DE MONTAGNE

Pour créer un cours d'eau peu profond à fort courant, laissez un espace dégagé que vous délimitez avec des pierres et installez une pompe à la surface de l'eau à l'endroit même où l'eau pénètre dans l'aquarium. Pour ce faire, remplissez l'aquarium à la moitié ou aux trois quarts et installez une chute d'eau à l'une des extrémités. Si vous optez pour un aquarium de grande capacité, vous pouvez envisager de créer deux chutes d'eau (une petite et une plus grande). Sachez, néanmoins, que ce ou ces éléments ne sont pas indispensables pour donner l'impression d'eaux vives à l'ensemble. Des pompes de brassage ou des filtres dotés d'un venturi et de pompes à air (bulleurs) créent des remous qui évoquent parfaitement les eaux tumultueuses des torrents.

Ne plantez qu'un nombre restreint d'espèces aquatiques. En effet, comme nous l'avons vu, rares sont les végétaux capables de survivre dans ce type d'environnement. Privilégiez les variétés qui peuvent être plantées au-dessus de la surface de l'eau sur des pierres voire à l'extérieur du réservoir avec des branches et des feuilles qui retombent dans l'eau.

Choisissez un substrat unique, le mieux étant un substrat de grosse granulométrie, par exemple, du sable de rivière parsemé de petits cailloux ou de galets. Utilisez des pierres du même type – ou tout au moins ayant le même aspect – que celles utilisées pour la (ou les) chute(s) d'eau et/ou sur les bords de l'aquarium. Le substrat choisi pour l'aquarium présenté aux pages 62-63 que nous appellerons aquarium témoin est du sable de Loire parsemé de sable de rivière avec quelques éclats d'ardoise émoussés. Bien que le sable de Loire soit peu fréquent dans les cours d'eau de montagne, il permet d'avoir une structure de base parfaitement adaptée aux constructions en pierre.

CONSTRUIRE UNE CHUTE D'EAU

Dans l'aquarium témoin (pp. 62-63), l'ardoise est le matériau choisi pour la cascade. Les morceaux d'ardoise étant grands, lourds et biseautés, il est primordial de les fixer solidement afin qu'ils ne risquent pas de tomber et de briser les vitres. Comme indiqué page 30, la mise en place des roches exige quelques précautions. Positionnez les morceaux les plus gros puis empilez les roches plus petites pour finir par les morceaux les plus légers.

Éparpillez ici et là des morceaux de bois exotique qui feront penser à des branchages arrachés et charriés par les eaux tumultueuses d'un torrent.

Le point le plus épineux avec ce type d'aquarium est de définir l'emplacement de la pompe. Dans l'aquarium témoin, elle est cachée à l'intérieur de la chute d'eau. Dans les aquariums de plus grande capacité, la pompe peut être mise n'importe où voire dans un bac séparé.

Où qu'elle soit, la pompe doit rester accessible. Ici, la chute d'eau est composée de deux parties distinctes. Derrière les roches utilisées pour la partie inférieure (la base), un espace a été réservé pour la pompe et la tuyauterie alors que la partie supérieure forme une sorte de « couvercle » qui permet de dissimuler les différents équipements. Chaque partie a été construite avec minutie. Le « couvercle » se retire facilement lorsqu'il est nécessaire d'accéder à la pompe.

La pompe doit être suffisamment puissante pour que les remous rappellent les eaux des torrents. Selon votre goût, vous opterez pour des eaux tumultueuses ou pour les eaux plus calmes d'un ruisseau ou d'une source. Dans l'aquarium témoin, le volume de l'eau est brassé 20 fois en une heure. Pour avoir une telle puissance, utilisez une pompe pour bassin – plutôt qu'une pompe pour aquarium ou un filtre – à condition que celle-ci soit équipée d'un filtre ou d'une éponge sous peine de voir les poissons aspirés.

UN PEU DE VERDURE

Si vous ne plantez pas de végétaux, l'aquarium semble vide et nu d'autant qu'il n'est pas rempli jusqu'au bord. Profitez des interstices et des fissures dans les roches pour mettre de la terre qui favorisera l'enracinement de plantes terrestres particulièrement robustes.

L'espace étant réduit, le nombre de plantes est limité mais il en est de même dans la nature. Trois variétés de plantes terrestres sont suffisamment robustes pour se prêter à la culture en aquarium : les mousses, les plantes alpines et certaines fougères. Elles ont un système

Ces plantes alpestres Sedum rupestre *(à gauche) et* Arenaria caespitosa *'Aurea' (à droite) se développent dans les interstices des roches disséminées sur le substrat.*

racinaire qui leur permet de se développer dans les régions marécageuses avec une très fine couche de terre et, par conséquent, dans les aquariums. Les mousses et les plantes alpines s'érigent au-dessus des roches voire au-dessus de la surface de l'eau.

Parmi les plantes à privilégier dans les aquariums inspirés des cours d'eau de montagne : la mousse de Java *(Vesicularia dubyana)*, la fougère de Java *(Microsorium pteropus)*, les *Anubias*, différentes variétés de *Bolbitis* et un grand nombre de plantes aquatiques ou semi-aquatiques. Pour rendre l'ensemble plus esthétique, ajoutez quelques plantes en pot derrière ou au-dessus de l'aquarium et laissez les feuilles retomber dans l'eau.

LES BONS POISSONS

Nombre de poissons d'aquarium s'adaptent sans aucune difficulté aux aquariums inspirés des ruisseaux de montagne et des torrents même si seules quelques rares espèces vivent à l'état naturel dans ce biotope. D'autres espèces originaires d'eaux vives ou de cours d'eau calmes et tranquilles s'habituent également à ce type d'habitat. Parmi les espèces à privilégier, les poissons qui vivent à l'état naturel dans les cours d'eau de montagne y compris les espèces originaires de Chine comme les loches *Pseudogastromyzon cheni* ou *Gyrinocheilus aymonieri* qui se nourrissent d'algues ou encore les néons chinois *(Tanichthys albonubes)*. Les petits poissons-chats mangeurs d'algues affectionnent tout particulièrement les eaux vives. Les espèces les plus grosses comme le pléco (*Hypostomus* spp.) prennent beaucoup de place dans l'aquarium et risquent de se cogner contre les roches.

Les barbus de taille moyenne et les danios sont également à privilégier. Les danios (*Brachydanio* spp.) sont des poissons vifs comme l'éclair qui aiment les eaux au courant fort. Dans un aquarium, un banc de danios zébrés *(Brachydanio rerio)*, petits poissons au corps comprimé latéralement et quelques danios géants *(Brachydanio aequipinnatus)* attirent les regards.

Les petits barbus notamment les barbus Schuberti *(Puntius sachsi)* et les barbus d'Odessa *(Puntius ticto)* ont leur place dans un aquarium de type « montagnard » même si les plus grands spécimens qui peuvent atteindre jusqu'à 10 cm de long comme les barbus zébrés *(Puntius eugrammus)*, les barbus à trois bandes *(Puntius arulius)* et les barbus rosés *(Puntius conchonius)* sont plus atypiques.

***Ci-dessous :** Les néons chinois* (Tanichthys albonubes)*, originaires comme leur nom l'indique de Chine, sont des poissons qui s'adaptent parfaitement à la vie en aquarium et qui attirent les regards.*

À gauche : *Le gyrino* (Gyrinocheilus aymonieri), *très répandu dans les fleuves de Chine et de Thaïlande, se nourrit d'algues. Très belliqueux, il n'hésite pas à combattre ses congénères pour protéger son territoire.*

À droite : *Le danio zébré* (Brachydanio rerio) *est un poisson très rapide qui aime lutter contre le courant fort. Toutes les espèces du genre* Danio *sont à privilégier dans les aquariums inspirés des cours d'eau de montagne.*

Aquarium inspiré des cours d'eau des montagnes de Chine

Malgré l'absence quasi totale de végétation sous l'eau qui renforce la sobriété de l'aquarium, l'ensemble attire l'œil notamment du fait des remous à la surface de l'eau.

Disposez des plantes d'intérieur aimant l'humidité au-dessus et derrière le bac, laissez les feuilles retomber dans l'eau.

Ce morceau de bois exotique adoucit l'impact des roches et fait penser à une branche ou une racine charriées par le courant.

Des blocs d'ardoise sont utilisés en décor de fond. Bien que relativement imposante, la roche ne repose que sur une petite partie du substrat.

Les morceaux d'ardoise émoussés éparpillés sur le substrat font écho aux gros blocs.

Une pompe dissimulée à l'intérieur d'une chute d'eau crée des remous à la surface de l'eau.

Le courant est dirigé vers les roches. L'eau glisse sur les pierres sans générer trop d'éclaboussures.

Les plantes alpines s'enracinent dans les interstices et les fissures entre les roches et prolifèrent au fil du temps.

Le sable de rivière donne un aspect naturel à ce lit créé de toutes pièces.

Sous la pression de l'eau, le sable se déplace. Glissez un filet en plastique sous le sable afin de stabiliser le substrat.

Les roches très lourdes doivent être manipulées avec précaution.

Les ruisseaux d'Amérique centrale

À la différence des eaux douces et acides du bassin de l'Amazone, les ruisseaux d'Amérique centrale ont des eaux dures et alcalines. Dans nombre de régions, le sol et le substrat contiennent des éléments calcaires qui, généralement, reposent sur un sous-sol basique. Le pH est, généralement, compris entre 8 et 8,5 même si, dans certaines régions, il ne dépasse pas 7. Les plantes qui n'ont pas à leur disposition tous les nutriments dont elles ont besoin sont rares. Les quelques plantes aquatiques qui poussent dans les eaux les plus calmes forment des touffes denses. Elles affectionnent tout particulièrement les sources souterraines riches en nutriments. La végétation qui borde les ruisseaux varie selon les lieux avec, ici, la forêt dense et, là, une végétation de plaine au milieu de roches dénudées. Selon le relief, les eaux des ruisseaux d'Amérique centrale sont plus ou moins rapides. À certains endroits, elles sont calmes, peu profondes et boueuses et, à d'autres, elles coulent à toute vitesse sur un substrat sableux parsemé de roches et de galets.

La faune et la flore aquatiques élisent également domicile dans les marécages, les lagons, les étangs et les petites rivières où l'on retrouve quasiment les mêmes espèces de poissons que dans les ruisseaux où l'eau transparente et bien oxygénée permet aux poissons de voir leur proie.

PETITS POISSONS, PETITES PROIES

Mis à part les poissons-chats qui vivent au fond de l'eau, la majorité des espèces se nourrissent de proies attrapées à la surface notamment d'insectes et de larves d'insectes. En effet, dans cette partie du monde où la végétation est dense, les insectes et principalement les moustiques abondent. La gambusie *(Gambusia affinis)* se nourrit presque exclusivement de larves d'insectes et plus spécifiquement de larves de moustiques. Dans certaines

Les ruisseaux d'Amérique centrale

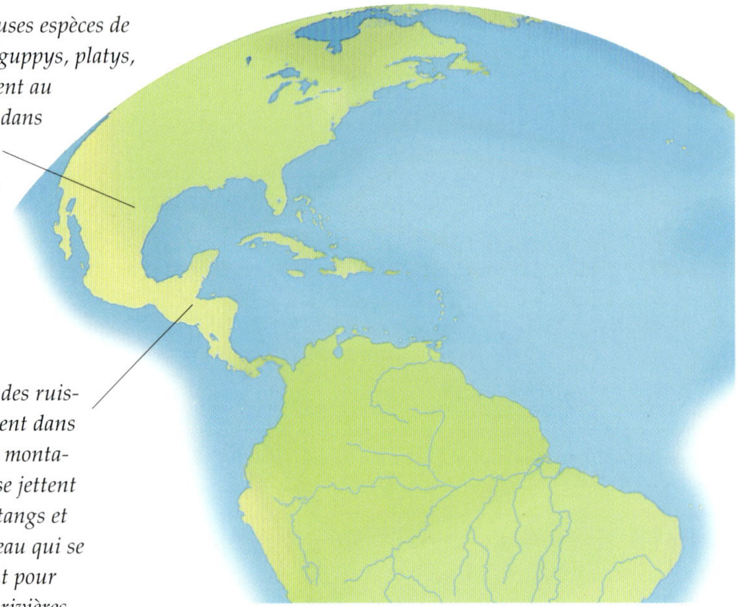

De nombreuses espèces de poéciliidés (guppys, platys, etc.) vivent au Mexique et dans le sud des États-Unis.

La majorité des ruisseaux naissent dans les régions montagneuses et se jettent dans des étangs et des cours d'eau qui se rejoignent pour former des rivières.

Les poissons qui vivent dans les ruisseaux d'Amérique centrale sont plus petits que les autres poissons de rivière. Ces poissons sont, généralement, très appréciés des aquariophiles. La famille des poéciliidés qui, entre autres, regroupe les guppys et les platys est très répandue dans les ruisseaux et les cours d'eau d'Amérique centrale.

À gauche : *Ce ruisseau du parc national de Carara (Costa Rica) aux eaux animées par un fort courant est un exemple type des cours d'eau d'Amérique centrale.*

Ci-dessus : *Le vairon-brochet* (Belonesox belizanus) *qui ne dépasse généralement pas 10 cm de long est un prédateur doté de mâchoires puissantes et de dents acérées.*

régions, les hommes n'ont pas hésité à introduire des gambusies pour empêcher la prolifération des insectes.

Les guppys *(Poecilia reticulata)* ont aussi été introduits dans le même but.

À côté des larves d'insectes qui vivent au milieu des plantes au bord des ruisseaux, nombre de petits invertébrés aquatiques et mangeurs de détritus sont les proies de poissons pélagiques, des poissons vivant à la surface de l'eau et des poissons-chats. La plupart des poissons-chats sont omnivores. Ils fouillent le substrat à la recherche de nourriture et dévorent les petites créatures aquatiques – vers et larves – qui se trouvent sur leur passage.

Les algues prolifèrent dans les eaux peu profondes qui reçoivent la lumière du Soleil. En Amérique centrale, les mangeurs d'algues sont rares et ce sont les poissons qui, généralement, se nourrissent d'insectes qui, lorsque la nourriture vient à manquer, « broutent » les algues.

Les gros poissons préfèrent nager dans des eaux profondes et seuls quelques prédateurs vivent à proximité de la surface de l'eau. Le vairon-brochet *(Belonesox belizanus)* qui peut atteindre 10 cm de long se dissimule dans les plantes bordant les ruisseaux et attend patiemment qu'un petit poisson se montre. Avec ses mâchoires très puissantes il attrape sa proie qu'il déchiquette avec ses dents extrêmement pointues. Les poissons des ruisseaux d'Amérique centrale sont relativement petits. Seules quelques rares espèces mesurent plus de 10 cm. Ce sont les poissons les plus fragiles et le fretin qui courent les plus grands risques.

LE CONTRÔLE DE LA POPULATION

Selon la nourriture dont ils disposent mais également leur mode de reproduction, les poissons voient leur nombre constamment augmenter ou diminuer. À la différence des poissons ovipares, les poéciliidés donnent naissance à des petits parfaitement formés et sachant nager qui, très vite, apprennent à fuir les prédateurs. Les parents n'ont donc pas à dépenser leur énergie pour protéger leurs œufs et défendre les sites de reproduction. La plupart des poéciliidés ont 20 à 100 petits par portée (jusqu'à 200 pour les guppys et les mollys). Les mâles ont une activité sexuelle intense. Une femelle peut avoir une portée toutes les quatre à huit semaines. En théorie, 20 femelles ayant chacune une portée de 100 alevins toutes les six semaines pourraient donner naissance à 4 000 petits en trois mois ce qui est énorme. Même si nombre d'alevins sont dévorés y compris par leurs parents, la plupart survivent en trouvant refuge et nourriture au milieu des plantes aquatiques.

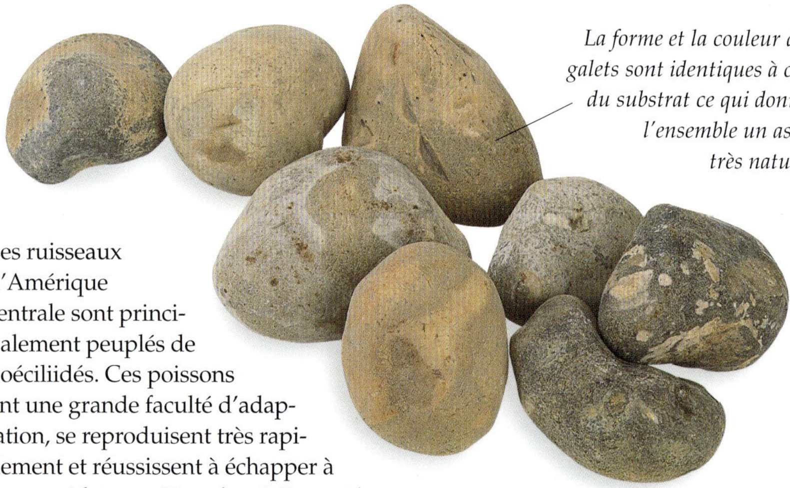

La forme et la couleur des galets sont identiques à celles du substrat ce qui donne à l'ensemble un aspect très naturel.

Les ruisseaux d'Amérique centrale sont principalement peuplés de poéciliidés. Ces poissons ont une grande faculté d'adaptation, se reproduisent très rapidement et réussissent à échapper à leurs prédateurs. Dans les rivières et les fleuves, leur vie est beaucoup plus menacée : cachettes moins nombreuses et prédateurs toujours à l'affût.

CRÉER UN AQUARIUM

Pour votre aquarium, inspirez-vous des plantes dont les touffes denses bordent les ruisseaux d'Amérique centrale. Choisissez des variétés robustes capables de survivre dans une eau dure et alcaline et optez pour des espèces de poissons se prêtant à la vie en aquarium notamment les guppys, les platys, les mollys et autres poéciliidés qui demandent peu de soin et conviennent parfaitement aux aquariophiles inexpérimentés.

LE SUBSTRAT

Les ruisseaux d'Amérique centrale parcourent une faible distance entre le lieu où ils prennent naissance et les plaines. Ils n'ont donc que peu de temps pour se charger de matières organiques ce qui explique que le substrat soit principalement constitué de gravier et de roches émoussés. Dans les endroits les plus calmes, le substrat est composé de sable et de boue même si la couche est particulièrement fine. Au fond de votre aquarium, pour imiter le lit des ruisseaux, étalez une couche de sable de rivière de faible ou de moyenne granulométrie. Si vous envisagez de planter un grand nombre d'espèces, mélangez différents substrats et choisissez pour la couche supérieure du sable de rivière. S'il est recommandé d'avoir recours à des additifs riches en nutriments, installer un câble chauffant au fond du bac est déconseillé. En effet, dans une eau dure et alcaline chauffée par un câble, les nutriments se lient aux minéraux qui alors ne peuvent plus être utilisés par les plantes.

Le gravier moyen rappelle le lit des ruisseaux d'Amérique centrale et accueille les plantes les plus robustes.

Pour que le substrat paraisse aussi naturel que possible, utilisez du sable de rivière de différentes granulométries et éparpillez des pierres et des galets en veillant à ce que la forme et la couleur soient en harmonie avec celles du sable de rivière. Jouez avec les contrastes et associez petits galets et grosses pierres et mélangez des pierres de couleur foncée avec des cailloux de couleur claire qui feront ressortir les différentes nuances des végétaux plantés au premier plan de l'aquarium.

LE BOIS EXOTIQUE

Les ruisseaux d'Amérique centrale sont, généralement, bordés d'arbustes capables de s'adapter sur des sols alcalins recouverts d'une fine couche de terre tandis que des déchets végétaux y compris des branches et des racines sont charriés par les eaux.

Arrivées à maturité, les plantes-épées d'Amazonie (Echinodorus) *ont besoin que leurs racines soient recouvertes d'un substrat très fin. Un apport régulier en engrais et en fer est nécessaire.*

UNE EAU DURE ET ALCALINE

Augmenter le pH et la dureté de l'eau d'un aquarium est relativement facile. En effet, il est toujours plus simple de rajouter des substances que d'en ôter. Si l'eau que vous mettez dans votre aquarium est douce et/ou acide, ajoutez un additif chimique à base de minéraux. Si vous préférez, mettez dans le bac des roches ou des substrats calcaires qui libéreront progressivement des minéraux, évitant une hausse brutale du pH et de la dureté de l'eau. Le gravier et les roches de corail comme la craie, la chaux, le marbre, la roche océanique et le tuf augmentent également le pH et la dureté de l'eau.

Dans l'aquarium témoin (pp. 70-71), des morceaux de bois exotiques ont été rassemblés pour imiter une grosse racine au milieu des végétaux. Le combiné résistance/thermostat et les filtres sont dissimulés derrière cette racine en partie cachée par la végétation.

LES PLANTES

La plupart des poissons vivant dans un aquarium inspiré des ruisseaux d'Amérique centrale se plaisent dans une eau dure et alcaline moyennement appréciée des plantes. En effet, dans une eau de ce type, les plantes ont beaucoup de mal à combler leurs besoins en nutriments. Il faut alors avoir recours à des engrais liquides dont une partie est absorbée par les minéraux dissous dans l'eau. L'idéal est d'utiliser un additif chimique spécial substrat et des substances acides (effet de la fertilisation du CO_2). Sachez, toutefois, que le fait d'ajouter du dioxyde de carbone augmente la teneur en acide carbonique ce qui se traduit par une baisse du pH. Pour pallier ce problème, ajoutez dans votre aquarium des roches ou des substrats calcaires. Si possible, choisissez des plantes vivant à l'état naturel dans des eaux alcalines. Veillez à ce que la luminosité soit suffisante et que le substrat utilisé favorise l'enracinement. Dans l'aquarium témoin (pp. 70-71) les plantes utilisées sont des variétés robustes ayant une grande faculté d'adaptation. Elles ne sont pas mélangées mais regroupées par variétés dans différentes parties de l'aquarium.

Plantez de la mousse de Java (Vesicularia dubyana) *sur des roches, du bois ou à même le substrat. Taillez-la régulièrement avant qu'elle devienne trop envahissante.*

Selon les variétés, la forme des feuilles diffère : feuilles finement découpées de la cabombe *(Cabomba)* ou feuilles effilées de la *Vallisneria*. Dans l'aquarium témoin, les plantes sont regroupées à l'avant et à l'arrière-plan, le milieu du bac est dégagé ce qui permet aux poissons de nager sans être gênés.

Sur le devant de l'aquarium on peut voir des petites pousses d'*Hygrophila* et des fougères de Java *(Vesicularia dubyana)* plantées sur des roches et des

Les feuilles des variétés du genre Hygrophila *contrastent avec celles des autres plantes. Du point de vue de l'esthétique, mieux vaut opter pour plusieurs touffes denses.*

morceaux de bois à côté de plantes-épées d'Amazonie *(Echinodorus)*.

LES POISSONS

Les poissons originaires d'Amérique centrale qui s'adaptent sans aucune difficulté à la vie en aquarium sont les poéciliidés, les espèces les plus prisées des aquariophiles étant les guppys *(Poecilia reticulata)*, les platys *(Xiphophorus maculatus)*, les mollys safran *(Poecilia sphenops)*, les mollys-voiles *(Poecilia velifera)* et les porte-épées *(Xiphophorus helleri)*, poissons pacifiques et largement commercialisés dans les magasins spécialisés. Les espèces élevées en aquarium se différencient par leur couleur et la taille de leurs nageoires des poissons peuplant les ruisseaux d'Amérique centrale même si certaines espèces de guppys présentent de nombreuses similitudes avec leurs cousins américains. Les mâles sont reconnaissables aux taches très colorées qui parsèment leur corps. Les femelles au corps marron clair sont plus ternes. Les nageoires des mâles sont particulièrement grandes ce qui pose parfois problème dans la mesure où les autres poissons ont tendance à les attraper et à les mordiller.

Les mâles ont une activité sexuelle très intense. Soyez vigilant si vous mélangez des mâles et des femelles sous peine de voir votre aquarium rapidement envahi par un nombre impressionnant d'alevins. Les mâles sont toujours à la poursuite des femelles qui peuvent devenir stressées et développer des maladies. Veillez à ce qu'il y ait toujours quatre femelles pour un mâle, l'idéal étant, toutefois, de peupler votre aquarium avec soit des mâles soit des femelles. Attention à ne pas acheter des femelles pleines !

Le molly-voile doit son nom à sa nageoire dorsale particulièrement développée chez les mâles arrivés à maturité. Comme nombre de poéciliidés mâles, le molly-voile utilise sa nageoire pour s'imposer au milieu des autres mâles mais aussi pour séduire les femelles. Les porte-épées, quant à eux, arborent une longue nageoire caudale en forme d'épée (d'où leur nom) qu'ils agitent avec frénésie devant les femelles.

Les poéciliidés sont des poissons robustes ayant une grande faculté d'adaptation. Toutefois, les « mariages » consanguins donnent parfois naissance à des alevins très fragiles susceptibles de développer de nombreuses maladies : lésions cutanées, maladie du coton *(Flexibacter columnaris)*, *Aeromona* et points blancs *(Ichthyophtirius)*. Soyez très vigilant au moment de l'achat et veillez à ce que les couleurs de la robe soient vives, que les nageoires et le corps ne soient pas tachetés de blanc et que la bouche ne soit pas ourlée de blanc.

Le vairon-brochet *(Belonesox belizanus)* moins largement commercialisé que les autres poéciliidés est aussi plus robuste. Ne le mettez jamais dans un aquarium peuplé de petits poissons (moins de 5-6 cm) auxquels il aurait tôt fait de s'attaquer.

POISSONS-CHATS ET AUTRES ESPÈCES

Si les poéciliidés sont les poissons les plus répandus dans les eaux d'Amérique centrale, les poissons-chats arrivent en seconde position. Parmi eux, le pimelodus tacheté *(Pimelodus pictus)* s'adapte très facilement à la vie en aquarium. Ce petit poisson (10 cm de long) très actif passe son temps à fouiller le substrat à la recherche de nourriture. Très sociable, il se plaît en compagnie de congénères. Les characins et les cichlidés, également très répandus dans les cours d'eau d'Amérique centrale, aiment les eaux profondes. Évitez de les mélanger avec des poéciliidés. En effet, les characins ont tendance à mordiller les nageoires alors que les cichlidés sont prêts à tout pour défendre leur territoire.

Ci-dessus : *Le pimelodus tacheté* (Pimelodus pictus) *passe son temps à fouiller le substrat à la recherche de nourriture. En bande, les pimelodus tachetés offrent un spectacle étonnant.*

À gauche : *Les guppys mâles sont les poissons d'aquarium les plus répandus. Leur corps très coloré est du plus bel effet dans un aquarium. Les femelles, beaucoup plus ternes, sont peu prisées des aquariophiles.*

À droite : *Les gambusies* (Gambusia holbrooki) *mâles, cousins germains des guppys, sont dotés d'une nageoire anale très avancée appelée gonopodium qui, en fait, est un organe copulateur. Très actifs sur le plan sexuel, les gambusies mâles harcèlent les femelles.*

Aquarium inspiré des ruisseaux d'Amérique centrale

La végétation délimite un espace dégagé où les poissons – principalement des poéciliidés – peuvent nager sans être gênés. Les pierres et les galets rappellent le lit des ruisseaux.

La vallisneria est une plante à croissance rapide.

Devant les Hygrophila, *des plantes de petite taille poussent au milieu des ga*

La mousse de Java plantée sur un morceau de bois bouge au gré de l'eau et apporte de la vie à l'ensemble.

De par leurs formes et leurs couleurs, les cailloux et les galets se marient merveilleusement.

Au milieu des plantes et des galets, les poissons trouvent refuge.

Derrière cette racine reconstituée en bois exotique, les poissons viennent se reposer à l'abri de prédateurs.

La racine en partie dissimulée par les plantes est un assemblage de morceaux de bois exotique.

Les alevins trouvent refuge au milieu des touffes denses de cabombes (Cabomba) *inondées de lumière.*

Les galets éparpillés sur le substrat ajoutent une note naturelle à l'ensemble.

Au premier plan, les petites plantes dissimulent le combiné résistance/thermostat installé au milieu de la racine reconstituée.

L'association de plantes dotées de feuilles aux formes et aux couleurs différentes est particulièrement réussie.

Les fleuves d'Amérique centrale

Le paysage autour de la Méso-Amérique (pont naturel entre l'Amérique du Nord et l'Amérique du Sud) est invariablement rocheux et volcanique. Nombre de régions sont riches en roches volcaniques – notamment en chaux – qui modifient la composition chimique des fleuves et des rivières en absorbant les matières organiques dissoutes et en augmentant le pH et la dureté de l'eau. La couche de terre autour des roches est fine tout comme la couche de substrat au fond des fleuves. Le lit des rivières est, généralement, constitué de roches et de blocs de pierre érodés par l'eau. Dans les eaux calmes, le substrat sableux est parsemé de roches. Les poissons viennent se reposer et se reproduire à l'abri des petites poches d'eau.

Cette région du monde ne compte que quelques grands fleuves. En effet, la bande de terre qui relie les deux Amériques est mince et la distance à parcourir entre la source et l'océan est courte. Durant la saison les pluies, le niveau des affluents augmente, les fleuves grossissent et les eaux tumultueuses arrachent les sédiments ou la fine couche de substrat déposés sur les roches, les mettant à nu. À certains endroits, les eaux agitées par le courant se jettent dans les eaux plus tranquilles d'une rivière de plaine.

Durant la saison sèche, le niveau de l'eau baisse, le fleuve rétrécit pour ne devenir qu'un petit cours d'eau au milieu du lit. À proximité du fleuve, des lagons formés par des cratères volcaniques semblent séparés des cours d'eau auxquels ils sont, néanmoins, reliés par des rivières souterraines qui passent à travers des cavernes creusées dans le sous-sol.

VÉGÉTARIENS ET PRÉDATEURS

Ici, la végétation est rare même si les eaux peu profondes et les roches dénudées sont souvent prises d'assaut par des algues. Les poissons se sont adaptés à ce type de nourriture. La plupart des poissons-chats et des cichlidés ont une bouche qui leur permet de « brouter » les algues sur les roches. Certains poissons recherchent les micro-organismes vivant dans les algues comme le font les cichlidés du lac Malawi.

Les fleuves d'Amérique centrale

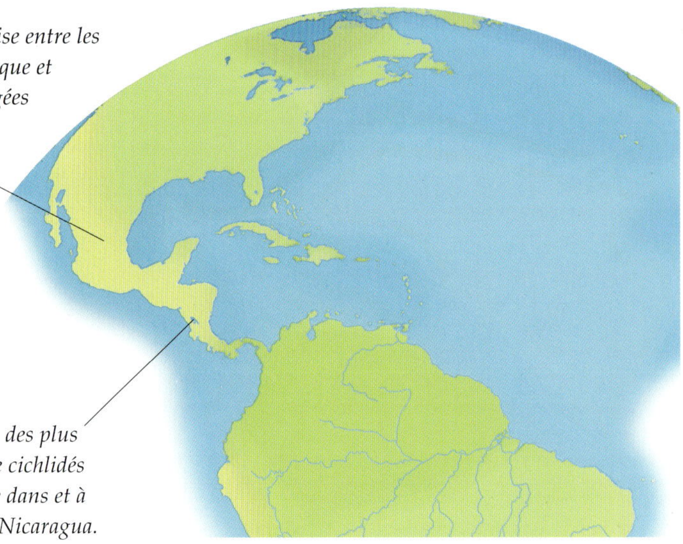

La région comprise entre les déserts du Mexique et les Andes enneigées abrite une multitude de poissons prisés des aquariophiles.

Quelques-unes des plus belles espèces de cichlidés ont élu domicile dans et à proximité du lac Nicaragua.

Les eaux des fleuves d'Amérique centrale sont, le plus souvent, claires et transparentes. Entre les roches vivent nombre de poissons notamment quelques-unes des espèces de cichlidés les plus connues. Les fleuves sont, généralement, peuplés de poissons de grande taille. Prêts à tout pour défendre leur territoire, ces poissons sèment la panique dans les aquariums.

Les algues sont riches en nutriments mais difficiles à digérer. C'est pourquoi nombre de poissons préfèrent fouiller le substrat au milieu des roches à la recherche de petites créatures, de plantes aquatiques et de crustacés. Dans les eaux calmes et tranquilles entourées d'arbres et de plantes terrestres, les poissons se nourrissent principalement de moustiques et de larves de moustiques. Certaines espèces vivant dans les ruisseaux d'Amérique centrale se retrouvent dans les fleuves bien que les prédateurs y soient plus menaçants.

La plupart des poissons notamment les cichlidés sont des carnivores qui passent leur temps à chasser. La bouche de cichlidés est si puissante qu'ils aspirent littéralement leur proie. Jour après jour, ils patrouillent à la recherche de leurs victimes qui vivent aussi bien à la surface qu'au fond de l'eau.

PROTÉGER LES ALEVINS

Les cichlidés sont des poissons agressifs prêts à tout pour défendre leur territoire et protéger leurs petits sans cesse menacés par les prédateurs. En effet, la végétation étant rare, les alevins ont peu de cachettes à leur disposition. Sans la protection de leurs parents, la majorité d'entre eux n'aurait aucune chance de survie.

Lors de la période de reproduction, les couleurs de la robe du mâle deviennent plus vives. Il essaie de séduire les

Ci-dessus : *Les eaux calmes du fleuve Macal dans le Belize sont bordées d'arbres et de plantes aquatiques et semi-aquatiques qui font le bonheur des petits poissons insectivores et des plus gros prédateurs.*

À droite : *La plupart des cichlidés sont de bons parents qui défendent énergiquement leurs petits. Pour effrayer les prédateurs, le mâle gorge de feu ou meeki* (Cichlasoma meeki) *gonfle sa gorge et ouvre ses opercules.*

femelles en choisissant et défendant le lieu de ponte. Les mâles se montrent très agressifs les uns envers les autres et n'hésitent pas à employer tous les moyens pour éliminer la concurrence et trouver une femelle.

Une fois le couple formé, le mâle et la femelle interdisent l'accès au lieu de ponte à toutes les créatures qui osent s'approcher d'un peu trop près. Il arrive parfois que le mâle choisisse une femelle et que le couple décide ensemble où établir le lieu de ponte. Les œufs sont déposés sur une roche plate par la femelle et fertilisés par le mâle. Après l'éclosion, les petits restent sous la protection de leurs parents. Généralement, la mère nourrit les petits tandis que le père défend leur territoire. Lorsqu'un danger menace, les cichlidés cachent les alevins dans leur bouche.

La superficie du territoire dépend des espèces de poissons même si, idéalement, elle doit être au minimum égale à 3 m de diamètre. Les roches servent souvent à délimiter le territoire, les gros poissons n'hésitant pas à déplacer certains objets et accessoires en place dans l'aquarium pour redéfinir les limites du lieu de ponte ou de leur « propriété ».

Bien que très agressifs, les cichlidés vont rarement jusqu'aux contacts physiques avec leurs congénères. Lorsque deux mâles convoitent un même territoire ou un même lieu de ponte, ils déploient leurs nageoires, ouvrent leurs opercules afin de paraître plus gros et plus menaçants aux yeux de leur adversaire. Généralement, le mâle dominant l'emporte. Le perdant part sans demander son reste. Dans un aquarium, le perdant ne peut pas s'échapper bien loin et la situation peut, parfois, devenir critique. Le mâle dominant poursuit le mâle dominé qui ne peut pas prendre la fuite. Pour éviter le pire, prévoyez des cachettes et essayez toujours de mettre ensemble des mâles de même taille.

UN AQUARIUM RÉUSSI

Les éléments de base de l'aquarium témoin (pp. 78-79) sont des blocs d'ardoise biseautés. Si d'autres solutions s'offrent à vous, gardez à l'esprit que les cichlidés sont des poissons destructeurs qui n'hésitent pas à déplacer les petits objets et à abîmer les plantes.

LE SUBSTRAT

Le substrat utilisé dans l'aquarium témoin est du sable de rivière de moyenne et grosse granulométrie que l'on retrouve dans nombre d'aquariums. Ce substrat présente plusieurs avantages : il est plus difficile à bouger que le sable de rivière de petite granulométrie tandis que les particules émoussées ne risquent pas de blesser la bouche des cichlidés. En effet, la plupart de ces poissons originaires d'Amérique centrale ont tendance à fouiller le substrat soit pour se reproduire, soit pour se nourrir soit encore pour combler leur ennui. Prévoyez une couche de substrat suffisamment épaisse pour supporter le poids des blocs d'ardoise qui ne doivent pas basculer sous peine de briser les vitres de l'aquarium. Rajoutez régulièrement du sable pour combler les trous creusés sous ou autour des roches par les poissons. Mieux encore, installez un filet en plastique juste sous la surface du substrat afin de le maintenir en place. Les poissons creuseront simplement jusqu'au filet et les blocs ne risqueront plus de tomber.

Positionnez les blocs d'ardoise de manière qu'ils soient fermement ancrés dans le substrat et ne risquent pas de basculer.

Étalez une couche épaisse de substrat au fond du bac, disposez le filet et mettez en place les blocs d'ardoise. Étalez ensuite le reste du substrat autour des blocs d'ardoise et sur le filet jusqu'à ce qu'il ne soit plus visible.

LES ROCHES

Dans l'aquarium témoin, des blocs d'ardoise biseautés ont été utilisés pour simuler des roches. Vous pouvez choisir d'autres matériaux voire des roches calcaires dans la mesure où, à l'état naturel, les poissons sont habitués à une eau dure et alcaline.

Placez les blocs d'ardoise de telle sorte que les poissons puissent se

***À gauche :** Pour atténuer le contraste entre les blocs d'ardoise et le substrat, éparpillez des fragments d'ardoise de différentes tailles.*

Comme toutes les variétés de fougère de Java, le cultivar 'Windeløv' attire les cichlidés, vite repoussés par la substance chimique contenue dans les feuilles.

cacher derrière et construisez des grottes dans lesquelles ils pourront se reposer ou se reproduire en toute quiétude. Prévoyez des roches plates sur lesquelles les cichlidés déposeront leurs œufs. Une fois encore, assurez-vous que les roches et blocs d'ardoise ne basculeront pas ou ne pourront être bougés par les poissons. Avec du silicone, fixez les roches les plus petites sur le substrat et éparpillez quelques fragments de roche de différentes tailles. Si vous n'avez pas à votre disposition de petites roches, prenez un bloc d'ardoise et brisez-le en petits morceaux.

Sur le substrat, disposez quelques petits fragments d'ardoise émoussés.

LE BOIS ET LES PLANTES

Dans l'aquarium témoin, un seul morceau de bois a été utilisé non pas à des fins décoratives mais pour favoriser l'enracinement des plantes. Vous pouvez mettre plusieurs morceaux de bois à condition de ne pas tomber dans l'excès. En effet, la sobriété qui repose sur les roches dénudées doit être préservée. Comme nous l'avons vu, la végétation dans et sur les bords des fleuves d'Amérique centrale est peu abondante. Par souci de naturel, une seule fougère de Java a été plantée dans l'aquarium témoin. Cette fougère de Java 'Windeløv' (*Microsorium pteropus* 'Windeløv') a la particularité de contenir dans ses feuilles très découpées une substance chimique au goût détestable qui fait fuir les herbivores et/ou les cichlidés qui, d'ordinaire, aiment mordiller les plantes.

Se prêtent également à ce type d'aquarium : les plantes-épées d'Amazonie *(Echinodorus)*, les *Anubias* et les *Sagittaria*. Dans un aquarium abritant des cichlidés de petite taille, il est possible de planter des variétés terrestres particulièrement robustes.

LES POISSONS

Les poissons les plus répandus dans les fleuves d'Amérique centrale sont les cichlidés, très largement commercialisés dans les magasins d'aquariophilie. Selon les périodes, les couleurs de la robe des mâles deviennent intenses et attirent les regards. Leur comportement en fait des spécimens atypiques qui séduisent les aquariophiles qui, parfois, les considèrent comme des animaux domestiques à part entière. Que celles et ceux qui envisagent d'avoir plusieurs cichlidés optent pour un aquarium de grande capacité. En effet, le *Vieja synspila* mesure jusqu'à 40 cm de long et l'*Amphilophus labiatus* 30 cm sans parler des cichlidés « géants » comme le *Parachromis managuensis* dont le mâle peut atteindre 50 cm de long contre 40 cm pour la femelle.

SUR LA DÉFENSIVE

Lorsqu'ils ont atteint leur maturité, les cichlidés se reconnaissent à leur corps aux couleurs vives. À la naissance, les petits ont une robe marron-jaune relativement terne. Au fil du temps, les couleurs changent et s'intensifient.

Un équipement adéquat

Les plus grosses espèces de cichlidés sont particulièrement destructrices. Ces poissons mordillent tout ce qu'ils trouvent sur leur passage d'où la nécessité d'installer un système de filtration très performant. Les filtres extérieurs dotés de plusieurs filtres de diamètres différents sont à privilégier. Pour faire le nettoyage, vous pouvez également mettre dans votre aquarium des poissons-chats. Les cichlidés n'hésitant pas à déplacer les objets, protégez le combiné résistance/thermostat par une grille spécialement conçue pour ce type d'appareil et commercialisée dans les magasins d'aquariophilie.

Les mâles sont, généralement, plus colorés que les femelles. Lors de la période de reproduction les couleurs deviennent plus intenses. Le gorge de feu *(Cichlasoma meeki)* est un petit poisson (15 cm de long) relativement pacifique comparé aux autres cichlidés d'Amérique centrale. Il doit son nom à la coloration rouge foncé qui se développe autour de sa bouche et qui devient très visible lorsque le poisson gonfle sa gorge et ouvre ses opercules pour impressionner ses congénères. Pour défendre son territoire et protéger le site de ponte, ce poisson généralement placide peut devenir très agressif.

L'*Archocentrus nigrofasciatus* est facilement reconnaissable à ses rayures verticales noires et grises. Ce petit poisson qui mesure environ 10 cm de long peut vivre et se reproduire en aquarium. Très protecteur, il prend soin de ses petits. Parmi les autres espèces ne dépassant pas 15 cm de long, le *Nandopsis salvini* et le cichlidé arc-en-ciel *(Herotilapia multispinosa)*.

POISSONS-CHATS ET AUTRES ESPÈCES

Si les cichlidés sont, incontestablement, les poissons à privilégier dans les aquariums inspirés des fleuves d'Amérique centrale, d'autres espèces y ont également leur place. Les poissons-chats ont l'avantage de manger les algues et les déchets organiques. Si les plus gros n'ont rien à craindre des cichlidés, il en va tout autrement pour les plus petits. Les mangeurs d'algues notamment les très populaires plécos (*Hypostomus spp.* et *Pterygoplichthys*) sont des gros poissons capables de résister aux cichlidés. Les poissons-chats originaires d'Amérique centrale et les poissons-chats du genre *Synodontis* originaires d'Afrique et d'Asie sont des poissons nettoyeurs. Les dessins de leur robe leur permettent de passer totalement inaperçus au milieu des grottes et des roches et, de ce fait, d'échapper aux cichlidés faisant preuve d'agressivité.

Dans un aquarium de grande capacité, il est possible de mélanger des grands barbus et des cichlidés dans la mesure où ces derniers sont moins agressifs que les premiers. Les personnes qui aiment les spécimens atypiques opteront pour des leporinus à bandes noires *(Leporinus affinis)*, au corps fuselé et aux nageoires dorsale et caudale très développées. Cet herbivore qui peut atteindre 30 cm de long peut parfaitement cohabiter avec des cichlidés à condition qu'ils ne soient pas belliqueux.

DIMINUER L'AGRESSIVITÉ

Les cichlidés sont des poissons naturellement agressifs, prêts à tout pour défendre leur territoire. À la différence des cichlidés du lac Malawi, les espèces d'Amérique centrale ne peuvent être « ramenées à la raison ». La seule solution pour éviter que votre aquarium se transforme en ring est de prendre toutes les précautions qui s'imposent. Faites la liste des poissons que vous avez l'intention de mettre dans votre aquarium et renseignez-vous sur leurs caractéristiques – comportement, taille, alimentation, etc. Dans un aquarium de 120 x 40 cm, vous pouvez envisager de faire cohabiter des Archocentrus nigrofasciatus, *des gorges de feu ou des cichlidés arc-en-ciel avec deux ou trois poissons-chats. Dans le même aquarium, vous ne pourrez mettre que deux* Amphilophus labiatus *adultes ou un voire deux* Parachromis managuensis. *Si un poisson se montre particulièrement belliqueux, séparez-le des autres durant quelques jours et profitez-en pour changer de place quelques éléments du décor. Lorsque vous remettrez le poisson dans l'aquarium, celui-ci ne le reconnaîtra plus et ne le considérera plus comme « son » territoire. Cette stratégie permet de diminuer l'agressivité d'un poisson dominant ayant un sens aigu de la propriété.*

Ci-dessous : *Grâce à sa robe foncée, le pléco passe facilement inaperçu au milieu des roches ce qui lui permet de cohabiter avec des poissons agressifs. Pouvant atteindre 45 cm de long, il doit vivre dans un grand aquarium dans lequel les éléments de décor ont été disposés de manière qu'il ne se blesse pas en nageant.*

À gauche : *Le leporinus à bandes noires* (Leporinus affinis) *peut, sans problème, vivre avec des cichlidés non belliqueux. Son corps fuselé strié de larges bandes noires attire les regards.*

Ci-dessous : *Le Jack Dempsey* (Cichlasoma octofasciatum) *est facilement reconnaissable à son corps brun à noir parsemé de points bleu clair brillant. Très agressif (d'où son nom emprunté au boxeur américain), il n'accepte pas n'importe quels colocataires.*

Aquarium inspiré des fleuves d'Amérique centrale

Les poissons qui vivent dans ce type d'aquarium aimant mordiller les plantes, seule une variété a été plantée. L'esthétique de l'ensemble repose principalement sur les blocs d'ardoise.

Une fougère de Java apporte une note colorée au décor d'une rare sobriété.

Les blocs d'ardoise posés à la verticale sont fixés à la vitre avec du silicone.

Des petits morceaux d'ardoise émoussés sont éparpillés sur le substrat et à la base des roches afin d'atténuer le contraste entre ces deux éléments.

Des blocs d'ardoise ont été positionnés avec soin afin de créer une grotte dans laquelle les poissons trouveront refuge.

Les poissons herbivores « broutent » les algues sur les roches.

Des petites touffes de fougère de Java comblent les interstices entre les blocs d'ardoise.

Tous les blocs d'ardoise doivent être en parfait équilibre. Pour éviter qu'ils ne basculent, ils sont fixés avec du silicone.

Une grille de protection protège le combiné résistance/thermostat des attaques des poissons.

Les cichlidés creusent parfois sous les roches. Un filet maintient en place le substrat. Ainsi les blocs d'ardoise ne sont pas déséquilibrés et ne brisent pas les vitres de l'aquarium.

Le sable de rivière de grosse granulométrie est émoussé et ne risque pas de blesser la bouche des poissons fouisseurs.

Les fleuves d'Australie

L'Australie compte plusieurs grands bassins hydrographiques, le plus connu étant le bassin Murray-Darling qui avec une superficie supérieure à un million de kilomètres carrés occupe la cinquième place mondiale. Ce que les Australiens appellent le *mainland* (le continent) est séparé des autres états (terres et cours d'eau) depuis plusieurs millions d'années. Le nombre d'espèces de poissons vivant dans les eaux douces d'Australie est inférieur au nombre d'espèces vivant dans les autres fleuves de taille similaire du globe. Les poissons les plus répandus en Australie sont les poissons arcs-en-ciel notamment l'arc-en-ciel Bosemani, originaire de Nouvelle-Guinée.

Les poissons des fleuves australiens vivent dans différents biotopes : forêts tropicales, mangroves, lacs, étangs et bassins formés durant la saison des pluies, fleuves tranquilles ou agités par un fort courant et estuaires. Tous ont dû s'adapter aux différents types de climat : tropical, subtropical ou tempéré. Les arcs-en-ciel – et autres espèces – sont présents dans la plupart des biotopes précités. En effet, ils sont passés d'un environnement à un autre et se sont adaptés à des environnements qui, dans d'autres régions du globe, abritent des espèces totalement différentes. Les arcs-en-ciel sont des poissons robustes qui ont une grande faculté d'adaptation (environnement et climat). Selon les spécialistes, les fleuves australiens abriteraient des espèces encore inconnues à ce jour. La flore et la faune des fleuves nous réservent bien des surprises tout comme celles des cours d'eau qui se forment durant la saison des pluies et disparaissent avec la sécheresse.

Les cours d'eau qui résultent des pluies torrentielles ne sont pas habités par les poissons mais par des mammifères, des reptiles et des oiseaux. *A contrario*, les bassins et les criques qui se forment lors des inondations sont très poissonneux. Lorsque le niveau de l'eau monte, les poissons se reproduisent et donnent naissance à des milliers d'alevins qui, une fois adultes, se reproduiront à leur tour.

Les fleuves d'Australie

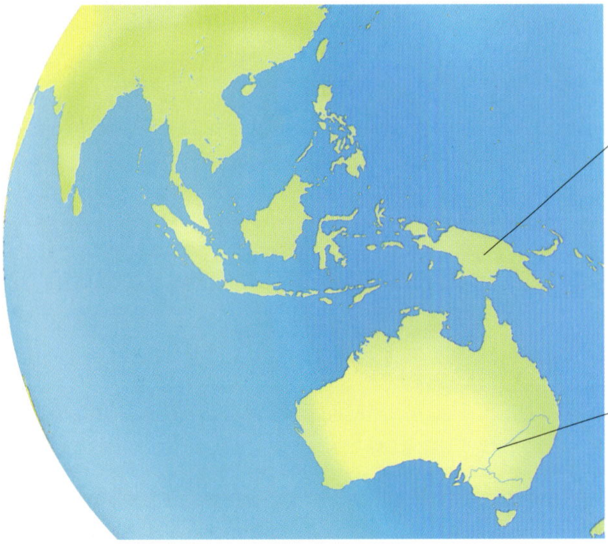

Un grand nombre de poissons d'aquarium y compris certaines espèces d'arcs-en-ciel sont originaires de Nouvelle-Guinée.

Les rivières du bassin hydrographique Murray-Darling qui prennent naissance dans la Nouvelle-Galles du Sud et le Queensland se jettent dans l'océan non loin d'Adélaïde au sud de l'Australie.

Du fait de sa situation géographique, l'Australie regroupe différents écosystèmes en partant des vastes régions désertiques pour aller vers les forêts tempérées. Les lacs, les fleuves et autres cours d'eau abritent un grand nombre de poissons qui ont dû s'adapter aux différences écologiques. Les poissons originaires d'Australie et de Nouvelle-Guinée sont calmes et tranquilles, résistants et très colorés. Ils sont particulièrement appréciés des aquariophiles.

DES EAUX CHAUDES ET SALÉES

Des habitats variés, des conditions climatiques changeantes (saison des pluies et saison sèche), une faune et une flore atypiques sont autant d'éléments qui prouvent l'étonnante faculté d'adaptation des poissons d'Australie.

Pratiquement tous les poissons originaires d'Australie peuvent vivre dans des eaux dont la température varie entre 15 °C et 35 °C. Le gobie du désert *(Chlamydogobis eremius)* résiste à des écarts allant de 4 °C à 40 °C selon que les eaux sont exposées aux rayons du Soleil ou totalement ombragées.

Les eaux des mangroves et des estuaires sont saumâtres alors que certains fleuves à l'intérieur des terres ont une teneur en sel très élevée. En effet, nombre de bassins sont alimentés par des eaux très chargées en sels dissous provenant des roches. Par ailleurs, l'évaporation due au Soleil fait augmenter le degré de salinité des eaux. Lors de la saison des pluies, le niveau de l'eau des bassins augmente. La teneur en sel diminue, l'eau devenant alors presque douce. Les poissons sont, par conséquent, capables de vivre aussi bien dans des eaux salées que dans des eaux douces. Au cours d'une année typique, les poissons doivent s'adapter à une augmentation progressive du degré de salinité suivie de sa chute brusque et soudaine.

La plupart des espèces supportent des changements du taux de salinité pouvant atteindre 15 parts pour mille (quantité en grammes de sel dans un litre d'eau).

Ci-dessus : *Le territoire du Nord est aride et broussailleux. Par endroits, un cours d'eau apporte de la fraîcheur et favorise une végétation plus luxuriante. Les eaux limpides abritent des faune et flore aquatiques particulièrement riches.*

À gauche : *Parmi toutes les espèces, le gobie du désert* (Chlamydogobis eremius) *est celui qui a la plus grande faculté d'adaptation. Il vit dans des eaux plus ou moins chaudes et plus ou moins salées.*

DES EAUX FRAÎCHES ET LIMPIDES

Les fleuves sont des environnements moins perturbateurs pour les poissons. Les écarts de température de l'eau sont moins marqués tandis que les eaux sont douces tout au long de l'année sauf – bien évidemment – dans les estuaires et les mangroves à proximité de l'océan. Toutefois, au cours de l'année, le niveau de l'eau et l'aspect des fleuves changent. En altitude, soit là où les fleuves prennent leur source,

À gauche : *Des morceaux de bois exotique sont utilisés pour créer des grottes et autres cachettes. Pour éviter une coloration de l'eau, il est nécessaire d'avoir recours à un système de filtration puissant.*

les changements sont minimes. Dans les régions vallonnées, les fleuves serpentent et coulent sur les roches, donnant naissance à des chutes d'eau. Au pied de ces chutes d'eau, des bassins se forment.

La plupart des bassins et des lacs se forment lorsque la composition des roches diffère. En effet, le flot continu de l'eau érode plus ou moins les roches en fonction de leur dureté, une roche « tendre » étant bien évidemment plus vite usée qu'une roche « dure ».

En aval, le volume de l'eau augmente considérablement tandis que le fleuve serpente en direction de l'océan. Au fil du temps, les méandres dessinés par le fleuve sont plus ou moins marqués. Si l'on regardait l'évolution d'un fleuve au cours des ans, on s'apercevrait qu'il se déplace à la manière d'un serpent glissant sur le sable. Un fleuve ne coule jamais de façon linéaire mais dessine des coudes. L'eau s'écoule plus rapidement à l'intérieur des coudes qu'à l'extérieur. La rive intérieure est plus érodée et plus abrupte que la rive extérieure où les débris et le limon viennent se déposer formant un banc de sable de plus en plus haut.

À LA RECHERCHE DE NOURRITURE

Dans les fleuves, les bassins et les criques, la nourriture abonde. Petits animaux aquatiques, invertébrés et crustacés font le bonheur des poissons. Seuls quelques cours d'eau sont bordés par la forêt ce qui explique que les fruits, les graines et les déchets végétaux soient des denrées rares. Les poissons étant plutôt opportunistes, ils se nourrissent de ce qu'ils trouvent selon les saisons.

L'alimentation des poissons repose principalement sur les insectes et les larves d'insectes. Nombre d'animaux terrestres – petits et gros mammifères, oiseaux et marsupiaux – vivent dans les bassins au pied des chutes d'eau ou dans les régions à la végétation dense qui attire également les insectes. Si, par malheur, l'un d'eux tombe dans l'eau, les poissons se ruent dessus.

UN AQUARIUM INSPIRÉ DES FLEUVES AUSTRALIENS

Comme nous l'avons vu, les fleuves australiens traversent des environnements divers et variés. Créer un aquarium de type australien est donc quasiment impossible et mieux vaut parler d'un aquarium inspiré du biotope d'une région donnée. Pour compliquer un peu plus les choses, sachez que les plantes aquatiques ou semi-aquatiques originaires d'Australie sont très peu commercialisées par les magasins spécialisés en aquariophilie.

Heureusement, les éléments de base – substrat sableux, branches d'arbres et plantes dotées de grandes feuilles – vous permettront de créer un aquarium se rapprochant des biotopes australiens.

LE SUBSTRAT

La majorité des fleuves s'écoulent sur un fond rocheux ou un substrat sableux et/ou marécageux. Dans votre aquarium, utilisez du sable de Loire et ajoutez ici et là du sable de rivière de plus grosse granulométrie. Mélangez soigneusement le sable de Loire qui a tendance à former des blocs compacts empêchant l'eau de circuler. Changez-le régulièrement. Si vous ne voulez pas utiliser du sable de Loire, optez pour un substrat de petite granulométrie, marron-jaune et sans calcaire. Si vous envisagez de planter des espèces végétales, ajoutez du substrat riche en nutriments.

Les plantes du genre Sagittaria *ressemblent à des herbes. Un substrat sableux favorise l'enracinement de ces plantes qui évoquent les espèces aquatiques et semi-aquatiques d'Australie.*

La fougère de Java peut être plantée sur des morceaux de bois recouverts d'une fine couche de terre.

LES ROCHES

Dans l'aquarium témoin (pp. 86-87), les gros blocs d'ardoise contrastent avec le sable étalé au fond du bac.

Les plantes et les racines adoucissent le côté « austère » des roches et donnent à l'ensemble un air plus naturel. Selon l'effet recherché, vous utiliserez différents types de roches inertes. Pour recréer un fleuve aux eaux saumâtres, choisissez des roches couleur sable, par exemple, du grès ou une roche du Westmorland (comté britannique). Pour recréer une rive, optez pour une roche plus foncée notamment de la roche de lave. Pour rendre les eaux tumultueuses, éparpillez des cailloux et des galets. La plupart des poissons se prêtant à ce type d'aquarium peuvent parfaitement vivre dans des eaux dures et alcalines. Vous pouvez donc, sans souci, utiliser des roches calcaires (roches océaniques ou tuf).

Des petits morceaux d'ardoise émoussés sont à demi enterrés dans le substrat à proximité des roches. Une fois encore ne mélangez pas les roches sous peine de rendre l'ensemble artificiel.

LE BOIS

Les morceaux de bois exotique font penser aux branches et aux racines de vieux arbres. Le teck est la variété recommandée dans les aquariums de style australien. Choisissez soigneusement les morceaux qui vous permettront de créer les éléments de décor : branches, racine ou grotte. Selon la taille et la forme des morceaux, le résultat sera plus ou moins réussi. Des petits morceaux de bois peuvent également être éparpillés sur le substrat.

LES PLANTES

Le nombre de plantes utilisées dépend du résultat escompté. Si vous optez pour la sobriété, mettez l'accent sur les roches et non les végétaux. Certaines espèces flottantes sont particulièrement esthétiques. Comme nous l'avons vu précédemment, les plantes originaires d'Australie sont très rarement commercialisées dans nos pays. Vous devrez donc vous tourner vers des plantes d'Amérique ou d'Asie. Les plantes pourvues de grandes feuilles – plantes-épées d'Amazonie *(Echinodorus spp.)*, *Vallisneria* et *Hygrophila* – parmi lesquelles les poissons aiment trouver refuge sont à privilégier. Les *Lilaeopsis novae zelandiae* originaires de Nouvelle-Zélande et à la croissance lente sont, généralement, plantées sur le devant du bac.

LES POISSONS

Les poissons d'Australie sont commercialisés dans les magasins spécialisés en aquariophilie même s'ils sont beaucoup moins répandus que les poissons originaires d'Amérique, d'Afrique et d'Asie. Les arcs-en-ciel qui nous viennent de Nouvelle-Guinée sont l'espèce la plus commune dans les aquariums inspirés des fleuves australiens. Viennent ensuite certaines espèces de poissons-chats et de gobies notamment les gobies du désert, même si la plupart d'entre elles préfèrent les eaux saumâtres. Avant d'introduire les poissons dans votre aquarium, vérifiez le degré de salinité et, si besoin est, augmentez ou diminuez la teneur en sels. Pratiquement tous les poissons originaires d'Australie ou d'Australasie sont actifs et pacifiques (à l'exception de certaines espèces de gobies prêtes à tout pour défendre leur territoire) et les problèmes de cohabitation sont rares.

La texture du teck rappelle les branches et les racines charriées par les fleuves.

Si vous faites cohabiter des gobies et des poissons-chats, choisissez toujours des spécimens de petite taille. Le mini-requin *(Hexanematichthys graeffei)* qui peut atteindre 25 cm de long s'adapte uniquement dans les aquariums de grande capacité. Soyez vigilant car il n'hésitera pas à dévorer ses colocataires.

LES POISSONS BENTHIQUES

Les poissons les plus répandus en Australie sont : les poissons-chats, les gobies et les goujons. Or, ces trois espèces se différencient par des caractéristiques physiques et comportementales. Les poissons-chats vivent principalement dans les eaux saumâtres même si certaines espèces ont, au fil des siècles, migré vers les fleuves et les bassins d'eau douce. Le poisson-chat le plus répandu en Australie est le mini-requin qui doit son nom à sa robe argentée, à son corps fuselé et à sa nageoire dorsale qui rappelle un aileron. Poisson pacifique, il est sans cesse en pleine activité, creusant frénétiquement le substrat à la recherche de nourriture. Si vous étalez du sable de Loire au fond de votre aquarium, mettez un ou deux mini-requins qui empêcheront la formation de blocs compacts.

Les goujons sont également des poissons fouisseurs. Moins actifs que les mini-requins, ils n'en sont pas moins intéressants. Les deux espèces de goujons les plus répandues dans les aquariums sont le goujon commun *(Gobio gobio)* et le dormeur moucheté ou goujon à bandes mauves *(Mogurnda mogurnda)* qui ne dépassent pas 10 cm de long contrairement aux autres goujons d'Australie qui, généralement, mesurent 40 cm. Dans leur environnement naturel, les goujons aiment se dissimuler au milieu des plantes et des racines des arbres. Essayez de recréer ces conditions dans votre aquarium.

Les gobies sont des poissons fouisseurs de petite taille. Le gobie du désert ne dépasse jamais 6 cm de long. Capricieux et vif comme l'éclair, il lui

Ci-dessus : *L'arc-en-ciel diamant* (Melanotaenia trifasciata) *est l'un des plus beaux poissons d'Australie. Plus il vieillit, plus sa robe embellit.*

À droite : *L'athérine rayons de Soleil ou voilier des Célèbes* (Telmatherina ladigesi) *vit à la surface ou en pleine eau. Ce petit poisson qui aime nager dans les eaux douces ou saumâtres se reconnaît à son ventre jaune-citron et à ses nageoires orangées.*

arrive de semer la panique parmi les poissons les plus placides.

Les gobies aiment nager dans les eaux dégagées à condition d'avoir de nombreuses cachettes à proximité. Même si elles ne sont pas originaires d'Australie, pratiquement toutes les espèces de gobies commercialisées dans les magasins d'aquariophilie ont leur place dans les aquariums inspirés des fleuves australiens.

LES POISSONS ARCS-EN-CIEL

Originaires d'Australasie, les arcs-en-ciel sont tout à fait recommandés aux aquariophiles débutants. La robe des jeunes arcs-en-ciel est terne, tandis qu'à l'âge adulte, ils arborent de très belles couleurs vives. Les arcs-en-ciel sont des poissons pacifiques, robustes, actifs qui ne dépassent généralement pas 10 cm de long et qui n'ont aucune exigence particulière.

L'arc-en-ciel diamant *(Melanotaenia trifasciata)* est l'espèce la plus répandue en aquariophilie. De toute beauté, ce poisson est reconnaissable à ses rayures horizontales rouges et bleues. L'arc-en-ciel Boesemani *(Melanotaenia bosemani)* a une robe très colorée, jaune-orange vers la queue et bleu-vert autour de la tête. Le saumon arc-en-ciel *(Glossolepis incisus)* est originaire de Nouvelle-Guinée. Sa robe rouge terne à la naissance devient rouge intense au fil du temps. Ont également leur place dans un aquarium les poissons arc-en-ciel *Melanotaenia fluviatilis, Melanotaenia splendida* et le voilier des Célèbes *(Telmatherina ladigesi)*.

Ci-dessus : *Le goujon à bandes mauves* (Mogurnda mogurnda), *poisson intéressant et cible de choix pour les amateurs de pêche, a un comportement insolite dans l'aquarium.*

Aquarium inspiré des fleuves d'Australie

*La fougère de Java et l'*Echinodorus *derrière les blocs d'ardoise et les morceaux de bois exotique rappellent la végétation qui borde les fleuves d'Australie.*

La plante-épée d'Amazonie (Echinodorus) *occupe une grande partie de l'aquarium.*

Les arcs-en-ciel aiment nag dans les espaces dégagés et reposer à l'abri des plante dotées de grandes feuilles.

La sobriété du décor est, en partie, due à la présence des gros blocs d'ardoise qui dissimulent les tiges des plantes à l'arrière-plan.

Les cryptocorynes poussent sans problème dans le sable et adoucissent les contrastes entre les blocs d'ardoise et le substrat.

Les petits spécimens et les poissons fouisseurs aiment se mettre à l'abri sous les branches et les racines.

La fougère de Java comble le vide au centre de l'aquarium et capte la lumière.

Les plantes du genre Hygrophila *sont facilement reconnaissables à leurs grandes feuilles oblongues.*

Les plantes tempèrent l'aspect dur et austère des blocs d'ardoise.

Des petites touffes denses de Sagittaria *sont disposées ici et là au premier plan.*

Quelques morceaux d'ardoise émoussés mélangés à du sable de rivière rendent l'ensemble plus naturel.

Les fleuves d'Europe

En Europe, les fleuves présentent pratiquement tous les mêmes caractéristiques (aspect et formation géologique et hydrographique). Ils prennent leur source dans les régions légèrement montagneuses ou vallonnées avant d'entreprendre un long voyage à travers les plaines et, parfois, les régions boisées. Aux abords des fleuves, le relief est généralement plat et la végétation se fait rare. Sur les rives, les roseaux et autres plantes aquatiques et semi-aquatiques offrent des refuges aux petits poissons.

Un fleuve se divise en trois parties : les eaux profondes au milieu du fleuve, les rives où poussent des roseaux et autres végétaux, les bras aux eaux peu profondes qui s'écoulent sur les roches et le gravier. Toutes les parties sont assez similaires, la diversité étant relativement faible comparativement aux fleuves tropicaux, aux marécages à forte végétation, aux lacs, aux rivières et autres cours d'eau. Les poissons qui peuplent les fleuves européens ne sont pas de grands aventuriers. Ils élisent domicile dans les eaux qui répondent à leurs besoins ce qui explique pourquoi deux bras d'un même cours d'eau peuvent abriter une faune et une flore distinctes.

LA VIE SUR LES BORDS DU FLEUVE

Pour les petits poissons, les roseaux et autres végétaux qui bordent les fleuves présentent nombre d'avantages, mettant à leur disposition des cachettes, des sites de reproduction et de la nourriture. Les espèces les plus petites ne s'aventurent quasiment jamais dans les eaux profondes hormis si elles sont parfaitement claires et laissent voir les prédateurs. Sur les rives, les plantes aquatiques et semi-aquatiques « piègent » les détritus charriés par le fleuve qui seront mangés par les petits animaux ou décomposés par les bactéries ou les poissons filtreurs. Une fois décomposés, ces détritus donnent de la tourbe riche en nutriments qui favorise la croissance des plantes au-dessus de l'eau.

Les fleuves d'Europe traversent principalement des régions au relief plat. Le climat tempéré ne favorise pas la diversité des espèces. Les poissons qui vivent dans les fleuves sont constamment confrontés à un danger, qu'il s'agisse des prédateurs ou d'autres menaces à la surface de l'eau.

Les fleuves d'Europe

Quelques rares espèces vivent sur les îles et nulle part ailleurs.

Les fleuves d'Europe centrale abritent pratiquement toutes les mêmes espèces de poissons qui s'adaptent à différents habitats.

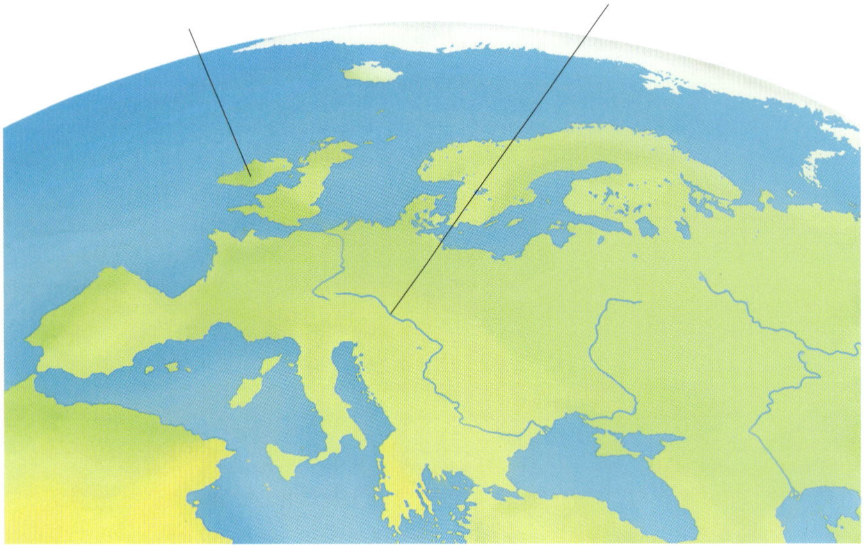

Les insectes et autres petites créatures qui vivent au milieu des plantes sont convoités par les poissons qui se déplacent à toute allure parmi les roseaux ou fouillent le substrat à la recherche de nourriture.

Ils sont également appréciés des alevins qui, dès la fin du printemps, peuplent les rives. En effet, les alevins dont sont friands nombre de gros poissons sont plus à l'abri des prédateurs sur les rives que dans les eaux profondes. Les poissons qui vivent sur les rives côtoient nombre d'espèces animales y compris des rongeurs, des canards, des oiseaux voire des loutres qui viennent là pour se reposer, se reproduire ou se nourrir.

Selon la région, la végétation sur les rives est plus ou moins dense. Si certaines rives sont totalement dénudées, la plupart sont parsemées d'arbres aux branches retombantes, de racines, de roches et de végétaux où les petits poissons viennent se cacher et se nourrir. Parmi les espèces les plus répandues : les vairons, les épinoches, les bouvières, et les loches baromètres qui côtoient les alevins d'espèces plus grosses comme les gardons, les rotengles, les vandoises, les poissons rouges et les perches.

DANS LES EAUX PROFONDES

Au milieu du fleuve, les cachettes sont rares. C'est là que vivent les gros poissons. Tous les gros poissons ne sont pas – par nature – des prédateurs même si la plupart ne se privent jamais d'attraper une proie si l'occasion se présente. Les rotengles et les orfes, très répandus dans les bassins d'agrément, se nourrissent d'insectes à la surface de l'eau ou dissimulés dans le substrat. D'autres poissons comme les carpes, les perches et les brochets se nourrissent presque exclusivement de poissons. Le brochet est l'exemple typique des prédateurs qui ont su évoluer et s'adapter. Son corps très allongé, sa

Ci-dessus : *En Europe, les cours d'eau sont généralement peu profonds. Sur les rives la végétation est dense et abrite un grand nombre d'espèces animales. Les poissons les plus gros préfèrent nager dans les eaux profondes.*

À droite : *Le rotengle ou gardon rouge* (Scardinius erythrophthalmus) *est omnivore. Pour lui tout est bon à manger : insectes, matières végétales, alevins et petites créatures dissimulées dans le substrat.*

mâchoire en bec de canard et sa bouche pourvue de dents très coupantes font de lui un prédateur très dangereux. Il peut rester plusieurs heures sans bouger dans de nombreuses cachettes – et ce même si le courant est fort – dans l'attente d'une proie. Les poissons peu méfiants ne remarquent pas sa présence même dans les eaux claires et transparentes.

Alors que le poisson approche, le plus souvent à la recherche de nourriture, le brochet se tourne lentement pour lui faire face. Sans se faire remarquer, il ouvre grand sa bouche, aspire le poisson dans lequel il plante ses dents acérées afin de l'immobiliser.

D'autres prédateurs optent pour une tactique plus mouvementée. Ils poursuivent leur proie, la bloquent contre une roche ou dans une crevasse, ouvrent la bouche et l'aspirent à la manière des brochets.

Ci-dessous : *Le chabot* (Cottus gobio) *aime se cacher sous les roches au fond des fleuves, des lacs et des ruisseaux. Son énorme tête et ses nageoires pectorales très développées en font un poisson atypique.*

UNE VIE TRANQUILLE DANS DES EAUX AGITÉES

Selon les endroits, le fleuve n'a pas la même profondeur. Parfois, l'eau s'écoule sur les roches et devient tumultueuse. L'eau parfaitement oxygénée et très claire favorise la croissance des plantes et attire les petits poissons qui sont assurés de trouver de la nourriture notamment des insectes à la surface de l'eau et des petites créatures aquatiques dissimulées dans le substrat. Les vairons et les épinoches qui, comme nous venons de le voir, affectionnent tout particulièrement les rives à la végétation dense, aiment également cet environnement où la vie est relativement paisible du fait de l'absence des gros poissons. Les poissons fouisseurs sont eux aussi attirés par ces endroits tranquilles.

Les eaux peu profondes abritent également des espèces peu courantes en Europe comme les gobies et les blennies. Au fil des siècles, ces poissons de mer ont remonté les fleuves et se sont peu à peu habitués à vivre dans des eaux saumâtres puis dans des eaux douces. C'est pourquoi il est aujourd'hui fréquent de voir des gobies fluviatiles *(Gobius fluviatilis)* et des blennies fluviatiles *(Blennius fluviatilis)* nager à vive allure dans les fleuves à la recherche de nourriture. Parmi les autres espèces présentes dans les fleuves d'Europe : le chabot *(Cottus gobio)*, la loche franche *(Barbatula barbatula)* et certains spécimens appartenant à la famille des Cobitidés comme la loche baromètre *(Misgurnus anguillicaudatus)*.

Ci-dessus : *La loche franche* (Barbatula barbatula) *est l'une des loches les plus répandues dans les fleuves d'Europe. Ses barbillons et sa bouche tournée vers le bas indiquent que nous avons affaire à un poisson fouisseur. Dans un aquarium, il aime se reposer à l'abri des regards.*

Même si, sous l'eau, les prédateurs sont rares, les poissons doivent rester sur leurs gardes. En effet, perchés sur les branches des arbres, les oiseaux scrutent la surface de l'eau avec l'espoir d'attraper une proie. Dès qu'un poisson apparaît, ils plongent et s'emparent de lui. Puis ils se posent à nouveau sur une branche pour déguster leur festin.

LES SITES DE PONTE

Les poissons des fleuves d'Europe se distinguent de leurs congénères par leur mode de reproduction qui, par certains côtés, est aussi étonnant que celui des certaines espèces tropicales. Au printemps, la nourriture abonde. Les poissons adultes sont très actifs et se préparent à entrer en période de repro-

Une fois mis en place, cet élément en plastique aura l'air aussi naturel que le morceau de bois exotique posé au fond du bac.

duction. Chez la majorité des poissons de rivière, la vue et l'odorat sont particulièrement développés. Pour choisir « l'élue de leur cœur », les poissons font donc appel à ces deux sens. Les femelles prêtes pour la reproduction libèrent dans l'eau des hormones qui attirent les mâles.

Chez certaines espèces, les couleurs de la robe du mâle deviennent plus vives et rares sont les femelles qui ne tombent pas sous le charme. Chez les carpes, le mâle adopte une tactique directe et sans appel. Attiré par l'odeur des hormones libérées dans l'eau, il part sur les traces de la femelle et, peu à peu, l'oblige à se diriger vers la rive où les eaux sont peu profondes. Il s'enroule alors autour de la femelle et la serre le plus fort possible afin que les œufs sortent de son ventre. Les œufs sont déposés sur une feuille, une pierre plate ou un morceau de bois et le mâle répand dessus sa laitance pour les fertiliser. Les parents abandonnent ensuite les œufs ce qui explique pourquoi sur les 100 000 à 150 000 œufs pondus en plusieurs fois par la femelle, seules quelques centaines éclosent.

Certains poissons restent auprès des œufs jusqu'à l'éclosion. Le mâle et les femelles (il y a souvent plusieurs femelles pour un seul mâle) protègent les œufs des attaques des prédateurs. Chez les épinoches, le mâle joue un rôle primordial tout au long de la période de reproduction. Il commence tout d'abord par choisir un site de reproduction et fabrique une sorte de « nid » avec des déchets végétaux qu'il colle les uns aux autres avec une substance qu'il ne produit qu'à cette période. Une fois le nid terminé, il part à la recherche de femelles qui ne peuvent résister aux couleurs vives de sa robe. Il attire les femelles et les conduit jusqu'au site de reproduction. Dans le nid, elles déposent les œufs qui seront fertilisés par le mâle. Très possessif et protecteur, le mâle interdit l'accès au site de reproduction à tout intrus indésirable, n'hésitant pas à barrer la route à des poissons deux à trois fois plus gros que lui.

Des galets émoussés éparpillés maintiennent le substrat en place sans risquer de blesser la bouche des poissons fouisseurs.

UN AQUARIUM INSPIRÉ DES FLEUVES EUROPÉENS

Les fleuves étant divisés en trois parties, vous vous inspirerez de l'une ou de l'autre pour aménager et décorer votre aqua-rium. Si vous envisagez de mélanger différentes espèces de poissons, pourquoi ne pas emprunter des éléments que l'on retrouve dans les eaux profondes, les eaux peu profondes ou les rives. Le choix du substrat dépend du résultat escompté. Dans l'aquarium témoin (pp. 94-95), le fond du bac est recouvert d'une épaisse couche de sable de Loire dans laquelle les poissons fouisseurs, par exemple les loches, peuvent creuser à la recherche de nourriture. Du sable de rivière de grosse granulométrie, des galets et des gros cailloux émoussés (pour ne pas blesser la bouche des poissons) ont été regroupés autour des roches ce qui, d'une part, permet aux poissons de se cacher et, d'autre part, rend l'ensemble plus naturel.

LA PLACE DES RACINES

Dans un aquarium inspiré des fleuves d'Europe, la végétation est rare, ce qui explique pourquoi une grande partie du bac est occupée par des morceaux de bois exotique soigneusement choisis. Dans les fleuves, des morceaux de bois cassés et des racines d'arbres offrent aux poissons des cachettes dans lesquelles ils se réfugient pour se reposer ou échapper aux prédateurs. Dans l'aquarium témoin, un gros morceau de bois exotique posé à même le substrat occupe pratiquement toute la longueur de l'aquarium. Des éléments en plastique imitant des branches et des racines brisées ont été ajoutés au décor.

La branche au premier plan ressemble à s'y méprendre à une vraie branche alors qu'il s'agit d'un élément de décor en plastique. Au fil du temps, elle sera recouverte d'algues et paraîtra plus naturelle encore.

DES PLANTES EN NOMBRE LIMITÉ

Dans l'aquarium témoin seules deux variétés de plantes sont utilisées : *Egeria densa* et *Ceratophyllum demersum*. Toutes deux n'ont pas besoin d'une couche épaisse de substrat pour s'enraciner dans la mesure où elles puisent la plupart des nutriments dont elles ont besoin à travers leurs feuilles et non leurs racines. Si dans la nature, elles sont particulièrement belles en tant que plantes flottantes, dans un aquarium mieux vaut les planter de manière traditionnelle.

Un grand nombre et/ou une grande variété de plantes ont leur place dans un aquarium inspiré des fleuves d'Europe à condition, toutefois, de ne pas faire oublier les autres éléments du décor (roches, substrat et bois). La majorité des plantes tropicales résiste à des températures relativement bases. Parmi les espèces à privilégier : la scirpe épingle *(Eleocharis acicularis)*, l'hydrocotyle *(Hydrocotyle verticillata)* qui ressemble à des petits parasols, la cardamine du Japon *(Cardamine lyrata)* et plusieurs espèces de *Ludwigia*, *Sagittaria* et *Echinodorus* sans oublier les plantes qui oxygènent l'eau et autres espèces de rive. Le myriophylle *(Myriophyllum ssp.)* et l'herbe aux écus *(Lysimachia nummularia)* qui poussent à l'état naturel dans nombre de régions européennes conviennent parfaitement à ce type d'aquarium.

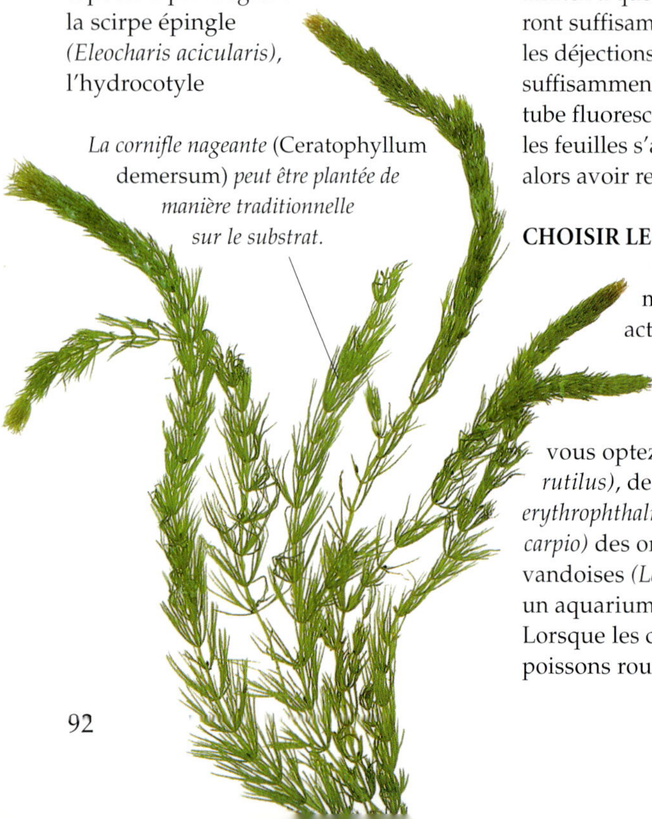

La cornifle nageante (Ceratophyllum demersum) *peut être plantée de manière traditionnelle sur le substrat.*

Les plantes flottantes sont très répandues en Europe. Elles sont pourvues soit de grandes feuilles comme celle-ci, nénuphars, pisties ou jacinthes d'eau – soit de petites feuilles – azollas et lentilles d'eau. N'oubliez pas que, dans un aquarium, les plantes flottantes ont tendance à faire oublier le reste du décor et à « alourdir » l'ensemble. Utilisez-les mais en petite quantité. La plupart des plantes flottantes ont une croissance rapide et doivent être taillées régulièrement.

Pour finir, dans ce type d'aquarium, choisissez des plantes résistantes qui n'ont pas besoin d'un substrat spécial ou enrichi en nutriments. Si vous vous limitez à quelques pousses, elles trouveront suffisamment de nutriments dans les déjections des poissons et auront suffisamment de lumière avec un seul tube fluorescent. Dans le cas contraire, les feuilles s'abîmeront et vous devrez alors avoir recours à un engrais liquide.

CHOISIR LES BONS POISSONS

Nombre de poissons se montrent particulièrement actifs dans un aquarium où la température de l'eau est souvent supérieure à celle des fleuves. Si vous optez pour des gardons *(Rutilus rutilus)*, des rotengles *(Scardinius erythrophthalmus)*, des carpes *(Cyprinus carpio)* des orfes *(Leuciscus idus)* et des vandoises *(Leuciscus leuciscus)*, achetez un aquarium de 150 x 50 cm voire plus. Lorsque les conditions sont bonnes, les poissons rouges *(Carassius auratus)* sont

L'élodée est une plante très répandue, peu exigeante et qui s'adapte parfaitement à la vie en aquarium.

des poissons robustes qui peuvent mesurer jusqu'à 35 cm de long. Malheureusement, ils sont souvent laissés pour compte du fait de leur très grande popularité.

Les poissons de grande taille sont généralement destructeurs et, dans un environnement confiné, ils peuvent avoir un comportement détestable. C'est pourquoi il est fortement conseillé de choisir les espèces les plus petites qui s'adaptent sans problème à la vie en aquarium, par exemple, des loches notamment des loches baromètres *(Misgurnus anguillicaudatus)*, très sensibles aux variations de pression. Dès que la pression atmosphérique baisse ou augmente, les loches baromètres s'agitent et remontent à la surface pour avaler des bouffées d'oxygène. Les aquariophiles qui connaissent bien le comportement de ces poissons savent rien qu'en les observant si le temps va changer.

Voici quelques poissons fouisseurs pouvant vivre dans un aquarium inspiré des fleuves d'Europe : les loches franches (*Barbatula barbatula* ou *Noemacheilus barbatulus*) et la carpe-étendard *(Myxocyprinus asiaticus)* même si cette dernière n'est pas originaire d'Europe mais de Chine. Les chabots *(Cottus gobio)*, les gobies fluviatiles *(Gobius fluviatilis)* et les blennies fluviatiles *(Blennius fluviatilis)* sont des poissons benthiques à privilégier. Vifs comme l'éclair et très actifs, ils attirent les regards. Malheureusement, ils sont très peu commercialisés. Si vous êtes attiré par les poissons pélagiques, choisissez des vairons *(Phoxinus phoxinus)*, des bouvières *(Rhodeus amarus)* ou des épinoches *(Gasterosteus aculeatus)*.

Ci-dessus : *Le gardon* (Rutilus rutilus) *ressemble beaucoup au barbu ablades de par sa morphologie et son comportement. Dans un aquarium, ce poisson tropical qui mesure plus de 30 cm dévore les plantes. Soyez donc vigilant.*

À droite : *La carpe-étendard* (Myxocyprinus asiaticus) *prouve bien que les poissons qui vivent dans les eaux froides n'ont – sur le plan de l'esthétique – rien à envier aux poissons tropicaux. La carpe-étendard a besoin d'espace et de lieux où se cacher.*

Aquarium inspiré des fleuves d'Europe

Le substrat est parsemé d'éléments de décor naturels ou artificiels et de quelques rares végétaux.

Limitez-vous à quelques plantes. Taillez-les régulièrement avant qu'elles ne deviennent trop envahissantes.

Le milieu de l'aquarium est dégagé afin que les poissons puissent nager sans être gênés.

Les galets, les cailloux et le sable de rivière éparpillés au pied des grosses pierres apportent une note naturelle à l'ensemble.

Ce morceau de « bois » en plastique paraît plus vrai que nature.

Le sable de Loire est un substrat idéal pour ce type d'aquarium. Les galets et les cailloux sont partiellement enterrés.

Mettez quelques plantes là où la lumière est le plus intense.

Le grand morceau de bois exotique placé au fond de l'aquarium attire les poissons à la recherche d'une cachette.

La cornifle nageante (Ceratophyllum demersum) *est une plante flottante qui peut être plantée de manière traditionnelle.*

La couche irrégulière du substrat sur laquelle se détachent les cailloux et les galets rappelle le lit d'un fleuve.

Les roches qui se dressent au-dessus du substrat seront bientôt recouvertes d'algues.

Les interstices entre les roches ont été comblés avec des petits galets.

Les lacs d'Europe

Nombre de poissons et autres animaux n'élisent domicile que dans certaines parties bien délimitées des fleuves où ils peuvent se nourrir, se reproduire et se mettre à l'abri des prédateurs. Par conséquent, certaines parties sont surpeuplées alors que d'autres sont désertées. Les grands lacs européens offrent un environnement plus varié. Les roches, les morceaux de bois, les plantes vivant en eaux profondes ou peu profondes et les substrats plus ou moins fertiles sont les éléments de base d'un nombre important de microhabitats. Les végétaux, les poissons et autres créatures qui vivent dans cet environnement paisible et diversifié ne cherchent pas à partir, bien au contraire! Regroupées dans une petite zone bien délimitée, les différentes espèces végétales et animales font le bonheur des aquariophiles qui observent leur mode de vie et s'inspirent de leur habitat pour créer un aquarium idéal.

LUMIÈRE DU SOLEIL ET NUTRIMENTS
Dans un lac, la teneur en nutriments augmente au fil du temps. En effet, dans cet environnement clos, les déchets sont recyclés en permanence, le sol des terres alentour et les pluies garantissent un apport continu en nutriments alors que l'énergie fournie par le Soleil est, en partie, transformée en biomasse par les plantes et les algues lors de la photosynthèse. Le substrat des lacs contient, par conséquent, plus de nutriments et de matières organiques que le substrat des fleuves qui les alimentent. Même si les nutriments et les matières organiques contenus dans un fleuve sont identiques à ceux d'un lac, ils sont en partie éliminés lors du voyage qui les mène jusqu'à l'océan.

Les lacs d'Europe sont, généralement, peu profonds. La plupart ont été formés par la fonte des glaciers à la fin de l'âge de glace à la différence des lacs des

Les lacs des régions tempérées d'Europe accueillent une multitude de végétaux et d'animaux venus des terres avoisinantes. Les eaux des lacs sont plus riches et diversifiées que l'eau des fleuves et autres cours d'eau qui les alimentent.

Les lacs d'Europe

Les eaux des lacs d'Europe du Sud sont chaudes et peu profondes. Certains sont asséchés durant les étés longs et caniculaires.

Au printemps et en été, les eaux des lacs d'Europe du Nord abritent nombre d'espèces végétales et animales. En hiver, la surface de l'eau gèle.

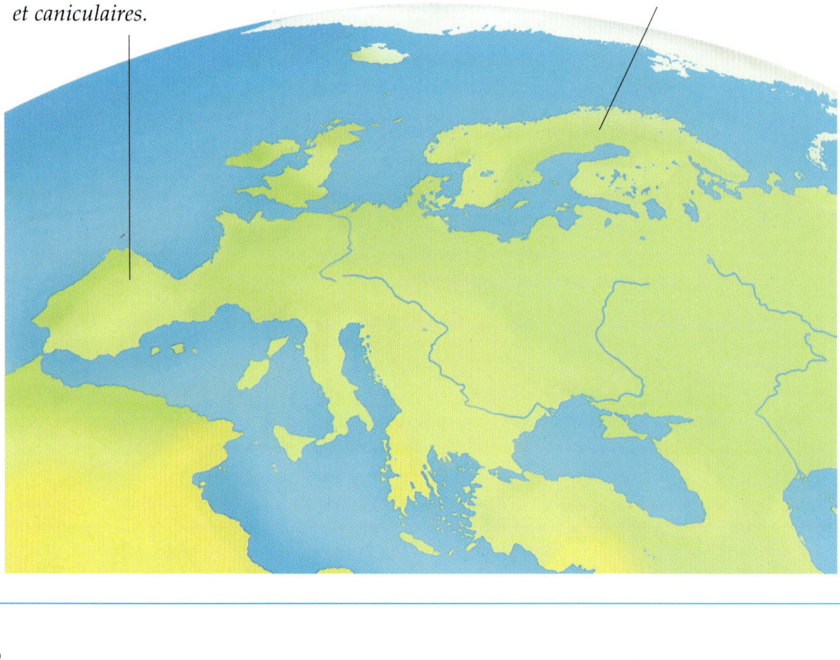

Ci-dessus : Un lac aux eaux claires et tranquilles au sud de la Finlande. Dans les eaux peu profondes, les roseaux abritent nombre de créatures aquatiques.

Le vairon (Phoxinus phoxinus) *très répandu dans les lacs d'Europe se nourrit d'insectes. Il est menacé par nombre de prédateurs.*

régions tropicales qui sont le résultat de l'activité volcanique et de la tectonique des plaques.

Durant les mois d'été, les lacs situés dans les zones dégagées et non boisées bénéficient de la lumière du Soleil qui pénètre au plus profond de l'eau. Dès que le printemps arrive, une multitude de plantes aquatiques envahissent le fond de l'eau et transforment l'aspect des lacs.

DES INSECTES ET DES LARVES À PROFUSION

La lumière du Soleil et les nutriments favorisent la prolifération des algues notamment des algues unicellulaires ; au début du printemps, elles troublent les eaux des lacs qui, peu à peu, deviennent vertes jusqu'à ce que les autres plantes aquatiques soient suffisamment grandes pour prendre leur place. Les algues unicellulaires et autres matières organiques flottantes constituent la principale source de nourriture des poissons filtreurs vivant en pleine eau. Les moules et les puces d'eau (daphnies) se fixent sur les algues tout comme les punaises aquatiques, les larves de libellule et les têtards dont sont friands nombre de poissons. Les larves, les vers, les escargots, les crustacés et les petits invertébrés qui élisent domicile dans le substrat fertile des lacs sont la principale source de nourriture des alevins et du fretin. Les plus grosses espèces comme les carpes et les rotengles se nourrissent de créatures qu'elles débusquent dans le substrat mais aussi de plantes, d'alevins et de poissons de petite taille. Parfois, les rôles sont inversés, les petits poissons étant dévorés par des larves de grosse taille, des grenouilles et d'autres espèces.

LES PLANTES

Les rives des lacs sont soit totalement dénudées soit envahies par une multitude de plantes de rive, de joncs et/ou de roseaux selon l'épaisseur et la composition du substrat. Dans la plupart des lacs, l'eau s'écoule toujours dans la même direction et selon l'emplacement des rives par rapport à la direction du courant, le

substrat est plus ou moins boueux et les roches plus ou moins émoussées.

Les substrats composés de gravier ou de roches sont relativement pauvres en nutriments. Seules les petites plantes les plus résistantes vivent là tandis que les substrats profonds, boueux et très riches en nutriments favorisent l'enracinement et la pousse des végétaux. Au milieu des lacs, le substrat est relativement uniforme – mélange de fines particules de boue, de galets et de gravier. Les plantes qui vivent là sont plus nombreuses qu'à proximité des rives. Bien réparties, elles ne forment généralement pas de touffes denses. Les espèces les plus courantes : les élodées *(Egeria ssp.)*, les cornifles nageantes *(Ceratophyllum demersum)* et les myriophylles *(Myriophyllum proserpinacoides)* commercialisés dans les magasins d'aquariophilie pour leur pouvoir oxygénateur. Parmi les autres plantes que l'on retrouve dans les aquariums notons la petite samole *(Samolus parviflorus)*, la lysimaque nummulaire ou herbe-aux-écus *(Lysimachia nummularia)*, la scirpe épingle *(Eleocharis acicularis)* et nombre de variétés de nénuphars.

La surface de certains lacs est recouverte non seulement de nénuphars mais également de plantes flottantes – pisties *(Pistia stratiotes)*, jacinthes d'eau *(Eichhornia crassipes)*, fougères aquatiques *(Azolla ssp.)* et petites variétés de lentilles d'eau *(Lemna)*.

Ci-dessus : *Lors de la période de reproduction, le rouge de la robe de l'épinoche mâle s'intensifie. Observer le comportement de ce poisson très répandu dans les lacs d'Europe est fascinant.*

AU FOND DES LACS

Les plantes qui vivent dans les eaux profondes sont indispensables à nombre de créatures animales. Les épinoches, les vairons et autres petits poissons se reproduisent et se cachent au milieu des plantes aquatiques qu'ils fouillent à la recherche de nourriture. La majorité des poissons vivant dans les lacs y compris les poissons fouisseurs comme la loche baromètre *(Misgurnus anguillicaudatus)*, le goujon commun *(Gobio gobio)* et les prédateurs de plus grosse taille comme le brochet *(Esox lucius)*, la perche *(Perca fluviatilis)* voire l'impressionnant esturgeon *(Acipenser spp.)* chassent les proies qui essaient de trouver refuge parmi les plantes aquatiques.

Les poissons des lacs d'Europe sont, en grande partie, des poissons de petite taille qui se nourrissent principalement de minuscules vers et insectes dissimulés dans le substrat ou parmi les plantes. Certains prédateurs comme les carpes et les perches-soleil sont omnivores. Ils se nourrissent de petits poissons, de végétaux mais aussi d'invertébrés. Ces prédateurs qui sèment la panique dans les eaux des lacs sont à leur tour traqués par des animaux vivant à la surface de l'eau, notamment par les loutres et les gros oiseaux. Les petits oiseaux, quant à eux, se perchent sur les branches des arbres au-dessus du lac et attendent patiemment qu'un banc de petits poissons vienne se mettre à l'abri du Soleil pour passer à l'attaque.

Sous l'eau, une chaîne alimentaire complexe s'organise. Les crustacés, les vers et autres invertébrés sont mangés par les petits poissons qui, eux-mêmes, sont dévorés par les gros poissons, chaque espèce devenant tour à tour

UN MODE PEU BANAL DE REPRODUCTION

Les épinoches mâles ont un sens aigu de la propriété. Lors de la période de reproduction, ils construisent patiemment un « nid » dans lequel seront déposés les œufs tandis que les couleurs de leur robe s'intensifient pour séduire les femelles. Les bouvières agissent différemment. Au printemps, un couple prêt à frayer se forme. La femelle pond ses œufs au moyen d'un ovipositeur (tube de ponte) dans la cavité palléale (cavité respiratoire) d'une moule. Le mâle répand alors sa laitance à proximité de la cavité. La moule aspire la laitance afin que les œufs soient fertilisés. Les œufs se développent à l'intérieur de la moule jusqu'à ce qu'ils soient prêts à éclore. Lorsqu'ils sont en mesure de nager, les alevins quittent la moule qui, durant plusieurs semaines, les a protégés des prédateurs. Ne croyez pas que les bouvières soient des profiteuses ! En effet, celles-ci savent renvoyer l'ascenseur ! À la même période, les moules libèrent un à un des gamètes dans l'eau. Seuls quelques-uns se développeront pour donner des larves ou glochidies qui, à leur tour, se transformeront en petites moules. Les gamètes libérés par les moules se fixent sur la peau des bouvières qui les emmènent faire une « balade gratuite ». Les chances de survie des glochidies sont augmentées tandis que les moules élargissent leur territoire.

Ces galets et cailloux émoussés rappellent les roches érodées par l'eau que l'on retrouve dans la plupart des lacs d'Europe. Prenez des pierres de tailles différentes afin de rendre l'ensemble plus naturel.

chasseur ou proie. Certains poissons comme les épinoches et autres gastérostéidés portent sur le dos deux à cinq épines dont ils se servent pour mettre en fuite leurs prédateurs qui apprennent vite que se frotter à ces poissons bien armés peut se révéler fort douloureux.

Cette situation quelque peu stressante de « tuer ou être tué » explique le comportement peu banal de certaines espèces – mouvements brusques et furtifs, déplacements en groupe et techniques de chasse élaborées – qui fascine tant les aquariophiles.

AU FIL DES SAISONS

La vie au fond de l'eau n'est pas immuable : elle évolue au fil des saisons. Au printemps, l'eau se réchauffe. Les plantes et les algues se développent rapidement devenant le premier maillon d'une chaîne alimentaire complexe qui permet aux poissons et autres espèces de survivre. À la fin du printemps et en été, la nourriture abonde. Les poissons commencent à chasser et à se reproduire avec frénésie. Les puces d'eau ou daphnies, les vers et les larves font la joie des alevins et des poissons adultes. Au début de l'automne, la période de reproduction est terminée et, si la plupart des alevins ont été dévorés par leurs congénères, ceux qui ont survécu sont aujourd'hui suffisamment grands, rapides et expérimentés pour échapper à leurs prédateurs. Tandis que l'eau commence à refroidir, les plantes stoppent leur croissance alors que les poissons ont moins d'appétit. En effet, maintenant que la période de reproduction est finie, leurs besoins énergétiques sont moins importants. À l'entrée de l'hiver, la plupart des plantes meurent et la nourriture commence à manquer ce qui n'affecte pas beaucoup les poissons dans la mesure où leur métabolisme se met au ralenti et qu'ils entrent dans une sorte d'hibernation. Pour se protéger du froid, ils se mettent à l'abri sous les roches et les sédiments déposés au fond du lac. Ils bougent peu et ne se nourrissent pratiquement pas. Dans un environnement aussi paisible, les gros prédateurs n'ont ni l'envie ni le courage de partir à la chasse et, eux aussi, se nourrissent avec parcimonie.

UN AQUARIUM INSPIRÉ DES LACS D'EUROPE

Les substrats diffèrent selon les lacs : terre boueuse ou mélange de galets et de gravier (la seconde solution étant celle que je préconise pour votre aquarium). La plupart des plantes n'ont pas besoin d'un substrat très riche et très fertile pour prendre racine dans la mesure où elles puisent leurs nutriments non pas à travers leurs racines mais à travers leurs feuilles. Idéalement, utilisez du gravier. Mélangez des graviers de différentes granulométries ou optez pour un gravier de granulométrie moyenne sur lequel vous étalerez une fine couche de gravier de plus grosse granulométrie. Prévoyez un grand espace dégagé où les poissons pourront nager sans être gênés et où les plantes pourront se développer. Limitez les éléments de décor à quelques grosses pierres ou morceaux de bois exotique. Veillez à ce que les pierres ne risquent pas de

La lysimaque nummulaire ou herbe aux écus (Lysimachia nummularia) *est l'une des espèces les plus courantes dans les aquariums. Les feuilles sont plus ou moins dorées.*

basculer et à briser les vitres de l'aquarium. Éparpillez quelques petits morceaux de bois exotique.

À droite : *Le myriophylle* (Myriophyllum *spp.) est une plante résistante à la croissance rapide. Laissez-la sortir du bac et si – comme la majorité des plantes affectionnant les eaux froides – elle devient trop envahissante, taillez-la.*

LES BONNES PLANTES

Dans les lacs d'Europe, les plantes ne sont pas regroupées en un seul et même lieu mais sont éparpillées. Dans votre aquarium, mélangez les espèces et plantez-les au hasard. Les puristes préfèrent respecter une structure bien définie avec des plantes uniquement au fond et sur les côtés du bac. Les plantes de haute-tige comme les élodées *(Egeria ssp.)* et les myriophylles *(Myriophyllum proserpinacoides)* se prêtent merveilleusement à ce type d'aquarium tout comme les cornifles nageantes *(Ceratophyllum demersum)* qui bien qu'étant des espèces flottantes peuvent être plantées comme des variétés terrestres. Au milieu et/ou devant les plantes de haute-tige, disposez ici et là des espèces plus petites notamment des lysimaques nummulaires ou herbes aux écus *(Lysimachia nummularia)* ou leur cultivar 'Aureus' dont les fleurs vert pâle contrastent avec les feuilles vert foncé des autres variétés. Même si on les trouve plus volontiers dans les régions tropicales, les scirpes épingles *(Eleocharis acicularis)* ont tout à fait leur place dans un aquarium inspiré des lacs d'Europe. Plantez-les isolément à la manière des touffes qui poussent spontanément au fond des lacs.

Certaines variétés originaires des régions tempérées notamment d'Amérique du Nord peuvent également être utilisées. Privilégiez les hydrocotyles *(Hydrocotyle verticillata)*, les cardamines du Japon *(Cardamine lyrata)* aux feuilles arrondies qui font un peu « fouillis », les *Micranthemum*, originaires d'Amérique centrale et du sud des États-Unis, les jussies rouges *(Ludwigia)*, les lobélies rouges *(Lobelia cardinalis)* et certaines variétés d'*Echinodorus* et de *Sagittaria*. Les plantes flottantes – salvinie auriculée *(Salvinia ssp.)* et grenouillette *(Limnobium laevigatum)* – permettent aux poissons de se mettre à l'abri du Soleil et des prédateurs. Certaines variétés très envahissantes ne peuvent être utilisées que dans des aquariums de grande capacité. Nombre de plantes de rive destinées aux bassins d'agrément conviennent également à ce type d'aquarium. Avant de les planter, retirez soigneusement la terre autour des racines afin que l'eau de l'aquarium ne devienne pas trouble et boueuse.

Ceratophyllum demersum *est une plante très répandue dans les lacs des régions tempérées. Les feuilles en forme d'épines bougent au gré de l'eau tandis que les sédiments s'accrochent à elles.*

Dans les eaux fraîches, l'élodée (Egeria spp.) *se développe rapidement et doit être taillée régulièrement.*

À gauche : Le goujon commun (Gobio gobio) *vit dans tous les lacs d'Europe centrale. Il s'adapte à la vie en aquarium à condition de trouver des roches et des plantes pour se cacher. Pacifique et résistante, cette espèce est à privilégier.*

À droite : La perche (Perca fluviatilis) *est un prédateur qui a développé une technique de chasse sans appel pour ses victimes. Son corps strié de rayures verticales lui permet de passer inaperçue au milieu de la végétation. Tout poisson qui ose s'approcher d'un peu trop près est rapidement dévoré.*

LES POISSONS

Les poissons des régions tempérées n'étant pas très répandus dans le monde de l'aquariophilie, vous aurez peut-être quelques difficultés à trouver les espèces susceptibles de vous convenir.

Les carpes, les tanches et les rotengles sont des espèces plutôt timorées qui peuvent dépasser 45 cm de long et qui, par conséquent, ont besoin d'espace. Les bouvières *(Rhodeus amarus)*, les épinoches *(Gasterosteus aculeatus)*, le pseudorasbora *(Pseudorasbora parva)*, la vandoise *(Phoximus spp.)* et le vairon *(Phoxinus phoxinus)* s'adaptent à la vie en aquarium tout comme la loche baromètre *(Misgurnus anguillicaudatus)* qui fouille le substrat à la recherche de nourriture. Lors de la période de reproduction, observez le comportement peu banal des bouvières et des épinoches.

NE PAS ACHETER N'IMPORTE QUOI

Pour pouvoir être importés sur le territoire français, les poissons d'aquarium doivent toujours être accompagnés d'une attestation de bonne santé établie par un vétérinaire praticien. Adressez-vous toujours à des aquariophiles spécialisés qui ne vous vendront pas illégalement des espèces en voie de disparition.

Nombre de poissons originaires d'Amérique du Nord et d'Asie sont également à privilégier – carpe japonaise *(Notropis lutrensis)*, promotis à bandes noires *(Enneacanthus chaetodon)*, médaka *(Oryzias latipes)*, loche franche *(Barbatula barbatula)*, carpe-étendard *(Myxocyprinus asiaticus)* – tout comme les poissons très courants dans les aquariums d'inspiration tropicale notamment les barbus de petite taille et les corydoras (poissons-chats).

LES INVERTÉBRÉS

Pour rendre l'ensemble plus naturel, ajoutez des invertébrés, de préférence des escargots et des moules de rivière *Unio* ou *Anodonta*. Soyez, néanmoins, vigilant dans la mesure où les escargots – surtout les petits – prolifèrent très rapidement. Si possible, choisissez des escargots de Ramshorn. Les moules sont généralement statiques même si elles se déplacent au gré de l'eau. Pour se nourrir, les moules et les escargots filtrent l'eau. Dans un aquarium, il est indispensable de leur donner régulièrement des aliments spécialement conçus pour eux vendus congelés, par exemple, des puces d'eau ou daphnies et de la nourriture à base de plancton.

La coquille de ces escargots est recouverte d'algues ce qui est étonnant dans la mesure où les escargots se nourrissent d'algues.

Aquarium inspiré des lacs d'Europe

Une multitude d'éléments ont été utilisés pour créer un environnement propice à un grand nombre de poissons vivant sous les climats tempérés.

L'association de ces trois variétés de plantes – Myriophyllum, Egeria *et* Lysimachia – *est particulièrement réussie.*

Pour rendre l'ensemble plus naturel, quelques végétaux ont été plantés isolément.

Dans cet aquarium, les moules de rivière qui sont comme chez elles bougent au gré de l'eau.

Les galets et les plantes se marient merveilleusement.

Les épinoches arrachent les fines feuilles des plantes pour construire leur « nid » lors de la période de reproduction.

S'il y a suffisamment d'espace au-dessus de l'aquarium, ce myriophylle (Myriophyllum) *ne sera bientôt plus immergé.*

Ce morceau de bois exotique offre des cachettes aux poissons et fait le bonheur des escargots.

Les galets attirent les regards au milieu de ce fouillis au demeurant très élaboré.

Les escargots mangent les algues et renforcent l'authenticité de l'aquarium.

Les ripisylves de l'Amazone

Les inondations sont dues à l'arrivée massive d'une grande quantité d'eau déversée par les torrents et les affluents qui se jettent dans l'Amazone. Au milieu de l'hiver et au début du printemps, les pluies torrentielles associées à la fonte des neiges sur les massifs montagneux augmentent considérablement le volume d'eau parvenant au fleuve. Dans les plaines, le fleuve, qui ne peut contenir cet apport d'eau, rompt ses digues et envahit les terres avoisinantes. Au plus fort de la crue, la forêt tropicale qui s'étend sur plus de 100 000 km^2 est totalement submergée et, à certains endroits, disparaît sous dix mètres d'eau.

Les animaux qui vivent là grimpent dans les arbres ou se réfugient dans les zones épargnées par les eaux. Si les arbres les plus grands et les plus vigoureux résistent aux inondations, les végétaux plus fragiles meurent ou essaient de s'adapter ou, tout simplement, de survivre jusqu'à ce que le niveau de l'eau baisse. Certains arbres laissent tomber leurs fruits et leurs graines qui sont emportés par les eaux vers d'autres lieux où ils seront déposés et germeront une fois l'inondation terminée. Même si une grande partie des graines est mangée par les poissons et autres créatures aquatiques, nombre d'entre elles ont plus de chances de donner naissance à de nouvelles pousses que si elles étaient restées dans les arbres, convoitées par des granivores terrestres.

RIEN N'EST JAMAIS PERDU

Les parties inondées de la forêt tropicale sont riches en matières organiques qui, en grande partie, proviennent des végétaux morts ou en décomposition.

Les ripisylves de l'Amazone

Le bassin du fleuve Amazone compte plus de mille affluents. Lorsque le niveau de l'eau des affluents monte, les terres sont inondées.

Les affluents de l'Amazone étant répartis de chaque côté de l'équateur, le fleuve subit l'influence de deux saisons des pluies distinctes ce qui explique pourquoi certaines régions sont inondées deux fois par an.

Si la plupart des grands fleuves sortent régulièrement de leur lit, rares sont ceux qui causent autant de dégâts que le fleuve Amazone. Dans certaines régions, les inondations peuvent durer six mois voire plus. Les poissons profitent de la nourriture abondante fournie par ces « nouveaux habitats ».

Ci-dessus : *En Amérique du Sud, on appelle igapo une forêt régulièrement inondée.*

Ces « déchets » font le bonheur de nombre d'espèces animales et autres créatures – certaines étant si petites qu'elles sont invisibles à l'œil nu.

Lors des inondations, ces minuscules créatures sont une source de nourriture très appréciée des alevins et du fretin.

Les poissons appartenant à la famille des tétras sont répandus dans tout le bassin de l'Amazone. Or la période de reproduction de ces poissons correspond au moment où se produisent les premières inondations. Alors que le niveau de l'eau monte et que la température chute – les deux signes annonciateurs d'une inondation – les mâles partent à la recherche d'une femelle. La femelle choisie dépose ses œufs au milieu de la végétation très dense qui borde le fleuve. Le mâle répand sa laitance sur les œufs afin de les fertiliser. Lorsque les œufs éclosent, les alevins n'ont aucun mal à trouver de la nourriture dans la ripisylve riche en déchets organiques. Pour faciliter la reproduction des tétras dans un aquarium, essayez de recréer ces mêmes conditions.

La qualité de l'eau

Les poissons des ripisylves de l'Amazone nagent dans des eaux douces, et au pH bas qui s'explique par la présence d'une grande quantité de débris organiques qui libèrent dans l'eau des acides humiques. Dans un aquarium, si ces conditions ne sont pas recréées, les tétras, les scalaires et les discus tomberont malades et leur robe perdra de son éclat. Veillez à ce que le pH de l'eau soit compris entre 6 et 7 et que la dureté soit moyenne à faible. Si l'eau est moyennement dure et a un pH égal à 7, ajoutez des substances chimiques pour l'adoucir et la rendre plus acide. N'utilisez que des produits destinés aux aquariums. Si l'eau est dure ou si son pH est élevé, la meilleure façon de l'adoucir et/ou de faire baisser son pH est de verser dans l'aquarium un mélange d'eau osmosée (osmose inverse) et d'eau du robinet. *Pour plus d'informations sur le sujet, reportez-vous aux pages 40-45.*

DES FRUITS ET DES GRAINES

Les poissons qui vivent dans le fleuve Amazone ont un odorat particulièrement développé qui leur permet de localiser les fruits et les graines au beau milieu de la forêt inondée. Lorsqu'elles sont sur le point de laisser tomber leurs graines dans l'eau, certaines plantes libèrent des traces de substances biochimiques spécifiques. Les poissons sentent ces substances et se dirigent vers les arbres porteurs de fruits et de graines.

Le fleuve Amazone abrite plusieurs espèces de poissons herbivores. Parmi elles, le pacou *(Colossoma spp.)* et le *Myletes* qui mesurent parfois plus de 60 cm de long sans oublier le dollar d'argent *(Metynnis spp.)* qui peut atteindre 30 cm de long. D'autres poissons plus indésirables comme les piranhas n'hésitent pas, si nécessaire, à laisser tomber leur régime carnivore pour se nourrir des fruits les plus gros.

DES PROIES FACILES

Dès que le niveau de l'eau du fleuve monte, les insectes se réfugient dans les arbres ou échouent au sommet des terres épargnées par les flots.

Rapidement, ils deviennent la proie des poissons qui font appel à leur ligne latérale pour ressentir les variations de pression et à leur acuité visuelle pour localiser leur proie. L'arowana est passé maître dans l'art de détecter une proie. Grâce à deux yeux situés sur le dessus de la tête, ce poisson qui dépasse souvent un mètre de long voit en même temps en dessous et au-dessus de la surface de l'eau. Un insecte qui tombe dans l'eau ne peut lui échapper. L'arowana n'hésite pas à sauter hors de l'eau pour attraper une proie ou la faire tomber d'un arbre. Particulièrement aventureux, il s'attaque à des proies conséquentes notamment des oiseaux, des chauves-souris et autres mammifères.

PRIS AU PIÈGE

Vers le milieu de l'été, le niveau de l'eau commence à baisser. L'eau disparaît aussi vite qu'elle est arrivée. La nourriture devient moins abondante. En un mois, l'eau s'est retirée laissant ici et là des mares plus ou moins grandes entourées de terres asséchées. Si la majorité des poissons profitent des eaux qui baissent pour regagner le fleuve, un grand nombre est pris au piège dans les mares où ils devront apprendre à survivre jusqu'à l'inondation suivante.

Pour ne pas rester emprisonnées contre leur gré, certaines espèces notamment les poissons-chats ont mis au point des méthodes leur permettant de franchir des terres asséchées et de regagner le fleuve. D'autres creusent le sol et se mettent à l'abri dans un cocon dans lequel ils resteront en « quasi-hibernation » en attendant la prochaine crue.

UN AQUARIUM INSPIRÉ D'UNE RIPISYLVE

La réussite d'un aquarium de ce type repose sur deux éléments fondamentaux : la végétation au-dessus de l'eau et les débris éparpillés sur le substrat.

Dans les ripisylves, le substrat est composé d'un mélange de terre noire et de débris végétaux. Utiliser du terreau dans un aquarium pouvant poser problème, mieux vaut se tourner vers un substrat de faible granulométrie – sable de Loire ou sable de quartz sans calcaire – mélangé à de la tourbe ou à un substrat de couleur foncée riche en nutriments indispensables aux plantes aquatiques. Quelques graviers foncés ou même des morceaux de charbon écrasés ne feront que rendre l'ensemble plus naturel. Pour imiter les débris végétaux, répartissez des petits morceaux de bois exotique au fond du bac. Dans la forêt inondée, certaines parties sont couvertes de plantes flottantes sur lesquelles tombent les branches des arbres et les feuilles de certaines espèces terrestres. Pour recréer cet effet, achetez des plantes artificielles commercialisées chez nombre de fleuristes. Choisissez des variétés aux feuilles vertes plutôt que des plantes plus exotiques aux fleurs colorées. Si vous détestez les plantes artificielles, vous pourrez toujours vous tourner vers les plantes d'intérieur ou les plantes de rive qui poussent dans les marécages.

Du gravier noir rend le substrat plus naturel.

Cette substance propice à l'enracinement des plantes rappelle la tourbe qui tapisse le sol des ripisylves

Dans un aquarium inspiré des ripisylves de l'Amazone, des morceaux d'écorce de liège sont du plus bel effet. L'écorce flotte et doit donc être fixée avec du silicone sur une plaque de verre qui sera posée au fond du bac.

Plantez-les au-dessus du bac et laissez les branches et les feuilles retomber dans l'aquarium. Les plantes flottantes dotées de longues racines comme la pistie *(Pistia stratiotes)* et la jacinthe d'eau *(Eichhornia crassipes)* compléteront merveilleusement le décor.

LE BOIS EXOTIQUE

Le bois exotique a tout à fait sa place dans ce type d'aquarium. Choisissez des morceaux qui font penser à des racines d'arbres ou des branches cassées.

L'écorce de liège apporte également une note naturelle. Toutefois, étant très légère, l'écorce flotte et doit donc être fixé avec du silicone sur un support (plaque de verre, roche ou autre objet lourd) sous peine de remonter à la surface.

Tout morceau de bois imitant des racines ou des branches est le bienvenu. N'hésitez pas à avoir recours à des objets en plastique – par exemple, des souches d'arbres – qui, d'une part, sont très décoratifs et, d'autre part, permettent de dissimuler les accessoires peu esthétiques comme les filtres, les résistances ou les tuyaux.

Les plantes artificielles paraissent souvent plus vraies que nature. Ces feuilles en tissu font penser aux feuilles des arbres qui retombent nonchalamment dans l'eau.

LES HERBES ET LES BUISSONS

Sur le sol des ripisylves, la majorité des plantes sont des espèces terrestres. Sous les eaux, certaines meurent alors que d'autres survivent. Si vous mettez des plantes terrestres dans un aquarium, elles vont rapidement mourir et pourrir. C'est pourquoi il est préférable d'acheter des plantes semi-aquatiques originaires de régions périodiquement submergées, notamment du jonc japonais *(Acorus)* et du muguet du Japon *(Ophiopogon)* ou encore des plantes pourvues de larges feuilles comme le syngonium *(Syngonium)*, le dragonnier *(Dracaena)* et le spathiphyllum *(Spathiphyllum wallisii)*.

Sur le devant du bac, plantez des espèces aux feuilles longues et fines qui rappellent les touffes d'herbes sur le sol des ripisylves. Dans l'aquarium témoin (pp. 110-111), les plantes utilisées sont : des *Lilaeopsis novae zelandiae*, des *Echinodorus tenellus* et des *Sagittaria*, plus petites.

L'hétéranthère à feuilles de zostère *(Heteranthera zosterifolia)* qui se ramifie et forme un buisson foisonnant a tout à fait sa place dans un aquarium inspiré des ripisylves de l'Amazone. Taillez les tiges à différentes longueurs afin que la plante paraisse encore plus touffue. Pour imiter les plantes terrestres aux longues tiges et aux feuilles lisses, choisissez des *Hygrophila* aux feuilles oblongues. Les plantes-épées d'Amazonie *(Echinodorus)* qui poussent en bordure des fleuves se naturalisent durant les inondations. Plantez un seul spécimen soit au centre soit vers le fond du bac. Très vite, il attirera tous les regards.

*La couleur peu banale de l'*Alternanthera reineckii *se marie merveilleusement avec le bois et les débris au fond du bac.*

CHOISIR LES BONS POISSONS

Les forêts inondées du bassin de l'Amazone abritent pratiquement tous les poissons qui vivent dans le fleuve et ses affluents. Certaines espèces – pas forcément les plus grandes – sont plus prisées par les aquariophiles que d'autres. Le piranha *(Serrasalmus)*, le pacou *(Colossoma)* et le *Myletes* mesurent entre 25 cm et 1 m de long. Pour ces poissons, prévoyez un aquarium de grande capacité soit 180 x 60 cm ou mieux encore 250 x 90 cm.

Les gros poissons plus destructeurs que les petits attaquent souvent les plantes. Choisissez des plantes résistantes, par exemple, des fougères de Java *(Microsorium pteropus)* ou des *Anubias*. Contrairement à ce que vous pouvez penser, les piranhas peuvent parfaitement vivre avec d'autres poissons à condition qu'ils soient à peu près de la même taille. Attendez-vous, cependant, à ce que de temps à autre ils aillent mordiller les nageoires de leurs colocataires. Plus les piranhas sont gros, plus ils sont dociles. Avant d'introduire d'autres espèces dans l'aquarium, attendez qu'ils mesurent au minimum 15 cm de long.

Les petits poissons restent, toutefois, la solution la plus adéquate. Optez pour des tétras, originaires du nord de l'Amérique du Sud.

Ces poissons qui, généralement, ne dépassent pas 5 cm de long sont des poissons grégaires qui aiment nager en pleine eau. Ne mettez jamais moins de six tétras dans un aquarium sous peine de les voir dépérir. Les couleurs vives de la robe du cardinalis *(Paracheirodon axelrodi)* et du nez rouge *(Hemigrammus bleheri)* contrastent merveilleusement avec le substrat et le bois exotique. Même si la veuve noire *(Gymnocorymbus ternetzi)* est beaucoup plus terne, elle a tout à fait sa place dans les aquariums inspirés des ripisylves.

Les poissons-hachettes (*Carnegiella*, *Thoracocharax* et *Gasteropelecus sternicla*) aiment nager à la surface de l'eau. La forme atypique de leur corps est due à un muscle très développé relié aux nageoires pectorales qui permet aux poissons de se propulser hors de l'eau et de faire des sauts extrêmement hauts pour échapper à leurs prédateurs. Attention ! Si vous avez des poissons-hachettes dans votre aquarium et que vous claquez une porte ou que vous mettez la musique à fond, les poissons peuvent avoir peur et sauter hors du bac ! Mieux vaut prévoir un couvercle hermétique.

Les scalaires préfèrent également nager à la surface de l'eau. Ils ont la réputation de manger les petits poissons notamment les cardinalis. Toutefois, s'ils sont « élevés » ensemble, il y a peu de risques. Pour éviter tout problème, ne mettez jamais des poissons mesurant moins de 3 cm de long avec des scalaires.

Les discus *(Symphysodon spp.)* ont également leur place dans un aquarium inspiré des ripisylves à condition que la qualité de l'eau réponde à leurs exigences (aquariophiles débutants s'abstenir !). Les discus tout comme les scalaires peuvent devenir très gros. poissons placides, ils nagent lentement et attirent les regards.

Certaines espèces de poissons-chats notamment les corydoras sont des poissons benthiques. Même si les corydoras vivent principalement en amont des fleuves soit dans les régions qui ne sont pratiquement jamais inondées, ils ont leur place dans votre aquarium. Très actifs, ils fouillent sans cesse le substrat à la recherche de nourriture ce qui présente deux avantages. Premièrement, le substrat ne peut pas former des blocs compacts et, deuxièmement, les algues ne peuvent pas se développer.

Les *Farlowella* et les *Rineloricaria* comptent parmi les poissons-chats à privilégier. Les premiers ont un corps long et fin de couleur bois qui leur permet d'échapper aux regards des prédateurs. Pratiquement toujours statiques, il leur arrive même de ne pas être vus par les humains.

Ci-dessous : *Les arowanas* (Osteoglossum spp.), *très répandus dans les forêts inondées du bassin de l'Amazone ont tout à fait leur place dans un aquarium inspiré des ripisylves. Très grands (jusqu'à un mètre de long), ils doivent vivre dans un très grand aquarium.*

À gauche : *Les poissons-chats* Rineloricaria *se nourrissent principalement d'algues. Ce poisson à la morphologie peu banale aime se cacher derrière les morceaux de bois et au milieu des plantes.*

Ci-dessous : *Les couleurs de la robe du grand scalaire* (Pterophyllum altum) *sont plus vives que chez les poissons de la même espèce. Si les conditions sont bonnes, il peut se reproduire dans un aquarium.*

Ci-dessous : *Les poissons-chats* Farlowella *se confondent avec les morceaux de bois posés au fond du bac. Même lorsqu'on les touche, ils ne bougent pas.*

Vu du dessus, le corps du poisson passe totalement inaperçu.

Aquarium inspiré des ripisylves de l'Amazone

Les morceaux de bois et le sable de rivière de couleur foncée qui recouvrent le substrat principal associés à une végétation dense évoquent les ripisylves.

Le dessous rouge des feuilles des Alternanthera *apporte une note colorée à l'ensemble.*

Les racines très découpées de la jacinthe d'eau bloquent la lumière et offrent des cachettes aux poissons.

Les feuilles de nombre de plantes aquatiques, par exemple cette Hygrophila, *sont semblables à celles des plantes terrestres.*

L'écorce de liège qui occupe toute la longueur de l'aquarium est l'élément principal du décor.

Les plantes ayant l'aspect de touffes d'herbe sont isolées des autres variétés et plantées de manière aléatoire.

*Les plantes-épées d'Amazonie (*Echinodorus *spp.) sont dotées de feuilles rondes et lisses. Plantez-les ici et là au milieu d'autres variétés.*

Les petites plantes flottantes comme les pisties se marient merveilleusement avec des espèces de plus grande taille.

Ces plantes en plastique semblent plus vraies que nature.

Du sable noir de rivière et du substrat imitant la laitance des poissons ont été utilisés pour rappeler les débris qui jonchent le sol des ripisylves.

Ce morceau de teck a tout à fait sa place dans un aquarium de ce style d'autant qu'il permet aux poissons-chats benthiques d'échapper aux regards.

*L'hétéranthère à feuilles de zostère (*Heteranthera zosterifolia*) met en valeur le bois exotique au fond de l'eau.*

Les étangs acides de l'Amazone

En fonction du lieu où il se trouve dans la forêt, un étang va ou non s'assécher. L'eau d'un étang en altitude s'évapore rapidement ou pénètre dans le sol. L'eau d'un étang à basse altitude qui se trouve pratiquement au niveau de la mer et, généralement, à proximité du fleuve ne pénètre pas dans le sol car celui-ci est gorgé d'eau. Les roches et les terres argileuses retiennent l'eau tandis que la végétation au-dessus de l'étang empêche les rayons du Soleil de chauffer l'eau et, de ce fait, ralentit l'évaporation.

Le substrat des étangs qui ne sont jamais asséchés est, le plus souvent, composé de végétaux morts provenant de la forêt ou des arbres et des plantes qui poussent au bord de l'eau. Ces matières organiques libèrent des acides humiques et tanniques qui ont tôt fait de modifier la composition chimique de l'eau. Les acides tanniques changent la couleur de l'eau (un peu comme un sachet de thé plongé dans un bol d'eau bouillante) qui devient marron-jaune foncé.

UN TERRAIN DE CHASSE MINIATURE
Tout comme dans les ripisylves, les déchets organiques et les matières végétales mortes favorisent la prolifération de minuscules animaux qui mangent des détritus et des bactéries et dont se nourrissent nombre de petites créatures qui elles-mêmes sont la base de l'alimentation des poissons et des alevins vivant dans les étangs.

Les poissons qui sont à l'abri de nombre de prédateurs et ont de la nourriture à profusion se reproduisent rapidement d'autant que la chute du pH et l'augmentation de la température de l'eau favorisent la reproduction. La température de l'eau grimpe tout particulièrement lorsque les étangs ne sont pas bordés de végétaux et que les rayons du Soleil parviennent jusqu'à la surface de l'eau. Dans un petit étang aux eaux calmes et tranquilles, la température de l'eau peut atteindre jusqu'à 33 °C ce qui est nettement supérieur à la température de l'eau au moment des

Après les inondations, la forêt tropicale est parsemée de bassins. Si parfois l'eau s'évapore ou pénètre dans le sol, en général, les étangs ne disparaissent pas. Les matières organiques contenues dans le substrat rendent l'eau plus acide et font baisser le pH qui, souvent, ne dépasse pas 5. À l'abri des prédateurs, les poissons qui trouvent de la nourriture à profusion se reproduisent rapidement.

Les étangs acides

La majorité des étangs acides sont situés à proximité du fleuve Amazone et de ses confluents qui, régulièrement, inondent les terres avoisinantes. Les bassins qui se forment sur un sol argileux ne s'assèchent pas. Les températures étant particulièrement élevées dans les régions tropicales, l'eau des étangs dépasse souvent 30 °C.

Composition chimique de l'eau des étangs

Les matières organiques dissoutes dans l'eau des étangs bloquent l'action des sels et des minéraux dissous, rendant la dureté de l'eau quasiment nulle. Des acides humiques sont produits par le bois et les plantes mortes ou en décomposition. La dureté de l'eau avoisinant le degré zéro, ces acides font tomber le pH à 4 ou 5. La plupart des poissons d'eau douce qui vivent dans des eaux au pH compris entre 6 et 8 ont du mal à s'adapter à un pH aussi bas (voir page 41). La majorité des poissons ne résiste pas à de telles conditions. Heureusement, les poissons des étangs acides de l'Amazone ont appris à ne pas rejeter tous les sels (minéraux) dans leur urine. Or plus la rétention de sels est élevée, plus la rétention des autres substances chimiques est élevée. Dans un aquarium, cela signifie que si la dureté de l'eau est très faible et si le pH est bas, ces poissons sont particulièrement sensibles aux traitements chimiques et aux polluants (ammoniaque, nitrites et nitrates). La composition de l'eau doit donc être régulièrement contrôlée et l'eau filtrée afin que les poissons ne dépérissent pas.

Ci-dessus : *La couleur marron-jaune de l'eau est due aux acides tanniques libérés par les végétaux morts. La nourriture étant abondante, les poissons se reproduisent vite.*

inondations qui est comprise entre 22 et 24 °C, l'eau provenant de la fonte des neiges ou des pluies torrentielles s'abattant sur la région.

La température de l'eau accélère le métabolisme de tous les organismes vivant sous l'eau. Des eaux chaudes à forte teneur en matières organiques favorisent la prolifération des micro-algues et des infusoires (êtres microscopiques ou unicellulaires) à peine visibles à l'œil nu. Si ces micro-organismes sont trop petits pour satisfaire l'appétit des poissons adultes, ils font le bonheur des alevins.

UNE CROISSANCE LENTE ET RÉGULIÈRE

La chaleur et une eau acide riche en nutriments et bien oxygénée sont, *a priori*, des conditions idéales favorisant le développement des végétaux. Toutefois, dans les étangs acides un certain nombre de facteurs empêchent la prolifération des plantes aquatiques. La dureté de l'eau étant relativement faible, certains nutriments minéraux font défaut aux plantes et seules les plus robustes prolifèrent à condition, toutefois, que la luminosité soit suffisante. La température élevée stimule la croissance des plantes qui, d'un autre côté, souffrent du manque de nutriments et de lumière nécessaires à la photosynthèse et, par-delà, à la production d'énergie ce qui explique que de nombreuses espèces s'épuisent dans un environnement aux conditions aussi extrêmes.

Quelques petites plantes réussissent à survivre même dans les zones les plus ombragées. Leur croissance étant relativement lente, elles ne manquent jamais de nutriments. Par ailleurs, seuls quelques rares poissons étant herbivores, les risques d'être mangées sont minimes. D'autres plantes aquatiques se naturalisent dans des lieux inondés de Soleil, offrant une multitude de cachettes aux poissons. Il arrive, parfois, que des plantes semi-aquatiques ayant résisté aux inondations poussent sur le substrat au fond des étangs.

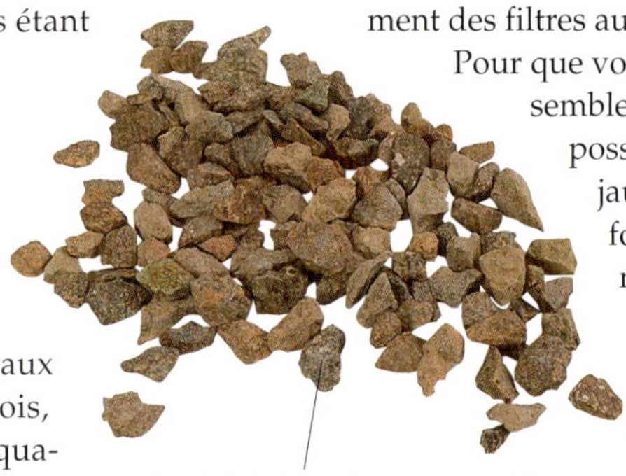

Ces éclats de roches aux couleurs automnales ajoutent une note naturelle au substrat.

Les plantes flottantes comme les pisties empêchent la lumière de filtrer et offrent des cachettes aux poissons.

UN AQUARIUM INSPIRÉ D'UN ÉTANG ACIDE

L'eau d'un étang acide est généralement marron-jaune ou marron-orange foncé. Ici et là, quelques plantes aquatiques survivent. Dans un aquarium, la présence de plantes est indispensable. Naturellement, le bois asiatique teinte l'eau ce qui explique pourquoi certaines personnes utilisent des filtres, notamment des filtres au charbon actif.

Pour que votre aquarium semble le plus naturel possible, laissez l'eau jaunir. En effet, en fonction de l'éclairage, une eau marron-jaune peut être du plus bel effet.

Utilisez, par ailleurs, un substrat et un décor aux couleurs « d'automne » dans les tons rouge, noir et marron.

Choisissez avec soin le bois et le substrat et sélectionnez des plantes aux feuilles teintées de rouge.

LE SUBSTRAT

Le substrat des étangs acides est très semblable au substrat des ripisylves : mélange de terre, de sédiments et de débris végétaux. Dans un aquarium, privilégiez le sable de Loire ou un substrat sans calcaire voire un substrat plus foncé – quartz noir ou gravier coloré – ou légèrement nuancé de rouge. Si vous optez pour des substrats colorés – mis à part les substrats de couleurs foncées – choisissez les tons les plus naturels qui soient.

Le sable de Loire est parfaitement approprié à condition d'être régulièrement brassé pour éviter la formation de blocs compacts.

LE BOIS

Le bois exotique a tout à fait sa place dans un aquarium inspiré des étangs acides de l'Amazone. D'une part, il évoque les débris (racines, branches) empilés au fond de l'eau et, d'autre part, il permet à certaines plantes aquatiques de pousser. Choisissez un bois exotique rugueux n'ayant pas été lavé au préalable. Le teck libère plus d'acides tanniques et teinte davantage l'eau de l'aquarium que les autres espèces de bois exotiques.

Le bois exotique libère des acides tanniques et change la couleur de l'eau ce qui peut contrarier les aquariophiles qui aiment les eaux limpides.

CRÉER LES BONNES CONDITIONS

Maintenir des conditions identiques à celles d'un étang requiert beaucoup de vigilance. Sachez, par ailleurs, que même les poissons qui vivent à l'état naturel dans un étang acide préféreront souvent des conditions moins extrêmes. L'eau avoisine toujours 27 °C, le pH doit être compris entre 6 et 6,5 et l'eau est peu à moyennement dure.

Pour une eau douce avec une dureté très faible, utilisez soit de l'eau osmosée soit de l'eau du robinet dans laquelle sont dilués des produits chimiques conçus pour les aquariums. Les substances ajoutées ne doivent pas faire chuter le pH de l'eau. Les poissons préconisés pour ce type d'aquarium étant particulièrement sensibles aux agents polluants – ammoniaque, nitrites et nitrates – un filtre de bonne qualité s'impose. Si possible, optez pour un filtre extérieur.

Disposez le (ou les) morceau(x) de bois exotique comme bon vous semble : à la verticale pour rappeler les racines brisées d'un arbre, en oblique ou à l'horizontale pour imiter les branches qui jonchent le fond des étangs. Éparpillez des petits morceaux de bois afin de rendre l'ensemble encore plus naturel.

LES PLANTES

Si, dans les eaux acides d'un étang, seules quelques rares espèces végétales réussissent à survivre, dans un aquarium, vous pouvez pratiquement utiliser n'importe quelle variété si l'esthétique est réussie et que l'aspect naturel est respecté. Les *Hygrophila* et les hétéranthères à feuilles de zostère *(Heteranthera zosterifolia)* sont deux variétés qui se prêtent merveilleusement à ce type d'aquarium. Choisissez de préférence des plantes qui s'enracinent non pas dans le substrat mais sur du bois. Plantez les racines dans un creux du bois ou attachez-les au rhizome avec un fil de coton noir.

Sur le devant de l'aquarium, associez des petites plantes à des espèces plus grandes aux feuilles longues et fines qui rappellent la végétation au cœur de la forêt tropicale ou à des espèces dotées de larges feuilles comme certaines variétés naines d'*Echinodorus*. Les plantes flottantes comme la pistie *(Pistia stratiotes)*, les fougères aquatiques notamment l'azolla *(Azolla)* et la salvinie auriculée *(Salvinia)* sont à privilégier tout comme les variétés formant un tapis épais comme la riccia *(Riccia)*.

Les anubias (Anubias spp.) *sont des plantes très robustes qui s'adaptent aux conditions les moins favorables et peuvent être plantées sur du bois.*

LES POISSONS

Lorsque la crue diminue, nombre de poissons se réfugient dans les étangs acides. Or plus l'eau devient acide et plus la température augmente, plus les poissons doivent se battre pour survivre. Dans un aquarium, optez pour des tétras et des poissons-chats ou des poissons de plus grande taille de type scalaire ou discus. N'hésitez pas à mélanger plusieurs espèces de tétras, poissons grégaires qui aiment la compagnie. Un aquarium de 90 x 40 cm doté d'un bon système de filtration biologique peut accueillir une trentaine de petits tétras avec trois ou quatre poissons d'espèces différentes.

Avec leurs grandes feuilles oblongues, les Hygrophila *sont souvent prises pour des plantes terrestres.*

LES POISSONS NETTOYEURS ET LES MANGEURS D'ALGUES

Un substrat sableux doit être régulièrement remué afin d'éviter la formation de blocs compacts et la prolifération d'algues. Si l'aquariophile doit rester vigilant, il peut néanmoins faire confiance aux poissons nettoyeurs notamment aux poissons-chats qui se chargeront d'une grande partie du travail. Un grand nombre d'espèces d'*Hoplosternum* et les callichthys *(Callichthys callichthys)* vivent dans les étangs acides de l'Amazone. Ces poissons-chats très résistants, à l'acuité visuelle peu développée, se servent de leurs barbillons pour débusquer les petites créatures aquatiques et les insectes cachés dans le substrat boueux. La plupart des poissons-chats vivant dans les eaux acides – y compris les deux espèces précitées – ont des organes respiratoires qui leur permettent de prendre de grandes bouffées d'air lorsqu'ils remontent à la surface ce qui est particulièrement appréciable dans des eaux stagnantes, chaudes et riches en détritus, trois facteurs qui peuvent faire considérablement chuter le taux d'oxygène.

Bien que très peu répandus dans les étangs acides, les corydoras, origi-

naires de l'Amazone, ont tout à fait leur place dans un aquarium inspiré d'un étang acide.

Les corydoras sont des poissons grégaires qui vivent en petits groupes. Très actifs, ils fouillent sans cesse le substrat à la recherche de nourriture empêchant la formation de blocs compacts et l'amoncellement de détritus. Il existe plusieurs espèces de corydoras qui, dans un aquarium, peuvent parfaitement cohabiter.

Les poissons mangeurs d'algues sont moins répandus dans les étangs acides dans la mesure où ces organismes végétaux ont du mal à proliférer dans des eaux de ce type. Dans un aquarium, il suffit que quelques algues apparaissent pour que, si vous n'y prenez garde, elles envahissent rapidement les plantes et se développent sur les vitres et les différents éléments du décor. Les aquariophiles doivent régulièrement enlever les algues, aidés dans leur tâche par les poissons mangeurs d'algues. Parmi ces poissons, les espèces les plus grosses sont relativement agressives et ont tendance à mordiller la peau de leurs colocataires notamment celle des discus. Dans la mesure du possible, optez pour des poissons de petite taille comme l'otocinclus nain *(Otocinclus affinis)* et le peckoltia *(Peckoltia)*.

LES POISSONS PÉLAGIQUES

Plusieurs espèces de tétras – tétras aux yeux rouges *(Moenkhausia sanctaefilomenae)*, néons cardinalis *(Paracheirodon axelrodi)* et néons bleus *(Paracheirodon innesi)* ont tout à fait leur place dans ce type d'aquarium. Les tétras sont des poissons relativement timides. Toutefois, s'ils vivent en groupe et ont des lieux où se réfugier, ils prennent rapidement de l'assurance et deviennent actifs. Dans l'aquarium témoin

Ci-dessus : *Les plantes au système racinaire développé offrent une multitude de cachettes aux poissons. Les néons cardinalis aiment les eaux acides. Les couleurs vives de leur robe se détachent sur le substrat foncé.*

(pp. 118-119), le substrat foncé et les espèces végétales – plantées ou flottantes – sont parfaitement appropriés.

Parmi les autres poissons pélagiques ayant leur place dans ce type d'aquarium : le poisson-crayon au corps strié de raies horizontales, le poisson-pingouin *(Thayeria boehlkei)*, le poisson-crayon à bandes noires *(Nannostomus harrisoni)*, le poisson-crayon nain *(Nannostomus marginatus)* et le poisson-crayon doré *(Nannostomus beckfordi)*. Dans la nature, les poissons-crayons vivent dans les ruisseaux aux eaux peu profondes, les cours d'eaux et les étangs du bassin de l'Amazone.

LES POISSONS DE SURFACE

Même si les tétras et les poissons pélagiques s'aventurent parfois vers le haut du bac et se cachent sous les plantes flottantes, n'hésitez pas à introduire des poissons-hachettes qui vivent à la surface de l'eau.

Le poisson-hachette argenté *(Thoracocharax stellatus)* et le discus (*Symphysodon* spp.) sont également d'excellents choix. Poissons grégaires, ils aiment vivre en petits groupes de quatre à six individus. Les poissons-hachettes et les discus sont des cichlidés. Ils défendent leur territoire mais ne sont, généralement, agressifs qu'envers les mâles de leur espèce. Étonnamment, plus ils sont nombreux, plus ils sont pacifiques.

Ci-dessus : *Les yeux de l'atipa* (Hoplosternum littorale) *sont petits par rapport à son long corps. En effet, son acuité visuelle est peu développée au profit du toucher et de l'odorat.*

À gauche : *Le poisson-pingouin appartient à la famille des poissons-crayons. Pacifique, ce petit poisson pélagique vit dans les petits étangs et les cours d'eau du bassin de l'Amazone.*

Ci-dessous : *Le silure peint* (Hoplosternum thoracatum) *est un poisson benthique très répandu dans les étangs acides qui aime se cacher sous les déchets dans le substrat. Son acuité visuelle étant peu développée, il a toujours l'air maladroit.*

Aquarium inspiré des étangs acides de l'Amazone

Dans cet aquarium, les couleurs jouent un rôle primordial : marron du bois, rouge des copeaux et jaune du substrat. L'eau colorée par le bois exotique rend l'ensemble encore plus naturel.

Les poissons nagent dans des espaces dégagés. Les couleurs des poissons se détachent sur le fond noir.

Les copeaux rougeâtres ajoutent une note colorée au substrat et atténuent le contraste entre le bois exotique et le substrat sableux.

Les morceaux de bois exotique éparpillés sur le substrat font penser à des branches brisées et des débris végétaux.

Les poissons – gros et petits – aiment se cacher sous les feuilles oblongues des Hygrophila.

Le bois exotique libère des acides tanniques qui donnent une teinte marron-jaune à l'eau.

Les racines rampantes des plantes flottantes filtrent la lumière et offrent des cachettes aux poissons qui vivent à la surface de l'eau.

Les plantes touffues au milieu des gros morceaux de bois exotique ajoutent une note naturelle.

Les plantes comme les Anubias *qui prennent racine dans du bois sont du plus bel effet.*

Les plantes les plus denses doivent profiter du maximum de lumière. Les hétéranthères à feuilles de zostère (Heteranthera zosterifolia) *sont taillées régulièrement sous peine de devenir rapidement envahissantes.*

En aval de l'Amazone

Le bassin hydrographique de l'Amazone est si vaste qu'il pourrait être divisé en plusieurs types d'habitats destinés aux poissons. En aval, le fleuve abrite une multitude de poissons très recherchés par les aquariophiles même si tous ne vivent pas dans les mêmes zones à l'état naturel. Les gros poissons vivent en eau profonde alors que les eaux peu profondes à proximité des rives sont peuplées d'espèces plus petites. La capacité des aquariums étant relativement réduite, ce sont les petits poissons que l'on retrouve en aquariophilie. Les rives offrent nombre de cachettes – branches retombant dans l'eau, plantes aquatiques, semi-aquatiques et racines d'arbres – faciles à recréer dans un aquarium. Les poissons qui vivent là ont, au fil du temps, développé des techniques de camouflage qui se sont avérées indispensables dans ce milieu où se côtoient des espèces très différentes les unes des autres.

LES POISSONS DU FLEUVE AMAZONE
C'est au milieu du fleuve, là où les eaux sont les plus profondes, que les plus gros prédateurs – qui, généralement, mesurent jusqu'à 1 m de long – élisent domicile. Selon les espèces, les techniques de chasse diffèrent. Un grand nombre de poissons-chats – silure-tigre *(Pseudoplatystoma fasciatum)* et poisson-chat à queue rouge *(Phractocephalus hemioliopterus)* – nagent dans les eaux les plus profondes. Le silure-tigre qui peut atteindre 1 m de long doit son nom à sa robe qui se confond avec le substrat et son long nez aplati. Immobile au fond de l'eau, il identifie sa proie avec ses barbillons. Vif comme l'éclair, il part sur ses traces, se jette sur elle et la dévore.

Le poisson-chat à queue rouge qui mesure jusqu'à 110 cm est un poisson élevé par les pisciculteurs amazoniens. Facile à apprivoiser, il vient manger

En aval de l'Amazone

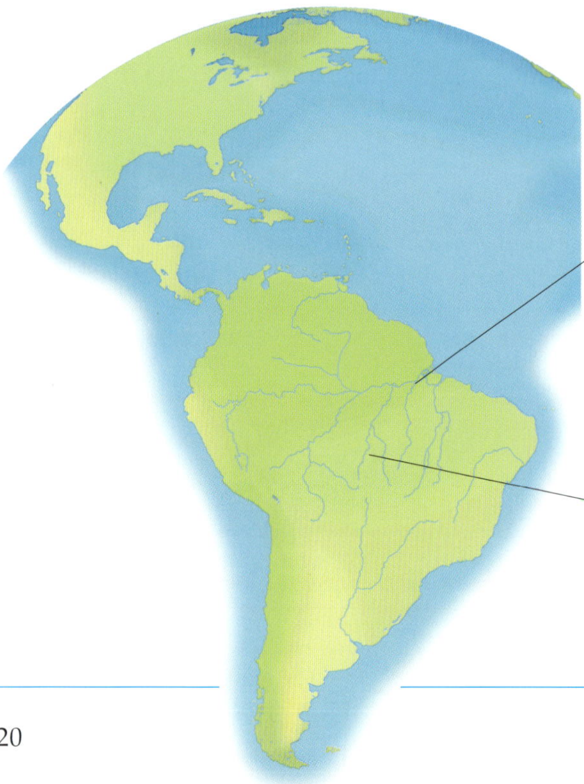

Le bassin du fleuve Amazone couvre une grande superficie. En aval, le fleuve peut atteindre plusieurs kilomètres de large. La plupart de poissons vivent à proximité des rives.

Les affluents de l'Amazone sont aussi impressionnants que le fleuve lui-même et offrent les mêmes types d'habitat aux poissons.

Au fur et à mesure que les affluents se jettent dans l'Amazone, le fleuve grossit et se diversifie. En aval, les eaux claires abritent une multitude de poissons. Les gros prédateurs nagent dans les eaux profondes à la recherche d'une proie tandis que les petits poissons se mettent à l'abri au milieu des plantes à proximité des rives. Parmi les espèces les plus répandues : le cichlidé drapeau, le silure cuirassé nain rayé, le poisson-chat banjo, le panaque royal et le silure cataphracte.

À gauche : Le volume d'eau du fleuve Amazone représente un cinquième du volume total d'eau douce déversé dans les océans. Les poissons vivent principalement près des rives à l'abri de la végétation.

dans la main des aquariophiles. À l'état naturel, il chasse ses proies dans les eaux profondes du fleuve. Comme la plupart des gros prédateurs, il ne mange qu'une à deux fois par semaine et passe le reste de son temps au fond de l'eau à digérer.

Le fleuve Amazone abrite d'autres espèces de poissons-chats tels que l'*Oxydoras niger*. Ce poisson qui peut atteindre 80 cm de long est facilement reconnaissable aux épines sur son flanc et autour de sa nageoire caudale.

Le *Pterodoras granulosus* est un poisson atypique. Ce poisson de 90 cm de long n'est pas un prédateur. Il fouille le substrat à la recherche de crustacés et de déchets végétaux y compris des fruits. Cependant, dans un aquarium, il lui arrive parfois de manger des petits poissons. Les gros cichlidés et les characins affectionnent les eaux profondes.

Parmi les espèces très répandues dans les eaux amazoniennes : le *Cichla monoculus* (1 m de long à l'âge adulte), le *Nandopsis umbriferus* (60 cm de long) et l'oscar *(Astronotus ocellatus)* (qui atteint 45 cm de long). Les oscars sont des poissons d'aquarium très largement commercialisés bien qu'ils soient relativement maladroits et destructeurs. À l'état naturel, ils se nourrissent de fruits, de graines et autres végétaux.

TECHNIQUES DE CAMOUFLAGE

Nombre de poissons du fleuve Amazone utilisent la technique du camouflage soit pour chasser soit pour échapper à leurs prédateurs. Dans un environnement où se côtoient gros et petits poissons, cette technique est souvent la seule chance de survie. Les poissons benthiques se confondent avec le substrat. La robe du *Sturisoma panamense* et de son cousin, le panaque royal *(Panaque nigrolineatus)* est striée de bandes horizontales. Les poissons vus de dessus se confondent avec des morceaux de bois déposés sur le substrat. Ces mangeurs d'algues passent la majorité de leur temps à « brouter » les racines et autres déchets végétaux en décomposition.

Le poisson-chat *(Farlowella acus)* a un corps particulièrement allongé. Il se confond souvent avec une branche (même les aquariophiles expérimentés se font prendre). Si un prédateur s'approche, il s'immobilise et attend que le danger s'éloigne.

Le poisson-chat banjo *(Bunocephalus coracoideus)* arbore une robe marron tachetée. Très semblable aux morceaux de bois et aux feuilles qui

Le poisson-chat banjo passe totalement inaperçu parmi les sédiments déposés au fond du fleuve.

Ci-dessus : Par endroits, les eaux cristallines du fleuve Amazone scintillent à la lumière du Soleil. Pour le plus grand plaisir des poissons, la végétation est très abondante aussi bien sous l'eau que sur les rives.

jonchent le substrat, il échappe à ses prédateurs. Les poissons-chats sont passés maîtres dans l'art du camouflage mais de nombreux autres poissons possèdent leurs petites adaptations. Les espèces qui vivent au milieu des plantes ont souvent une robe striée de bandes verticales qui se confondent avec les tiges des plantes. Pratiquement tous les poissons pélagiques ont le dos plus foncé que le ventre. Vus de dessus, ils se confondent avec le substrat tandis que vus de dessous, il est difficile de discerner leur corps alors que la lumière scintille sur la surface de l'eau. Le corps de la raie de rivière *(Potamotrygon spp.)* est très comprimé latéralement. De couleur marron-sable, le poisson se confond avec le substrat sableux. Pour échapper à ses prédateurs, il n'hésite pas à se cacher sous le sable.

Un des exemples de camouflage les plus étonnants parmi les poissons de l'Amazone concerne le poisson-feuille. Comme son nom l'indique le poisson-feuille *(Monocirrhus polyacanthus)* a un corps extrêmement plat. Il « flotte » à la manière d'une feuille, d'une part, pour échapper à ses prédateurs et, d'autre part, pour surprendre les petits poissons peu méfiants qu'il avale dans sa bouche géante.

UN AQUARIUM RÉUSSI

Les poissons qui vivent dans les eaux profondes de l'Amazone sont très peu commercialisés dans les magasins d'aquariophilie. En effet, ils ont besoin de beaucoup d'espace or les aquariums qui dépassent deux mètres de long demandent beaucoup d'entretien et sont très onéreux. C'est pourquoi nombre d'aquariophiles optent pour des espèces vivant à proximité des rives. Créer un environnement favorable à ces poissons est relativement facile. L'aquarium témoin (pp. 126-127) est prêt à accueillir des petits poissons qui aiment se dissimuler au milieu des plantes-épées d'Amazonie *(Echinodorus)*.

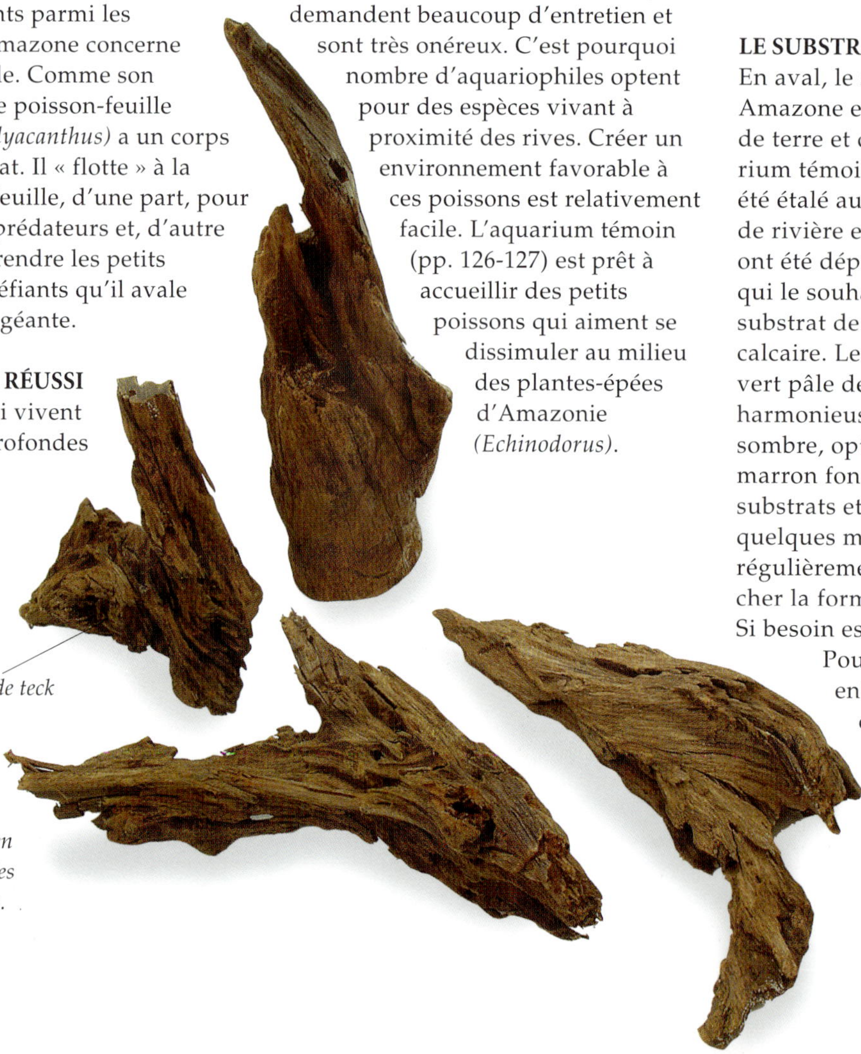

Les morceaux de teck donnent une structure à l'ensemble et séparent l'aquarium en deux parties distinctes.

LE SUBSTRAT

En aval, le substrat du fleuve Amazone est composé de gravier, de terre et de sable. Dans l'aquarium témoin, du sable de Loire a été étalé au fond du bac. Du sable de rivière et quelques petits galets ont été déposés ici et là. Celles et ceux qui le souhaitent peuvent utiliser un substrat de petite granulométrie sans calcaire. Le jaune clair du sable et le vert pâle des plantes se marient harmonieusement. Pour un décor plus sombre, optez pour un substrat marron foncé ou mélangez plusieurs substrats et disposez au fond du bac quelques morceaux de bois. Remuez régulièrement le sable afin d'empêcher la formation de blocs compacts. Si besoin est, changez le substrat.

Pour nettoyer le sable et enlever les algues et les déchets végétaux, utilisez un siphon. Même si vous faites très attention, une partie du sable est aspirée et doit être remplacée.

Les minuscules feuilles arrondies du micranthemum (Micranthemum umbrosum) *attirent les regards.*

LE BOIS EXOTIQUE

Dans l'aquarium témoin, des morceaux de teck ont été utilisés pour délimiter deux parties distinctes : le devant du bac avec des plantes de petite taille et le fond du bac avec des plantes dotées de grandes feuilles.

Les morceaux de bois dissimulent les tiges peu esthétiques des plantes-épées d'Amazonie tout en imitant les racines d'arbres qui jonchent le fond du fleuve Amazone.

LES PLANTES

Dans l'aquarium témoin, les poissons ont de l'espace pour nager sans être gênés et des cachettes où ils peuvent trouver refuge. Pour répondre à leurs besoins, des plantes de petite taille occupent l'avant-scène tandis que les plus grandes espèces végétales sont à l'arrière-plan. Les petits poissons-chats aiment se cacher derrière les morceaux de bois. Les cichlidés nains, quant à eux, affectionnent les zones plus dégagées. Les gros poissons, notamment les tétras, nagent dans les zones peu plantées et vont au milieu des plantes pour se cacher et se reproduire. Parmi les plantes sur le devant du bac : des scirpes épingles *(Eleocharis acicularis)* et des *Echinodorus tenellus*. Si toutes les conditions sont réunies, ces plantes se développent très rapidement. Selon les poissons que vous mettrez dans votre aquarium, vous serez peut-être obligé de tailler ces plantes pouvant devenir envahissantes. Les poissons-chats et les raies de rivière, par exemple, aiment voir le substrat. Le milieu du bac est occupé par du micranthemum *(Micranthemum umbrosum)*. Cette plante qui mesure entre 20 et 30 cm de haut se reconnaît à ses petites feuilles arrondies. Très envahissant, le micranthemum doit être taillé régulièrement. Les tiges coupées peuvent être replantées dans le substrat. Toutes les plantes qui occupent le devant de l'aquarium ont besoin de lumière et d'un substrat riche en nutriments. N'hésitez pas à apporter un engrais liquide.

*Si l'*Echinodorus *'Rose' a suffisamment de nutriments et de lumière, il donne des feuilles rougeâtres particulièrement esthétiques dans un aquarium.*

À l'arrière-plan, trois variétés de plantes-épées : *Echinodorus* 'Rose', *Echinodorus palaefolius* var. *latifolius* et *Echinodorus* 'Red Flame'. Si la qualité de l'eau correspond à leurs besoins et s'il y a suffisamment de lumière, de jolies feuilles rougeâtres ou vertes tachetées de rouge-brun apparaissent. La plupart des *Echinodorus* y compris les trois variétés précitées peuvent

Ci-dessous : *La scirpe épingle* (Eleocharis acicularis) *peut être plantée devant des plantes dotées de grandes tiges ou au milieu de roches et de bois exotiques.*

À droite : Le cichlidé nain de Ramirez (Papiliochromis ramirezi) *n'a rien à envier aux plus beaux poissons de mer. Si les conditions sont bonnes, il peut se reproduire en aquarium. Tout aquariophile qui se respecte en possède au moins un.*

atteindre jusqu'à 60 cm de haut et sortir de l'aquarium.

Pour limiter leur croissance, retirez régulièrement les plus grandes feuilles. Périodiquement, taillez les racines et replantez-les. Les *Echinodorus* ont besoin de lumière et de fer. Au besoin, ajoutez un engrais riche en fer.

CHOISIR LES BONS POISSONS

Un grand nombre de poissons d'aquarium sont originaires du bassin de l'Amazone et notamment des parties en aval. Vous aurez donc le choix. Dans un aquarium de grande capacité, optez pour des poissons-chats et des cichlidés et, dans un petit aquarium, mettez des cichlidés nains, des tétras et des poissons-chats de petite taille. N'oubliez pas les raies de rivière *(Potamotrygon)*, les *Farlowella*, les poissons-feuilles et les arowanas.

LES POISSONS-CHATS

Les poissons-chats à queue rouge et les silures-tigres ont besoin d'espace et doivent vivre dans un aquarium de grande capacité. N'achetez jamais des poissons-chats qui viennent de naître si vous n'êtes pas sûr que l'aquarium est suffisamment grand pour qu'ils y soient heureux à l'âge adulte. Les plécos *(Hypostomus spp.)* qui peuvent mesurer jusqu'à 45 cm de long ont besoin d'un aquarium relativement grand. Placides, ces mangeurs d'algues peuvent parfaitement cohabiter avec des poissons plus petits ainsi qu'avec des espèces plus grosses comme les oscars et les arowanas *(Osteoglossum spp.)*.

Parmi les poissons-chats de taille moyenne à privilégier : l'*Ancistrus spp.* qui présente de nombreuses similitudes avec le pléco et le remplace très bien, malgré sa plus petite taille. Le panaque royal *(Panaque nigrolineatus)* est un poisson placide tout comme le *Sturisoma panamense* qui est passé maître dans l'art du camouflage. Le *Farlowella*, espèce apparentée et elle aussi inhabituelle, que l'on prend souvent pour un morceau de bois posé au fond de l'eau se prête également à la vie en aquarium. Mangeur d'algues, il peut rester plusieurs heures sans bouger. Il arrive même à échapper aux regards des aquariophiles les plus expérimentés. Toutefois cela ne le rend pas inintéressant, et l'impression de voir un bout de bois bouger tout d'un coup ne manquera pas de surprendre les visiteurs venus observer votre aquarium. Le silure cataphracte, le *Platydoras costatus* et le poisson-chat banjo *(Bunocephalus coracoideus)* sont également à privilégier dans ce type d'aquarium. Attention le *Platydoras costatus* et le poisson-chat banjo n'hésitent pas à manger les poissons de petite taille notamment les tétras.

Dans les aquariums de petite capacité, optez pour des corydoras qui ne dépassent pas 5 cm de long.

Les poissons cuirassés verts *(Brochis)* sont des petits poissons-chats (de 7 à 10 cm de long) qui ressemblent à s'y méprendre aux corydoras. Le silure cuirassé nain rayé *(Peckoltia vittata)* est un joli petit poisson au corps tacheté ou rayé qui apprécie la compagnie de ses congénères.

LES CICHLIDÉS

Les cichlidés nains sont des poissons benthiques qui défendent leur territoire notamment lors de la période de reproduction. En règle générale, les cichlidés nains se reproduisent facilement en aquarium. Observez un mâle et une femelle à la recherche d'un site de reproduction. Une fois le lieu choisi, ils le nettoient afin que la femelle puisse y déposer ses œufs qu'ils surveilleront attentivement l'un et l'autre jusqu'au jour de l'éclosion. Parmi les cichlidés qui s'adaptent le mieux à la vie en aquarium : le cichlidé nain jaune *(Apistogramma borellii)*, le cichlidé nain cacatoès *(Apistogramma cacatuoides)*, le cichlidé nain d'Agassiz *(Apistogramma agassizi)* et le cichlidé nain de Ramirez *(Papiliochromis ramirezi)*. Le *Crenicara filamentosa* est reconnaissable à sa robe blanc ivoire parsemée de petits rectangles gris foncé. Timide et craintif, il a du mal à cohabiter avec des gros poissons.

Les cichlidés légèrement plus gros vivent en pleine eau. Les *Heros severus*, les cichlidés-drapeaux *(Mesonauta festivus)* et les scalaires *(Pterophyllum spp.)* sont des poissons pélagiques qui se plaisent au milieu d'une végétation dense. Les *Heros severus* et les scalaires ont un fort instinct de propriété et peuvent se montrer très agressifs vis-à-vis de leurs colocataires. Pour le bien-être de tous, choisissez un aquarium relativement grand. Les cichlidés-drapeaux sont des poissons d'aquarium très pacifiques qui ne sont pratiquement jamais en guerre contre leurs congénères. Ils acceptent la compagnie de tous les poissons petits ou gros.

LES TÉTRAS ET AUTRES POISSONS

Les tétras sont des poissons d'aquarium très répandus. Ne les mettez jamais avec des poissons-chats ou des cichlidés de grande taille.

Les tétras sont des poissons originaires d'Amazonie qui vivent en groupe. Ils acceptent la compagnie d'autres espèces notamment des poissons aux formes atypiques comme les poissons-feuilles *(Monocirrhus polyacanthus)* et les raies de rivières *(Potamotrygon spp.)*. Les poissons-feuilles ne demandent aucun soin spécifique. Ces prédateurs n'hésitent pas à s'attaquer aux espèces plus petites. La taille des raies de rivière varie selon les espèces, les plus grosses pouvant atteindre 60 cm de long. Pacifiques, elles sont parfois dangereuses pour leurs colocataires. En effet, leur queue est pourvue de petits poils qui renferment une toxine très venimeuse.

Ci-dessous : *Toutes les raies de rivière* (Potamotrygon spp.) *sont originaires des fleuves amazoniens. Dans un aquarium, ce poisson à la forme atypique attire les regards.*

À gauche : *Lorsqu'il est stressé ou attaqué, le* Platydoras costatus *émet une sorte de grognement. Son corps est recouvert d'épines très piquantes.*

Aquarium inspiré des zones en aval de l'Amazone

Les plantes-épées d'Amazonie (Echinodorus) *sont dotées de très grandes feuilles. Dans un aquarium, il est bon de se limiter à une ou deux touffes. Ici, les plantes-épées d'Amazonie sont les principaux éléments du décor.*

Plantez des plantes-épées d'Amazonie de cha[...] côté de l'aquarium afin de créer un équilibre

Les Echinodorus tenellus *sont des variétés de petite taille qui demandent à être installées au premier plan de l'aquarium.*

Le gravier et les petits galets se détachent sur le substrat très clair.

Pour proliférer, la scirpe épingle (Eleocharis acicularis) *a besoin de lumière.*

Un gros morceau de bois exotique divise l'aquarium en deux parties distinctes et offre de nombreuses cachettes aux poissons.

Osez marier les plantes de tailles et de formes différentes.

Si vous optez pour des grandes plantes, laissez le couvercle de l'aquarium ouvert afin que les feuilles sortent de l'eau.

La lumière du Soleil met en valeur les feuilles vert pâle du micranthemum (Micranthemum umbrosum) *qui attirent les regards.*

*Toutes les variétés d'*Echinodorus *ont leur place dans un aquarium de ce type y compris les variétés aux feuilles tachetées.*

Les rapides du fleuve Congo

Le fleuve Congo qui, au cours de l'histoire, prit les noms de Zaïre et Barbila, parcourt 4 670 km à travers des habitats aussi divers que variés avant de se jeter dans l'océan Atlantique. Si tous les poissons vivant dans le fleuve sont prisés des aquariophiles, nous nous intéresserons dans ce chapitre aux espèces ayant élu domicile dans les rapides. En effet, le Congo compte 32 rapides totalisant 320 kilomètres. Cette concentration de rapides est, en partie, due à la fine couche de substrat qui recouvre les roches. En effet, au fil du temps, le fleuve a creusé dans le sol et mis à nu ou usé certaines roches, le résultat final étant un mélange de rochers et d'énormes blocs de pierre sur des pentes raides (les rapides) et des étendues relativement plates aux eaux plus calmes. Dans les rapides, seules les espèces qui savent s'adapter à des conditions de vie extrêmes survivent.

UNE FINE COUCHE DE SUBSTRAT

Même si la couche de substrat est très fine, le lit du fleuve Congo n'est pas uniquement constitué de roches et de pierres. En effet, les roches et les galets usés par les eaux sont mélangés au substrat sableux et poussiéreux des terres avoisinantes.

La plupart du temps, le substrat est poussé par les eaux contre les roches. Selon la géologie des terres avoisinantes, les roches, les pierres et les galets sont soit émoussés par les eaux soit rugueux et déchiquetés. Les roches friables comme l'ardoise sont brisées et creusées tandis que les roches les plus dures sont émoussées et usées. Les roches dures et tendres créent des « microhabitats » dans

Les rapides du fleuve Congo

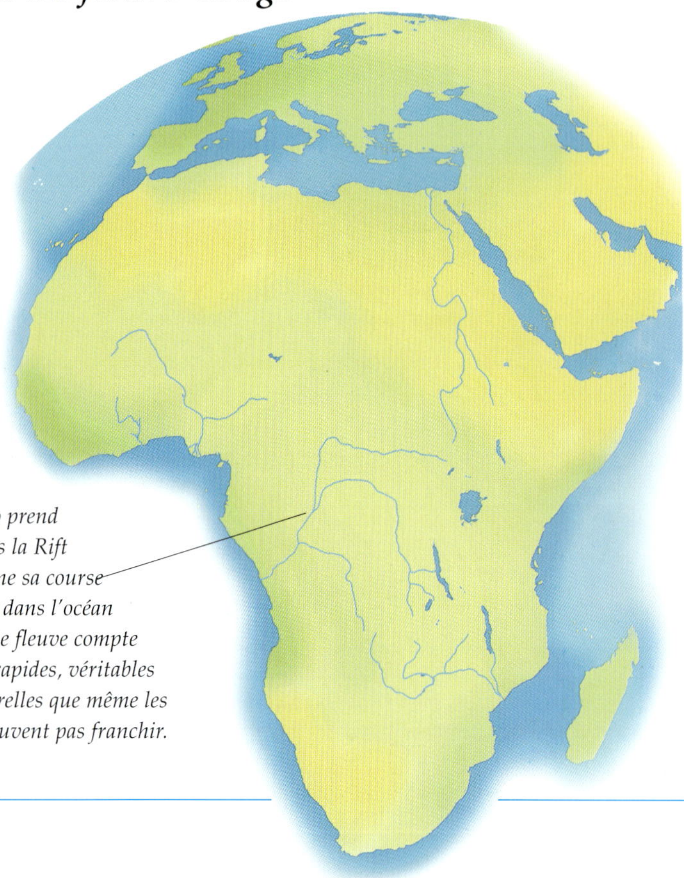

Le fleuve Congo prend naissance dans la Rift Valley et termine sa course plus à l'ouest dans l'océan Atlantique. Le fleuve compte trente-deux rapides, véritables barrières naturelles que même les poissons ne peuvent pas franchir.

Sur le plan mondial, le bassin hydrographique du fleuve Congo occupe la seconde place. Le fleuve est, en grande partie, bordé par la forêt tropicale. Si, en aval, les eaux sont relativement calmes, en amont, le fleuve a creusé dans la roche et donné naissance à des rapides dans lesquels les conditions de vie sont extrêmes. Seules quelques rares espèces de poissons ont réussi à survivre et à s'établir dans ces eaux très oxygénées.

lesquels les poissons viennent se reposer, se reproduire et se nourrir.

DES PLANTES EN NOMBRE LIMITÉ

Le substrat est sans cesse remué par les eaux très rapides et agitées. La couche de terre particulièrement fine ne favorise pas l'enracinement des plantes. Les quelques rares espèces qui prennent racine sentent le substrat bouger sous elles et sont rapidement entraînées par le courant. Les plantes ont du mal à vivre dans ces conditions extrêmes : fine couche de substrat en mouvement perpétuel ne pouvant pas stocker de nutriments et eau très oxygénée. Seules quelques rares espèces aquatiques poussent ici et là dans les eaux

Ci-dessus : *Le fleuve dévale les pentes rocheuses au milieu d'une végétation très dense. Seuls quelques poissons s'adaptent à cet environnement peu hospitalier.*

plus calmes entre les rapides même si les conditions restent difficiles et que la présence des poissons herbivores est une menace constante.

Quelques rares espèces notamment les fougères du Congo *(Bolbitis heudelotii)* et les *Anubias* vivent dans les rapides. Les racines s'accrochent aux roches et non au substrat et les plantes puisent les nutriments dont elles ont besoin par leurs feuilles. Pour lutter contre la teneur élevée en oxygène et le manque de nutriments, ces plantes à la croissance lente ont trouvé la solution : utiliser leur énergie non pas pour grandir mais pour rassembler les nutriments dont elles ont besoin. Cette « technique » est tout à fait adaptée aux environnements peu hospitaliers dans la mesure où les plantes qui ont une croissance rapide essaient en permanence de « rivaliser » avec les autres espèces, un objectif qui, ici, n'est plus de mise puisque la compétition entre les espèces n'existe plus.

UN MANQUE DE VISIBILITÉ...

Le fort courant des rapides remue le substrat sableux et la fine couche de terre sur les rives. Une multitude de particules étant en suspension, l'eau est trouble. Même les eaux plus calmes sont boueuses, les particules n'ayant pas le temps de se déposer entre deux rapides. Ce manque de visibilité ne facilite pas la vie des poissons qui ne peuvent plus se fier à leur acuité visuelle pour se diriger et trouver de la nourriture. Ils doivent alors faire appel à leurs autres sens notamment l'odorat, le toucher et la variation de pression. Certaines espèces sont quasiment aveugles ce qui ne pose pas vraiment de problème dans la mesure où avoir une bonne vue ne sert pas à grand-chose dans cet environnement.

... MAIS BEAUCOUP DE NOURRITURE

Dans la plupart des cours d'eau, les matières organiques dues aux déchets d'origine animale et végétale sont décomposées par des bactéries et autres petites créatures avant d'être puisées par les plantes qui s'en nourrissent. Ce premier maillon de la chaîne alimentaire est quasiment inexistant dans les rapides. En effet, d'une part, la couche de substrat est trop fine pour accueillir des bactéries et autres organismes pouvant décomposer les déchets et, d'autre part, le nombre de plantes étant très restreint, la majorité des matières organiques restent au fond du fleuve. Cette situation n'est pas pour déplaire aux espèces filtreuses – crustacés, vers, éponges, crevettes et autres invertébrés – qui sont la base de l'alimentation des poissons vivant dans les rapides. Parmi les autres espèces : les escargots qui se nourrissent d'algues et de débris, les petits poissons et les crabes.

Contrairement à ce que l'on pourrait imaginer à première vue, dans les rapides la nourriture abonde. Mis à part les prédateurs qui affectionnent les eaux profondes, la majorité des poissons cherchent leur nourriture dans le substrat près des rives ou dans les interstices entre les roches. Le toucher et l'odorat de ces poissons étant particulièrement développés, il leur est facile de localiser leur nourriture dans un environnement où la visibilité est quasiment nulle.

… ET BEAUCOUP DE POISSONS POUR LA MANGER

Les poissons qui vivent dans les rapides appartiennent à un grand nombre de familles très différentes les unes des autres bien qu'elles évoluent dans le même environnement. La plupart des poissons – notamment les poissons-chats nettoyeurs ou mangeurs d'algues – ont développé des caractéristiques pour survivre dans les rapides. Les poissons-chats mangeurs d'algues ont une bouche ventouse qui leur permet de s'accrocher aux roches et « brouter » les algues sans être emportés par le courant. Les poissons-chats nettoyeurs et mangeurs d'algues sont dotés de nageoires très puissantes, beaucoup plus grandes que la moyenne, qu'ils agitent avec dextérité pour se mouvoir entre les rochers et se diriger dans les eaux tumultueuses. Ces deux espèces de poissons-chats trouvent leur nourriture à proximité des rives et sur les roches et n'ont donc aucune raison de nager à la surface de l'eau. La plupart du temps, leur vessie natatoire – organe interne qui permet aux poissons de flotter – est très petite voire inexistante. Certaines petites espèces de loches et de gobies vivent aussi dans les rapides. Vifs comme l'éclair, ces poissons se déplacent à toute allure ce qui est souvent la meilleure solution à adopter dans les eaux tumultueuses. Si certaines espèces passent la majorité de leur temps à lutter contre le courant – ce qui demande une énergie incroyable – la plupart nagent à très vive allure ou planent dans les eaux à l'abri des roches ou le long du lit du fleuve. Certains tétras comme le tétra du Congo *(Phenacogrammus interruptus)* et le distichodus zèbre *(Distichodus sexfasciatus)* élisent domicile dans les eaux calmes qui séparent deux rapides, côtoyant des cichlidés notamment des têtes bossues ou des têtes de lion *(Steatocranus casuarius)*.

UN AQUARIUM INSPIRÉ DES RAPIDES DU FLEUVE CONGO

L'élément sur lequel repose la réussite d'un aquarium de ce type est le débit de l'eau. Les turbulences créées par les rapides favorisent l'oxygénation de l'eau et le courant. L'eau de l'aquarium doit donc être parfaitement oxygénée et avoir un fort débit ce qui nécessite l'utilisation de filtres, de pompes de brassage et de pierres d'aération. Des cannes de refoulement qui font des bulles et des remous vers l'arrière de l'aquarium peuvent également être fixées sur des filtres extérieurs. Pour un « courant fort », il est nécessaire d'installer une pompe de brassage très puissante qui sera cachée parmi les roches. Des pompes de brassage peuvent aussi être installées à la surface de l'eau afin que le venturi (tube pour mesurer le débit des bulles) augmente encore l'impression de courant.

Ci-dessus : *Le silure cuirassé nain rayé* (Peckoltia vittata) *aime nager dans les rapides. Ce poisson qui ne dépasse pas 10 cm de long est pacifique.*

Étalez des morceaux d'ardoise au pied des grands blocs aux formes anguleuses.

Pour un résultat optimal, les sorties des pompes doivent toutes être dirigées dans la même direction, l'aquarium étant de ce fait divisé en deux parties : une zone aux eaux tumultueuses et une zone aux eaux calmes et tranquilles.

Le décor doit être sobre et les roches d'un seul et même type : soit des blocs d'ardoise aux formes anguleuses soit

À droite : *Les débris déposés sur le substrat sableux sont retirés avec un siphon. Au fil du temps, le substrat doit être remplacé.*

des grosses pierres et des galets mais jamais les deux mélangés. Utilisez quelques très grosses roches avec plusieurs roches plus petites. Faites remonter le substrat contre les roches dans le sens du courant afin de renforcer le côté naturel de l'ensemble. Dans l'aquarium témoin (pp. 134-135), deux morceaux de bois exotique évoquent les débris végétaux provenant de la forêt qui borde le fleuve Congo et attirent les regards qui, sans cela, resteraient fixés sur la zone dégagée au centre de l'aquarium. Pour le substrat, vous avez le choix entre, d'une part, du sable de Loire ou du sable de quartz sans calcaire avec des roches aux bords irréguliers et, d'autre part, du sable de rivière avec des cailloux et des galets.

Si vous optez pour un substrat fin au fond du bac, rien ne vous empêche d'étaler par-dessus une couche plus fine du même substrat mais de plus grosse granulométrie ou vice versa. Dans les rapides, la végétation étant presque inexistante, on pourrait comprendre qu'il n'y en ait pas dans les aquariums inspirés de ce biotope. Or un aquarium sans plante est froid voire austère. Les *Anubias* et les fougères du Congo *(Bolbitis heudelotii)* sont à privilégier. Fixez-les aux roches ou aux morceaux de bois exotique avec du fil de coton noir que vous couperez lorsque les plantes auront pris racine. Les plantes et les poissons adaptés à ce type d'aquarium n'ont aucune exigence particulière quant à la qualité de l'eau. Le pH doit idéalement être compris entre 7 et 7,8. Normalement l'absence de matières organiques dans le substrat et le taux d'oxygène élevé doivent stabiliser le pH. La température de l'eau sera maintenue entre 24 et 27 °C.

LES POISSONS

La plupart des poissons originaires des rapides du fleuve Congo s'adaptent sans problème à la vie dans un aquarium. Si les espèces peuvent être mélangées, soyez néanmoins vigilant afin que les poissons carnivores ne mangent pas leurs congénères. Optez pour des poissons benthiques (poissons-chats et loches), des poissons aimant nager au milieu des roches (cichlidés) et des poissons pélagiques (tétras et barbus).

Nombre de poissons-chats originaires du fleuve Congo appartiennent à la famille des *Synodontis*. Parmi les espèces les plus répandues : *Synodontis alberti*, *Synodontis shoutedeni*,

Le crinum aquatique ou crinum des flots (Crinum natans) *aux feuilles chiffonnées a tout à fait sa place dans un aquarium aux eaux tumultueuses.*

Synodontis angelicus et *Synodontis brichardi*. Ces poissons peuvent être associés à des tétras du Congo *(Phenacogrammus interruptus)*, des poissons-papillons *(Hemichromis thomasi)*, des eutropiellas *(Eutropiellus debauwi)* et des poissons aimant nager au milieu des roches de la famille des *Distichodus* – distichodus zèbre *(Distichodus sexfasciatus)*, distichodus à long nez *(Distichodus lusosso)* et distichodus aux nageoires rouges *(Distichodus affinis)*.

Bien évidemment, ce type d'aquarium peut également accueillir des poissons originaires d'autres régions du monde mais vivant dans des habitats similaires notamment des poissons mangeurs d'algues comme le pléco *(Hypostomus spp.)*, le silure cuirassé nain rayé *(Peckoltia vittata)*, la loche-papillon ou poisson-papillon chinois *(Pseudogastromyzon cheni)*, le barbeau à raies noires *(Crossocheilus siamensis)*, le gyrino ou la loche ventouse *(Gyrinocheilus aymonieri)* ou les *Ancistrus*.

Ont aussi leur place dans ce type d'aquarium : les barbus, les danios et certaines espèces de tétras comme le néon chinois *(Tanichthys albonubes)*, les danios *(Brachydanio spp.)*, le tétra de Bassam *(Hemigrammus marginatus)* et les *Melanotaenia*.

Ci-dessus : *La fougère du Congo* (Bolbitis heudelotii) *prend racine sur les roches et le bois. Elle préfère les eaux calmes aux eaux tumultueuses.*

Ci-dessous : Les Anubias *à la croissance lente résistent aux conditions les plus difficiles y compris aux eaux agitées typiques dans un aquarium inspi[ré] des rapides du fleuve Congo. Suffisamment de lumière et de nutriments sont les seules exigences de ces plantes plutôt robustes.*

Très coriaces, les feuilles des Anubias *sont généralement délaissées par les poissons herbivores.*

À droite : *Le tétra du Congo* (Phenacogrammus interruptus) *est un poisson grégaire qui aime nager dans les eaux agitées par un faible courant.*

Ci-dessous : *Le barbeau à raies noires* (Crossocheilus siamensis) *est un poisson mangeur d'algues très robuste. Bien que peu agressif, il défend néanmoins âprement son territoire. Ne mettez jamais plus de deux ou trois barbeaux à raies noires dans le même aquarium.*

À gauche : *Le distichodus zèbre* (Distichodus sexfasciatus) *est reconnaissable à ses nageoires rouges et à son corps strié de bandes verticales noires. Relativement agressif et destructeur (notamment vis-à-vis des plantes), il doit vivre dans un aquarium de grande capacité.*

Aquarium inspiré des rapides du fleuve Congo

Les pompes à air, les pompes de brassage et les filtres extérieurs sont autant d'accessoires indispensables pour créer un fort courant.

Les pompes de brassage sont dissimulées sous les roches. Placez une pompe de brassage pour que le courant « intercepte » les bulles d'air.

Les filtres à exhausteur fon[…] remonter les bul[…] à la surface.

Cet énorme bloc d'ardoise divise l'aquarium en plusieurs parties distinctes.

Les poissons, les plantes et les différents accessoires se détachent sur ce bloc d'ardoise gris clair.

Les fragments d'ardoise éparpillés sur le substrat sableux représentent des morceaux de roches effritées.

Les fougères du Congo (Bolbitis heudelotii) *se plaisent dans les eaux tumultueuses de cet aquarium. Les plantes s'enracinent sur des morceaux de bois.*

Les feuilles des plantes – fougères du Congo (Bolbitis heudelotii), Anubias barteri *var.* nana *et mousses de Java* (Vesicularia dubyana) *– se marient merveilleusement.*

Ce crinum aquatique ou crinum des flots (Crinum natans) *à la croissance rapide aura tôt fait de sortir du bac.*

Des morceaux d'ardoise sont posés à l'horizontale au fond du bac comme s'ils venaient de se détacher et de tomber d'un bloc de roche.

Le substrat sableux doit être régulièrement remué afin d'empêcher la formation de blocs compacts susceptibles d'entraver la bonne circulation de l'eau.

Les mares d'Afrique occidentale

En Afrique, chaque année, des petits bassins, des ruisseaux et des mares se forment aussi bien dans la forêt tropicale que dans les forêts tempérées, dans la savane que dans les massifs montagneux. Si, dans les forêts, les bassins sont en permanence remplis d'eau, dans d'autres environnements, ils sont asséchés une partie de l'année. Dans les zones dégagées, les petits cours d'eau qui traversent le paysage permettent à nombre d'espèces végétales et animales de survivre. Les ruisseaux se rejoignent généralement dans des cavités naturelles créant des petits bassins ou « trous d'eau ». Ces oasis sont entourées de broussailles épaisses, d'herbes et occasionnellement d'arbres de haute-tige. Bien que n'existant qu'une partie de l'année, les mares abritent une multitude de petits poissons notamment les killies, très appréciés des aquariophiles.

PETITS MAIS BEAUX

Les killies sont des poissons très colorés qui mesurent entre 5 et 10 cm, les habitats dans lesquels ils évoluent ne leur permettant guère d'être plus grands. Les killies sont non seulement présents en Afrique mais aussi dans un grand nombre de petits cours d'eau des régions tropicales. La plupart d'entre eux vivent dans les petits bassins ou les mares qui se forment chaque année dans la forêt tropicale ou dans la savane. Dans certaines régions, les killies vivent également dans les rivières et les fleuves. Avec un corps long de 30 cm, l'*Orestias cuvieri* est le plus grand des killies.

Les mares d'Afrique occidentale

Les nombreux marais autour du lac Tchad et du fleuve Niger abritent une multitude de petits poissons.

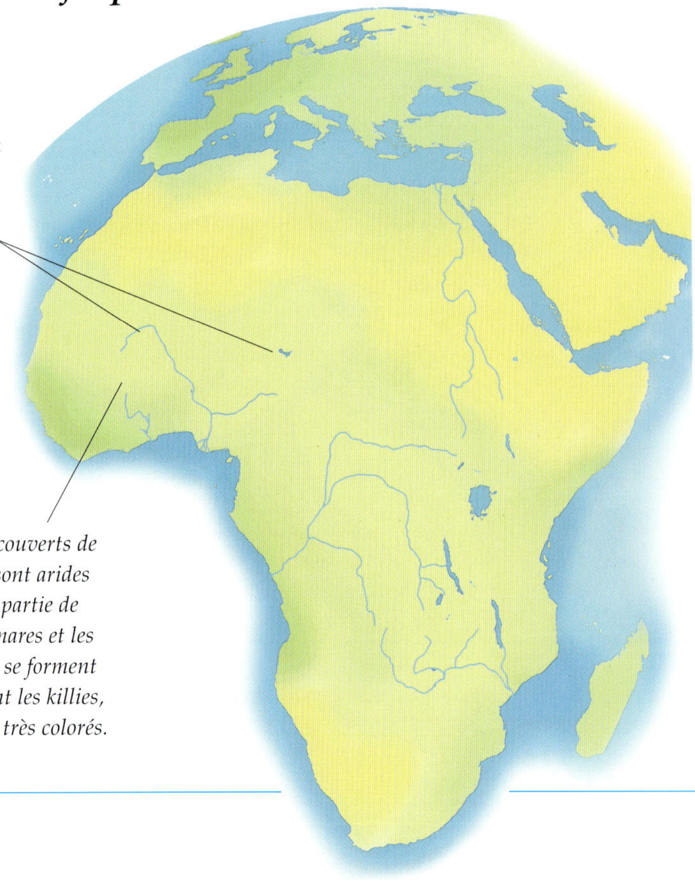

Les déserts recouverts de broussailles sont arides une grande partie de l'année. Les mares et les ruisseaux qui se forment ici et là abritent les killies, petits poissons très colorés.

Dans les régions les plus arides d'Afrique occidentale, les mares et les cours d'eau sont à sec une partie de l'année alors que dans les forêts, la sécheresse ne tarit jamais les trous d'eau pour le plus grand bonheur des killies.

La qualité de l'eau

La qualité et la température de l'eau des bassins et des cours d'eau dans lesquels vivent les killies varient en fonction de la situation géographique. Dans certaines régions, l'eau monte parfois jusqu'à 38 °C alors que le taux de sels est plusieurs fois supérieur à la normal. Ces conditions extrêmes ne sont pas exceptionnelles même si, idéalement, les killies devraient vivre dans une eau douce à moyennement dure avec un pH compris entre 5,5 et 7.

Les spécimens originaires d'Afrique sont beaucoup plus petits, le plus grand d'entre eux étant le killie perlé du Tanganyika *(Lamprichthys tanganicanus)* avec 13 cm de long. Comme son nom l'indique, ce poisson vit dans le lac Tanganyika où rien n'entrave sa croissance. *A contrario*, les killies nains qui ne mesurent que quelques centimètres de long se trouvent principalement dans les petits bassins, les ruisseaux et les mares. Mis à part les killies, quelques rares espèces vivent dans les cours d'eau d'Afrique occidentale.

Les poissons passent, occasionnellement, d'un cours d'eau à un autre et ne restent jamais bien longtemps au même endroit.

Ci-dessus : *Ce petit bassin qui, très probablement, est alimenté par des ruisseaux ou une source naturelle permet aux animaux terrestres de se désaltérer. Sous l'eau, les petits poissons qui se nourrissent principalement d'insectes ne vivent que quelques mois.*

Ci-dessus : *Bien que très petit (seulement 5 cm de long), le* Nothobranchius *est un poisson très agressif. La femelle pond ses œufs et les enterre dans le substrat où ils sont à l'abri de la sécheresse.*

UNE VIE MOUVEMENTÉE

On différencie les killies annuels et non annuels, ces derniers étant les plus répandus. Si toutes les conditions sont requises, les killies non annuels peuvent vivre jusqu'à cinq ans ce qui explique pourquoi les aquariophiles qui n'ont ni envie de se lancer dans la reproduction ni les moyens d'acheter sans cesse des nouveaux poissons apprécient tant cette espèce. Sachez, toutefois, que les killies se reproduisent facilement en aquarium.

Dans son environnement naturel, le killie annuel naît, arrive à maturité et se reproduit sur une période de neuf mois.

Malheureusement, les bassins et les cours d'eau sont généralement asséchés au bout de quelques mois. Une fois encore, les poissons ont dû s'adapter et les killies peuvent se reproduire au bout de quatre semaines même s'ils n'atteignent réellement leur maturité sexuelle qu'à l'âge de cinq mois.

Lors de la période de reproduction, le mâle choisit une femelle et entreprend de la séduire. Les couleurs de sa robe s'intensifient tandis qu'il déploie au maximum ses nageoires. S'ensuit une sorte de danse qui ressemble, par certains côtés, aux combats auxquels se livrent parfois deux mâles. Si la femelle accepte les avances du mâle, elle s'approche de lui. Si elle les refuse, elle s'éloigne. Une fois le couple formé, le mâle pousse la femelle vers le substrat sur lequel elle dépose ses œufs. Même si toute l'eau du bassin ou du cours d'eau s'évapore, le substrat boueux reste humide et les œufs peuvent se développer. Avec le retour des pluies, le bassin ou le cours d'eau se remplissent d'eau et les œufs éclosent. Dès le jour de l'éclosion, l'alevin doit s'adapter aux conditions extrêmes de son nouvel environnement. L'eau est souvent très pauvre en oxygène du fait de la respiration des bactéries et autres micro-organismes qui se nourrissent de déchets organiques en décomposition. Si, dans un premier temps, les alevins mangent les bactéries et les micro-organismes, à l'âge adulte, ils se nourrissent d'insectes et de larves d'insectes.

Les killies semi-annuels et non annuels se reproduisent pratiquement de la même manière que les killies annuels si ce n'est que les femelles pondent leurs œufs sur les feuilles des plantes et non sur le substrat. L'incubation et l'éclosion des œufs ont lieu sous l'eau.

UN AQUARIUM RÉUSSI

L'aquarium témoin (pp. 142-143) est l'exemple même d'un paludarium

Le substrat est un mélange de sable de rivière de différentes granulométries et de sable de quartz noir étalé sur une couche de gravier non calcaire.

avec des parties terrestres et aquatiques pour accueillir les différentes espèces végétales et animales. Un ruisseau et une cascade ont été reproduits. Ces deux éléments de base apportent à l'ensemble un mouvement permanent très naturel. À cela viennent s'ajouter du bois exotique et des plantes marginales.

Si vous disposez d'un aquarium de très grande capacité, vous pouvez envisager d'accueillir des lézards tropicaux, des grenouilles ou même quelques serpents. Ce type d'aquarium est très facile à réaliser car il ne repose que sur quelques éléments de base.

LE SUBSTRAT

Le substrat est constitué de gravier non calcaire et de sable de rivière de différentes granulométries. Par endroits, la couche est plus ou moins épaisse selon que les pentes sont douces ou raides. Le substrat est maintenu en place par de gros morceaux de bois exotique et des plantes. Certaines espèces végétales n'ont que les racines immergées, les tiges et les feuilles sortant de l'eau. Le sable de quartz noir fait ressortir les robes colorées des killies qui sur un substrat plus clair passeraient quasiment inaperçus. Sur l'un des côtés de l'aquarium, le substrat remonte le long d'un énorme morceau de bois évoquant une racine. Des plantes aquatiques notamment des scirpes épingles *(Eleocharis acicularis)* sont plantées ici et là avec pour mission entre autres de retenir le substrat surélevé.

CRÉER UNE CASCADE

Construire une cascade est une opération relativement simple. Placez un gros morceau d'écorce de liège au sommet de la partie surélevée. L'écorce de liège est criblée de cavités par lesquelles l'eau peut retomber dans l'aquarium. Ce matériau très léger flotte. Maintenez-le en place en l'enterrant en partie dans le substrat ou en déposant dessus un morceau de bois exotique. Le courant est produit par un filtre extérieur. Dans ce type d'aquarium, il

Le bois exotique a deux fonctions : maintenir en place le substrat surélevé utilisé pour la cascade et dissimuler les différents tuyaux.

Dans un aquarium, veillez à ce que les jacinthes d'eau (Eichhornia crassipes) *ne soient pas trop près du tube fluorescent, qui risquerait de brûler leurs feuilles.*

n'est pas nécessaire d'envisager l'installation de pompes à air ni de pompes de brassage.

LES PLANTES

Dans l'aquarium témoin trois types de plantes sont utilisés : des jacinthes d'eau *(Eichhornia crassipes)*, des scirpes épingles *(Eleocharis acicularis)* et quelques plantes originaires des marais. Les scirpes épingles sont des éléments particulièrement intéressants car leurs racines sont immergées tandis que les feuilles sortent de l'eau. Près de la cascade, elles maintiennent en place le substrat et dissimulent les tuyaux et les câbles peu esthétiques.

Quelques pousses plantées sous l'eau rendent l'ensemble encore plus naturel évoquant les bassins remplis d'eau qui sous la canicule vont, peu à peu, s'assécher.

Les feuilles charnues vert pâle des jacinthes d'eau contrastent avec les feuilles effilées vert olive des scirpes épingles. Les racines traçantes des espèces flottantes offrent une multitude de cachettes aux killies. Sous l'eau, les plantes sont rares et les poissons peuvent nager dans un espace dégagé.

Près de la cascade, différentes espèces ont été plantées, le choix des plantes ayant été déterminé en fonction de la forme et de la couleur des feuilles : hémérocalles *(Hemerocallis)* souvent confondues avec des *Sagittaria*, grandes douves *(Ranunculus lingua)* et plantains d'eau *(Alisma parviflora)*.

CHOISIR LES BONS POISSONS

Savoir quels killies choisir pour votre aquarium n'est pas toujours facile. Les espèces les plus colorées sont souvent les plus agressives. Elles protègent âprement leur territoire même si elles vont rarement jusqu'au

Les scirpes épingles (Eleocharis acicularis) *plantées sous et au-dessus de la surface de l'eau évoquent les plantes aquatiques qui bordent les ruisseaux et les étangs d'Afrique occidentale.*

Les hémérocalles (Hemerocallis) *poussent aussi bien au bord des cours d'eau que dans les eaux peu profondes.*

combat. Les mâles sont plus belliqueux que les femelles. La robe des femelles est beaucoup plus terne que celle des mâles. Toutefois, chez certaines espèces, la forme du corps et les couleurs de la robe des mâles et des femelles sont quasiment identiques. Deux mâles se partageant un même territoire peuvent, parfois, se livrer une guerre sans merci. Pour calmer le jeu, introduisez d'autres poissons de la même espèce. Les killies sont des poissons grégaires qui acceptent volontiers de cohabiter avec d'autres espèces. Pour éviter les « prises de bec », choisissez toujours des poissons de même nature et de même taille.

LES KILLIES

Il existe plusieurs variétés de killies, certaines étant plus largement commercialisées que d'autres. Pour éviter les mauvaises surprises, basez-vous toujours sur le nom latin. Attention, les killies vendus ne sont pas toujours en bonne santé et vous avez une chance sur deux de faire « une bonne ou une mauvaise pioche ». Si possible, adressez-vous toujours à des spécialistes.

Les killies se divisent en trois groupes distincts : les annuels, les semi-annuels et les non annuels. Les annuels meurent généralement vers l'âge de neuf mois. Prévoyez de remplacer régulièrement les spécimens. Les semi-annuels et les non annuels peuvent vivre plusieurs années.

Parmi les espèces annuelles : les *Cynolebias*, les *Nothobranchius* et les *Pterolebias*. Les *Nothobranchius*, originaires d'Afrique, se reconnaissent à leur robe marbrée de bleu et de rouge. Très actifs, les mâles peuvent parfois se montrer agressifs envers leurs congénères. Les *Nothobranchius* mesurent entre 5 et 6 cm de long.

Les espèces semi-annuelles et non annuelles regroupent les *Aphyosemion*, les *Roloffia*, les *Aplocheilichthys* et les *Epiplatys*. La plupart des *Epiplatys* sont originaires d'Afrique. Ces poissons pacifiques voire timides s'adaptent à la vie en aquarium à condition qu'ils aient à leur disposition de nombreuses cachettes. Les *Aphyosemion* sont eux aussi originaires d'Afrique. Certains poissons plus pacifiques que d'autres peuvent cohabiter avec différentes espèces. La robe des *Aphyosemion* est particulièrement colorée. Leurs couleurs vives attirent les regards.

AUTRES POISSONS ET ESPÈCES ANIMALES

Si les killies sont les poissons à privilégier dans un aquarium inspiré des mares d'Afrique occidentale, sachez qu'ils peuvent parfaitement cohabiter avec d'autres espèces notamment des poissons-chats qui, toutefois, n'hésiteront pas à dévorer les œufs pondus par les killies. Choisissez des poissons petits mais robustes et pacifiques : barbus, tétras, anabantidés et gouramis. Dans un aquarium de grande capacité, les zones au-dessus de la surface de l'eau peuvent accueillir des grenouilles et autres amphibiens, des crabes et même des lézards. Attention, toutefois, à ce que ces différentes espèces ne mettent pas en danger la vie des poissons.

ACHETER DES KILLIES

Les espèces de killies les plus courantes dans les magasins d'aquariophilie sont les Aplocheilichthys macrophthalmus, *certains* Panchax *et les killies des Célèbes* (Oryzias). *Pour éviter toutes mauvaises surprises, adressez-vous à des associations regroupant des spécialistes qui sauront vous conseiller et même vous vendre des œufs susceptibles d'éclore en aquarium.*

Ci-dessous : *Le* Pachypanchax playfairi *se reproduit facilement en aquarium. En période de frai, les écailles du mâle se soulèvent légèrement. Ne vous y méprenez pas, vos poissons ne sont pas malades.*

À gauche : L'Epiplatys sexfasciatus *est un killie semi-annuel qui peut vivre plusieurs années dans un aquarium. Sa mâchoire allongée laisse croire que nous avons affaire à un prédateur.*

Ci-dessous : *La robe de* l'Aphyosemion *est particulièrement colorée.*

Aquarium inspiré des mares d'Afrique occidentale

Les éléments de base de cet aquarium sont les différentes espèces végétales qui poussent à la surface de l'eau.

Les feuilles des jacinthes d'eau (Eichhornia crassipes) *sont coriaces. Les feuilles et les racines offrent de multiples cachettes aux poissons.*

Ce gros morceau de bois exotique assure la transition entre les parties submergées et les parties au-dessus de l'eau.

Au fond du bac, le substrat est étalé en une couche irrégulière de plus en plus épaisse vers la cascade.

Les scirpes épingles survivent lors des inondations. Des touffes ont été plantées au hasard sur le substrat.

Les feuilles des hémérocalles (Hemerocallis) *évoquent les roseaux qui bordent les mares d'Afrique occidentale et qui, du fait de leur taille, n'ont pas leur place dans un aquarium.*

Ce morceau de bois exotique dissimule les tuyaux et maintient en place l'écorce de liège sur laquelle coule la cascade.

Les scirpes épingles ont tout à fait leur place dans ce type d'aquarium.

La cascade prend appui sur un rceau de bois exotique qui, en même nps, maintient en place le substrat.

***À droite :** Vue sous cet angle, la cascade est du plus bel effet esthétique. Les poissons viennent s'y reposer en toute quiétude.*

Le lac Malawi

Long de 560 km et large de 80 km, le lac Malawi ressemble plus à un océan d'eau douce qu'à un lac à proprement parler. Ce lac est si grand qu'il subit l'attraction gravitationnelle de la Lune à l'origine de petites marées. Les terres dans cette région du monde étant très volcaniques, les rives sont rocheuses ou sableuses. Le lac Malawi abrite quelque 350 espèces de cichlidés qui peuvent être divisés en deux groupes principaux : les m'bunas (frappeurs de pierres), poissons qui se nourrissent exclusivement d'algues accrochées aux rochers, et les haplos (diminutif de *Haplochromis*, nom d'un genre qui n'est plus utilisé aujourd'hui), piscivores qui affectionnent les eaux vives.

Les m'bunas sont ceux qui présentent le plus d'intérêt pour les aquariophiles. On peut les observer sur tous les bords du lac, le plus souvent à proximité de la surface, où ils trouvent une abondante nourriture parmi les amas de roches et de galets qui en constituent le fond. Toute zone rocailleuse foisonne de poissons s'activant sous la surface de l'eau.

L'eau du lac Malawi est légèrement dure avec un pH moyen de 8,3 du fait de la présence de minéraux dissous provenant des roches au fond du lac. À la différence des fleuves, des rivières et des ruisseaux qui subissent les aléas climatiques et le cycle annuel de la végétation environnante, la qualité d'eau dans ce lac dont les

Les trois lacs de la Rift Valley – Victoria, Tanganyika et Malawi – sont très poissonneux. Parmi ces trois grands lacs, le lac Malawi est celui qui, à ce jour, est le moins touché par les activités humaines. Il abrite plusieurs centaines d'espèces de cichlidés. L'eau claire et transparente laisse voir les bancs de poissons aux couleurs vives et intenses.

Les lacs de la Rift Valley

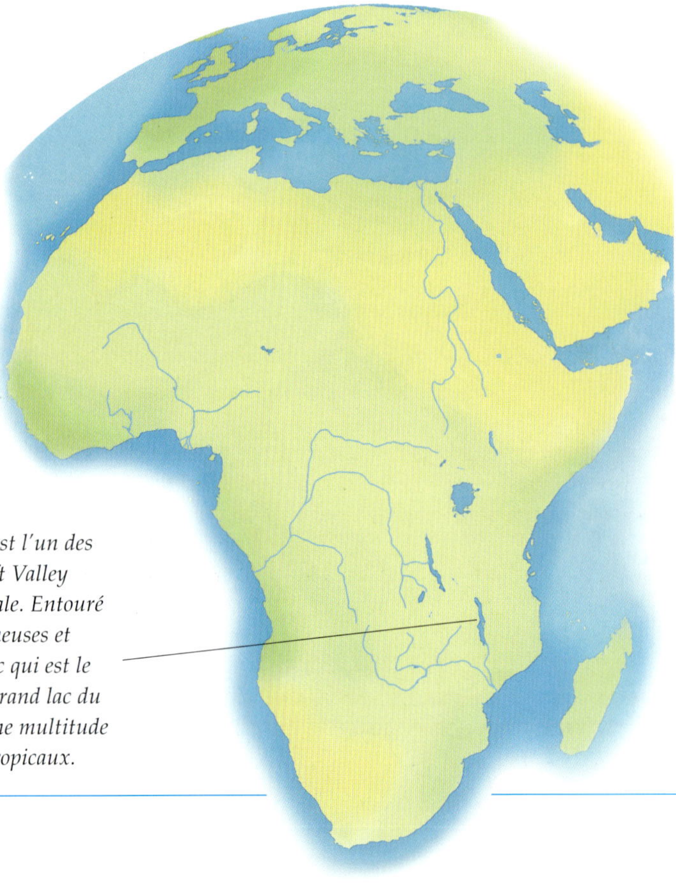

Le lac Malawi est l'un des lacs de la Rift Valley d'Afrique orientale. Entouré de terres rocheuses et sableuses, ce lac qui est le neuvième plus grand lac du globe accueille une multitude de poissons tropicaux.

À gauche : *Les poissons aux couleurs vives et intenses ne passent pas inaperçus au milieu des roches. Les cichlidés sont prêts à tout pour défendre leur territoire.*

À gauche : *La robe des femelles* Pseudotropheus saulosi *est jaune or alors que celle des mâles est striée de bandes verticales blanches et bleues.*

grands fonds dépassent parfois 750 m est stable. Vous comprenez maintenant pourquoi les poissons du lac Malawi aux couleurs vives et intenses sont souvent qualifiés de poissons « marins d'eau douce ».

LA THÉORIE DE L'ÉVOLUTION

L'écosystème du lac Malawi est atypique. Le lac compte 350 espèces de cichlidés – dont 345 espèces endémiques – cinq espèces végétales ainsi que quelques rares espèces d'escargots, de crabes et d'invertébrés (encore plus rares). Cet écosystème est, en partie, dû à la formation du lac à savoir les gigantesques effondrements qui ont donné naissance aux fosses tectoniques. On appelle « Rift Valley » la grande fosse de l'Afrique de l'Est.

Le lac Malawi est alimenté par quelques cours d'eau. À l'extrémité méridionale du lac, le fleuve Shire prend naissance. Du fait de cette isolation géographique, les poissons du lac ne peuvent pas aller dans le fleuve et vice versa. Les poissons du lac Malawi ont, au fil du temps, appris à s'adapter à un environnement peu accueillant. Il y a quelques milliers d'années, le lac devait probablement abriter de très nombreuses espèces qui peu à peu ont disparu du fait de la présence des cichlidés. Aujourd'hui, les cichlidés sont, par définition, les poissons du lac Malawi. À ce jour, environ 600 espèces de poissons ont été répertoriées, la majorité d'entre elles étant les descendants des quelque dix espèces qui jadis peuplaient le lac. Aucun autre lac du monde n'offre une telle diversité.

Les cichlidés défendent leur territoire. Les m'bunas qui vivent dans les zones rocheuses ne s'aventurent presque jamais en dehors des zones qu'ils ont délimitées. Au fil des siècles, le niveau de l'eau n'a cessé de changer. Entre les parois rocheuses, des cavités se forment, cavités dans lesquelles les poissons élisent domicile. Une espèce se sépare en deux groupes et donne naissance à deux espèces qui connaîtront chacune une évolution particulière. Lorsque deux poissons d'espèces différentes se croisent, ils donnent naissance à un hybride qui sera à son tour à l'origine d'une nouvelle espèce.

LES BROUTEURS D'ALGUES

Comme nous l'avons vu précédemment, le lac Malawi ne compte que quelques rares animaux et invertébrés aquatiques et seulement cinq espèces végétales. On peut donc s'interroger sur la manière dont se nourrissent les cichlidés qui vivent là. Les cichlidés (les m'bunas) qui aiment nager au milieu des roches « broutent » les algues qui recouvrent les roches et grosses pierres. Ces poissons étant très nombreux, les algues ne mesurent jamais plus de 1 cm (le plus souvent entre 0,4 et 0,6 mm).

De véritables déménageurs

Au cours de la période de reproduction, les cichlidés du lac Malawi n'hésitent pas à changer de territoire s'ils estiment que leur site de ponte n'est pas un lieu sûr.

Si votre aquarium abrite un nombre élevé de cichlidés, attendez-vous à voir plusieurs mâles dominants lutter pour un même site de reproduction ou à bouger les différents éléments de décor – y compris les plantes – pour définir de nouvelles limites.

En dépit de ces « petites manies », les cichlidés sont des poissons relativement sociables qui peuvent cohabiter avec d'autres d'espèces.

Les m'bunas ne consomment pas tant les algues que les minuscules animaux qui vivent parmi elles – le nom générique utilisé pour désigner les algues et les créatures microscopiques est *aufwuchs*. Ces cichlidés ont une bouche qui leur permet de racler les algues sur les rochers et de saisir les créatures microscopiques. Les cichlidés n'hésitent pas à se montrer très belliqueux pour empêcher leurs congénères d'approcher de « leurs » roches.

L'INCUBATION BUCCALE

Lors de la période de reproduction, les cichlidés sont prêts à tout pour protéger leur territoire. La plupart des cichlidés sont des bons parents qui prennent grand soin de leurs œufs. Après l'éclosion ils restent à proximité des alevins afin de les protéger des attaques des prédateurs. Les parents ne laissent jamais leurs petits avant qu'ils soient capables de fuir et de se défendre seuls. Dans leur environnement naturel, les cichlidés confrontés à nombre d'autres espèces (pour la plupart des prédateurs) ont mis au point une technique pour protéger leur progéniture malgré l'absence d'endroits susceptibles de leur servir d'abri. Une fois la parade amoureuse terminée, la femelle pond ses œufs et les met dans sa bouche. Elle positionne ensuite sa tête près de l'orifice génital du mâle. Le mâle émet sa laitance que la femelle aspire dans sa bouche afin que les œufs soient fertilisés. La femelle garde les œufs dans sa bouche, hors de vue des prédateurs, pendant toute la période d'incubation. Au bout de dix jours environ, les œufs éclosent. Les alevins restent dans la bouche de la mère jusqu'à complète maturation. Pendant toute cette période, la femelle ne se nourrit pas et vit sur ses réserves. Lorsque les alevins sont trop gros pour tenir dans la bouche de la femelle, celle-ci les « libère ». Toutefois, pendant plusieurs mois, les petits resteront toujours à proximité de leur mère (dans un rayon de 10 cm). Ils la quittent en général par « hasard », après s'être un peu trop éloignés d'elle.

UN AQUARIUM RÉUSSI

Un aquarium inspiré du lac Malawi , contrairement à de nombreux biotopes bien plus complexes, repose sur deux éléments de base : les roches et les poissons.

Ci-dessus : *Le cichlidé turquoise doré* (Melanochromis auratus) *est très agressif prêt à tout pour défendre son territoire.*

La qualité de l'eau

L'eau du lac Malawi est une eau stable. Si les cichlidés sont des poissons robustes capables de s'adapter à certains changements, mieux vaut veiller à ce que l'eau de l'aquarium soit également stable ce qui n'est pas évident dans la mesure où ces poissons ont un gros appétit, mangent beaucoup et, par conséquent, produisent quantité de déjections. Si votre aquarium est très peuplé, prévoyez un système de filtration très puissant. Optez de préférence pour un ou plusieurs filtres extérieurs et envisagez également d'avoir recours à un filtre à charbon actif. L'eau du lac Malawi étant légèrement dure et alcaline, essayez si possible de reproduire ces conditions dans votre aquarium. Mettez dans le bac des roches ou un substrat calcaires, du sable ou du gravier de corail vendus dans des magasins spécialisés en aquariophilie. Vous pouvez également avoir recours à un additif liquide.

Soyez particulièrement vigilant quant au choix des roches que vous utiliserez.

La qualité de l'eau et le comportement des poissons sont deux facteurs à prendre en considération. En effet, si votre aquarium est très peuplé et que les poissons sont belliqueux et destructeurs, vous serez obligé d'installer un système de filtration très puissant. Si seules quelques rares espèces de poissons-chats vivent dans le lac Malawi, rien ne vous empêche d'en faire cohabiter avec des cichlidés. Sachez, cependant, que les cichlidés sont des poissons très colorés qui, souvent, se suffisent à eux-mêmes.

LE SUBSTRAT

Le sable de Loire est la solution qui s'impose dans la mesure où ce substrat présente de nombreuses similitudes avec le substrat du lac Malawi. Au fond du bac, étalez une couche suffisamment épaisse pour supporter le poids des roches. Si possible, mettez sous le substrat un filet en plastique qui empêchera les roches de s'enfoncer. En effet, les cichlidés étant très actifs, le sable risque d'être constamment remué. Pour éviter les mauvaises surprises, étalez une couche de sable de rivière de moyenne granulométrie (environ 3 mm), placez dessus un filet en plastique et recouvrez le tout de sable de Loire. D'une part, les poissons ne pourront pas creuser sous le filet et, d'autre part, il y aura moins de risques que le sable forme des blocs compacts.

N'utilisez pas un substrat d'une granulométrie supérieure à 4 ou 5 mm. En effet, le poids des roches exercera une pression à un endroit précis et, au fil du temps, l'aquarium risquerait de se fissurer à la base.

LES ROCHES

Les roches utilisées dans l'aquarium témoin (pp. 148-149) rappellent les roches du lac Malawi. Si vous le souhaitez, utilisez du tuf ou de la lave. En effet, ces matériaux très légers permettent de réaliser des décors particulièrement esthétiques. Par ailleurs, les poissons ne feront pas la différence entre du tuf et de la lave ou des pierres et des galets.

Disposez des pierres de tailles différentes. Dans l'aquarium témoin, les deux grosses roches sont mélangées à des pierres de 15 à 20 cm de diamètre. Pour combler les interstices entre les roches et les pierres, des galets ont été éparpillés en petits amas (ce qui peut également faire penser à une chute de pierres). La taille des roches et des pierres dépend de la capacité de l'aquarium. Pour un aquarium de 150 x 50 cm, la ou les deux plus grosses roches doivent occuper le quart ou le tiers de la longueur de l'aquarium. Dans un aquarium de 120 x 40 cm, prévoyez une ou deux roches de 30 à 45 cm de diamètre et plusieurs pierres de 20 à 25 cm de diamètre auxquelles viendront s'ajouter des galets de petite taille. Avant de remplir l'aquarium d'eau, positionnez les roches et les pierres à l'emplacement voulu et fixez-les avec du silicone.

Ces pierres émoussées semblent venir tout droit du lac Malawi.

LES POISSONS

Vous aurez certainement du mal à faire votre choix parmi toutes les espèces de cichlidés originaires du lac Malawi. Si tous les magasins d'aquariophilie commercialisent les espèces les plus répandues, il est parfois possible de dénicher des espèces plus rares. Parmi les poissons les plus recherchés pour les aquariums, les *Pseudotropheus* auxquels on donne souvent le nom de cichlidés zèbres à cause de leur robe aux rayures verticales. Ces poissons, comme la plupart des m'bunas, ne dépassent généralement pas 15 cm de long.

Les cichlidés se différencient par la couleur de leur robe et la forme de leur corps. Les cichlidés dauphins *(Cyrtocara moorii)* sont aisément reconnaissables à leur nez allongé (comme celui d'un dauphin) et à la bosse que les mâles ont sur le front. La robe des *Melanochromis* est rayée alors que les *Aulonocara* ont une robe jaune or avec des opercules et l'extrémité de la tête bleu intense. Avant d'acheter un spécimen, renseignez-vous toujours sur son comportement et la taille qu'il aura à l'âge adulte. Rien de tel qu'un gros poisson agressif pour semer la panique dans un aquarium. Les mâles sont généralement plus belliqueux que les femelles. Vous ne pourrez envisager de mettre ensemble deux mâles de la même espèce que si vous avez un aquarium de grande capacité. Si possible, prévoyez toujours un mâle pour deux ou trois femelles.

Aquarium inspiré du lac Malawi

Comme on peut le voir, la beauté d'un aquarium ne repose pas sur la présence des plantes ou autres éléments de décor.

Les cichlidés aiment se cacher dans les interstices entre les roches.

Les cailloux et les galets émoussés semblent s'être détachés des roches.

Un filet en plastique sous le substrat empêche les cichlidés de creuser trop profondément.

Les petits galets se marient merveilleusement avec les grosses roches et le substrat jaune clair.

Des pierres cassées en deux font penser à des roches à demi enterrées.

Entasser des roches est un travail minutieux. Les roches sont collées les unes aux autres avec du silicone.

N'hésitez pas à mélanger des roches, des pierres et des galets de formes et de couleurs différentes.

Ne vous méprenez pas ! Les roches ont été entassées en suivant une logique, toute chute pouvant avoir de conséquences fâcheuses.

Le sable de Loire est le substrat idéal pour ce type d'aquarium.

Devant les roches les plus grosses, des pierres et des galets ont été éparpillés au hasard sur le substrat.

À cet endroit, la couche de substrat est plus épaisse afin de pouvoir supporter le poids des roches.

Les grottes

Le mot « grotte » est le terme générique utilisé pour décrire la partie d'un cours d'eau recouverte par une masse de terre. On peut appeler grotte une simple cavité souterraine pas plus grande qu'une maison qui laisse passer la lumière du jour. Dans ces bassins, les poissons originaires des cours d'eau adjacents ont à leur disposition une nourriture « conventionnelle » – insectes, crustacés et autres petites créatures dissimulés dans le substrat.

Lorsqu'une grotte s'enfonce profondément sous le sol, on parle de gouffre. L'eau ne reçoit pas la lumière du Soleil et l'oxygène est contenu dans des poches d'air. Les poissons qui vivent là se sont habitués au manque de lumière et d'oxygène. Ils ne s'aventurent jamais dans les cours d'eau adjacents. Dans certains cas, l'eau pénètre dans une grotte par de minuscules canaux qui traversent les roches. L'accès par lequel les poissons sont arrivés dans les grottes a, semble-t-il, disparu depuis fort longtemps. Sur le globe, il existerait quelque quarante espèces de poissons vivant exclusivement dans les grottes auxquelles viennent s'ajouter les poissons de rivière qui, parfois, se hasardent dans ces cavités.

LA FORMATION DES GROTTES

Les grottes sont le résultat de différentes activités géologiques. La plupart des grottes ont été formées par les érosions, les coulées de lave ou la tectonique des plaques. L'érosion est responsable de la formation d'une grotte lorsque deux roches de types différents se trouvent à proximité d'une rivière ou autre cours d'eau. La roche « tendre »

Les grottes sont des habitats peu hospitaliers où la nourriture est généralement peu abondante. Les poissons qui vivent là sont soit des visiteurs de passage soit des poissons qui ont appris à vivre dans l'obscurité quasi totale.

Les grottes

Si les grottes sont présentes dans le monde entier, les plus caractéristiques se situent dans les forêts tropicales d'Amérique du Sud.

Une grotte est une cavité remplie d'eau – ou bassin – creusée dans la roche. On appelle « gouffres » les grottes qui s'enfoncent à la verticale dans le sol. La plupart des grottes et des gouffres sont connectés à plusieurs cours d'eau et ont souvent plusieurs accès.

Ci-dessus : *Les eaux sombres de la grotte de Rio Frio dans le district de Cayo (Belize) abritent une multitude de poissons et autres créatures habituées à vivre dans l'obscurité quasi totale.*

(roche calcaire) est rapidement érodée, les minéraux étant dissous puis emportés par les eaux tandis que la roche dure peut résister plusieurs milliers d'années aux attaques des cours d'eau.

Les roches les plus tendres sont creusées par les eaux et forment une grotte entourée par les roches les plus dures. Au fil du temps, les roches tendres sont de plus en plus érodées, la grotte devenant de plus en plus grande. Les eaux n'ont pas besoin d'être tumultueuses pour user les roches. En effet, la pluie qui s'infiltre dans les roches par les fissures ou les pores coule sur les roches les plus dures et « grignote » les plus tendres.

Nombre de grottes ont été formées suite à une éruption volcanique ou une coulée de lave. Alors que la lave – ou magma – coule sur le sol, elle se solidifie en surface tout en restant liquide en dessous. La lave en fusion circule créant des tunnels ou galeries sur plusieurs dizaines de kilomètres. Au fil du temps, ces galeries se remplissent d'eau – cours d'eau avoisinants, infiltration des eaux de pluies ou montée des nappes phréatiques.

L'activité tectonique peut tout comme l'érosion et les éruptions volcaniques être à l'origine de la formation d'une grotte. Lorsque deux plaques tectoniques s'écartent l'une de l'autre, elles « déchirent » littéralement la croûte terrestre formant à la surface un pendage, un lac ou un bassin. Des grottes peuvent également résulter de cette « déchirure » à proximité des lacs ou des bassins dans lesquels se développe au fil du temps une vie aquatique avec notamment l'arrivée de poissons.

UNE OBSCURITÉ QUASI TOTALE

Parfois, la lumière du Soleil est véritablement arrêtée à l'entrée de la grotte. Dans la majorité des grottes de grande superficie, les zones dans l'obscurité la plus totale sont plus nombreuses que les zones partiellement éclairées. On comprend aisément que pour les créatures qui vivent dans un tel environnement, l'acuité visuelle ne se soit pas développée, au profit des autres sens. Une grande partie du cerveau d'un animal traite les informations qui lui sont fournies par les sens. On pourrait presque dire que les sens se livrent une véritable « concurrence » afin de fournir au cerveau le plus d'informations possible. Chez les animaux vivant dans les grottes, l'acuité visuelle ne s'est pas développée, au profit de l'ouïe, du toucher et de l'odorat. La majorité des poissons qui ont élu domicile dans les grottes ont de minuscules yeux par rapport à la taille de leur corps. Certains appelés très justement poissons aveugles semblent même ne pas avoir d'yeux. Les alevins naissent avec des yeux mais, au fur et à mesure

À droite : Les poissons aveugles qui vivent dans les grottes sont l'exemple même de l'évolution d'une espèce en fonction de l'environnement dans lequel elle vit. Les poissons naissent avec des yeux qui sont rapidement recouverts de peau. L'acuité visuelle laissant la place à d'autres sens – toucher, ouïe et odorat.

qu'ils deviennent adultes, de la peau et des écailles recouvrent leurs yeux qui restent toutefois sensibles aux variations de luminosité. Les poissons aveugles localisent leur nourriture grâce à l'ouïe, le toucher et l'odorat tandis qu'ils se servent de leur ligne latérale pour détecter la présence d'objets et se diriger dans la grotte. Mettez un poisson aveugle avec d'autres poissons dans un aquarium et observez-le. Vous serez surpris de le voir nager à toute vitesse sans jamais heurter un objet ou un poisson et être presque toujours le premier à se jeter sur un aliment.

UN MANQUE DE COULEUR

Dans cet environnement peu ou pas éclairé, les couleurs passent totalement inaperçues. C'est pourquoi, au fil du temps, les poissons et autres animaux cavernicoles ont progressivement perdu leur pigmentation. Le corps des poissons albinos est rose uni (sans tache ni marbrure). La couleur est plus ou moins nuancée selon que les poissons ont plus ou moins de graisse ou de muscles. Les crustacés notamment les crabes qui vivent dans les grottes ont eux aussi perdu leur pigmentation. À la différence des poissons, leur corps est d'un blanc pur du fait de la teneur en calcium de leur « coquille » ou exosquelette.

UN ÉQUILIBRE MAINTENU

Pour tous les poissons, crabes et autres animaux complexes qui vivent dans cet écosystème, la condition *sine qua non* pour survivre est d'avoir de la nourriture à disposition. Pratiquement tous les animaux complexes font partie d'une chaîne alimentaire dont les premiers maillons sont les plantes ou plus exactement le Soleil. En effet, les plantes et les algues puisent leur énergie dans la lumière et les nutriments. Ces végétaux sont ensuite mangés par des animaux qui produisent des déchets dont se nourrissent les bactéries et autres minuscules organismes qui, à leur tour, sont mangés par des espèces plus grosses, elles-mêmes sont mangées par des espèces encore plus grosses et ainsi de suite. Dans un écosystème ou un habitat donnés, des centaines voire des milliers d'organismes et d'animaux peuvent constituer les différents maillons de la chaîne alimentaire.

Du fait de l'absence de lumière, les grottes sont dépourvues de végétation. Il semble donc difficile d'imaginer que des animaux complexes puissent vivre dans cet environnement. La nature étant bien faite, des bactéries microscopiques vivent sur des matières premières qui n'ont besoin ni de la lumière du Soleil ni de végétaux. Certaines de ces bactéries vivent sur les minéraux présents, notamment le soufre sur les roches volcaniques ou les « jeunes » roches. Les bactéries et les micro-organismes sont ensuite mangés par de minuscules animaux – amphipodes et crevettes – qui à leur tour sont dévorés par des animaux plus gros, par exemple, des poissons.

Quelques espèces terrestres vivent dans les grottes ayant un accès à la surface. C'est notamment le cas des chauves-souris qui restent dans l'obscurité des grottes le jour et qui ne s'aventurent à l'extérieur que la nuit. Les chauves-souris produisent quantité de déchets : déjections mais également animaux morts en décomposition. Ces déchets tombent dans l'eau et fournissent aux bactéries et aux micro-organismes mais aussi – directement ou indirectement – aux poissons de quoi se nourrir. De temps à autre, les grottes sont également visitées – volontairement ou accidentellement – par des oiseaux et des insectes qui eux aussi sont source de nourriture.

DES SENS PARTICULIÈREMENT DÉVELOPPÉS

Comme nous l'avons vu précédemment, les poissons cavernicoles se fient plus à leurs autres sens qu'à la vue pour trouver leur nourriture. La plupart d'entre eux ont des récepteurs olfactifs et des narines particulièrement développés. Certaines espèces ont un odorat deux à trois fois plus développé que les poissons non cavernicoles y compris les prédateurs. Cependant, le sens le plus aigu chez les poissons vivant dans les grottes est la variation de pression. Ce sens est localisé sur la ligne latérale constituée de canaux dotés de récepteurs sensoriels sensibles aux variations de pression de l'eau.

Certains poissons sont capables d'identifier les déplacements d'objets – aliments ou prédateurs – en localisant les variations de pression dans l'eau.

Certaines espèces sont particulièrement sensibles aux champs électriques. Quand un champ électrique passe à travers une substance – eau, roche ou animal – il rencontre une résistance qui varie selon la densité de l'objet. Les poissons qui grâce aux mouvements de leurs muscles génèrent de l'électricité créent leur propre champ électrique autour d'eux. Lorsque ce champ travers une roche – ou tout autre objet – le poisson identifie un changement dans le champ électrique et localise la roche. À la manière des radars, les champs électriques permettent aux poissons de connaître l'emplacement des différents objets, ce que fait, par ailleurs, la ligne latérale.

Un substrat foncé, par exemple, du sable de rivière noir, est tout à fait adapté pour recréer un environnement sombre et mystérieux.

Les champs électriques servent surtout à localiser une proie qui échappe aux autres sens.

UN AQUARIUM RÉUSSI

Les cavités naturelles se caractérisent par un manque de lumière et de végétaux et des espaces très dégagés. Pour rendre un aquarium inspiré d'une grotte moins austère, prévoyez quelques plantes à la surface de l'eau et réparties ici et là sur le substrat. Même si les roches sont les éléments de base, l'ensemble peut être esthétique et attirer les regards.

LE SUBSTRAT

Plusieurs options s'offrent à vous, l'essentiel étant de choisir un substrat de couleur foncée qui ne contraste pas avec les roches. Dans l'aquarium témoin (pp. 156-157), le substrat choisi est du sable de Loire sur lequel reposent des morceaux de roche de lave, matériau léger et poreux. Le sable de Loire étant plus clair que les roches, une couche de gravier noir a été étalée par-dessus. Par endroits, le sable de Loire reste visible et attire les regards. Quel que soit le substrat choisi, la couleur doit être en parfaite harmonie avec la couleur des roches. Si vous utilisez comme élément de base de roche de lave, brisez quelques gros morceaux en fragments de différentes tailles que vous disposerez au pied des roches les plus grosses et ici et là sur le substrat.

La roche de lave particulièrement poreuse se brise très facilement. C'est le matériau à privilégier dans un aquarium inspiré d'une grotte.

CONSTRUCTION DE LA GROTTE

Utilisez une roche inerte, la solution idéale étant de la lave de roche facile à travailler et à manipuler. La lave de roche est un matériau très poreux et particulièrement léger. Les morceaux peuvent très facilement être empilés les uns sur les autres. À la différence des autres matériaux, la structure reste légère et si une roche tombe, elle ne risque pas de causer de gros dégâts. Par ailleurs, la couleur gris rougeâtre de ce matériau est tout à fait adaptée à ce type d'aquarium.

Construisez la grotte avant de remplir l'aquarium d'eau. Mettez en place les roches au fond et sur les côtés de l'aquarium puis fixez-les les unes aux autres avec du silicone. Collez-les ensuite sur la vitre de l'aquarium et laissez-les sécher. Pour créer la voûte, couchez l'aquarium, le dos sur le sol. Mettez les roches en place et fixez-les avec du silicone avant de remettre l'aquarium dans sa position initiale. Laissez sécher plusieurs jours. Avec des tubes fluorescents ou des lampes, créez deux puits de lumière qui apporteront un peu d'éclat à l'ensemble.

Utilisez les plantes avec parcimonie. Les cryptocorynes *sont des petites plantes qui se détachent merveilleusement sur les roches et le substrat.*

LES PLANTES

Même si les plantes ne se développent pas dans les grottes, un aquarium sans végétation est on ne peut plus austère. Choisissez une ou deux espèces qui mettront en valeur les roches et le substrat, par exemple des *Anubias spp.*, des petites fougères ou des plantes de petite taille comme les cryptocorynes.

Disposez les plantes à proximité des « puits de lumière » afin qu'elles bénéficient du maximum de luminosité. Utilisez ces plantes afin de marquer la séparation entre le « monde d'en haut » et le « monde d'en bas ». Sur le substrat, disposez ici et là quelques plants de vallisnérie américaine *(Vallisneria americana)* aux feuilles effilées dotées de nervures rouge-orange. Mieux vaut opter pour des plants isolés que pour des plants groupés.

Cette plante à la croissance rapide doit être régulièrement taillée sous peine de devenir rapidement envahissante.

LES POISSONS

Parmi tous les poissons cavernicoles, seules quelques rares espèces sont commercialisées dans les magasins d'aquariophilie. Vous serez donc probablement amenés à « tricher » et opter pour des espèces albinos de poissons qui ne vivent pas à l'état naturel dans les grottes, par exemple, des barbus-tigres *(Puntius tetrazona)*, des néons roses ou tétras lumineux *(Hemigrammus erythrozonus)*, des *Ancistrus* et certaines espèces de corydoras.

Si vous voulez absolument avoir des poissons cavernicoles, introduisez dans votre aquarium des poissons aveugles *(Astyanax fasciatus mexicanus)*, poissons robustes à la robe rosée n'excédant jamais 8 cm de long. Certaines espèces de mollys notamment le molly safran *(Poecilia sphenops)* et le molly du Mexique *(Poecilia mexicana)* vivent parfois dans des grottes. Ces poissons placides se prêtent à la vie en aquarium. Il existe des mollys de différentes couleurs. Toutefois, pour un aquarium inspiré d'une grotte choisissez des mollys noirs qui contrasteront avec les poissons albinos.

Parmi les autres poissons ayant également leur place dans ce type d'aquarium, le silure-grenouille *(Clarias batrachus)* et le *Clarias cavernicola* qui peuvent atteindre respectivement 50 cm et 28 cm de long.

Ces poissons carnivores n'hésitent pas à manger leurs petits colocataires. Soyez très vigilant et optez pour un aquarium de grande capacité.

Les *Hoplosternum* sont une autre option à privilégier. Bien que ne vivant pas à l'état naturel dans des grottes, ces poissons sont dotés d'yeux minuscules et ont une acuité visuelle très limitée, une caractéristique que l'on

Ci-dessous : *Le silure-grenouille* (Clarias batrachus) *utilise ses barbillons pour se diriger et trouver de la nourriture.*
Ce poisson albinos pouvant atteindre 50 cm de long ne peut vivre que dans un aquarium de grande capacité avec nombre de cachettes à sa disposition.

retrouve chez toutes les espèces cavernicoles.

Les anguilles des marais et les salamandres sont deux espèces qui peuvent convenir dans un aquarium inspiré d'une grotte. L'anguille des marais n'est pas vraiment une anguille bien qu'elle en ait l'aspect. Elle vit principalement dans des grottes naturelles. *Synbranchus infernalis* est la variété la plus répandue même si d'autres espèces sont également commercialisées. Le *Proteus anguinus* a la peau couleur blanc-rose qui lui vaut le surnom de « poisson-humain ». Cet amphibien est atypique. En effet, dans son environnement naturel, il n'a pas d'yeux et sa peau n'a pas de pigmentation mais dès lors qu'il est exposé à la lumière, des yeux se développent et il se met à bronzer, des petites cellules appelées mélanophores réparties sur son dos libérant un piment foncé. Cette particularité pousse les scientifiques à penser que les ancêtres du *Proteus anguinus* étaient très certainement pigmentés. La durée de vie moyenne du *Proteus anguinus* est de 60 ans même si certains spécimens atteignent parfois 100 ans. Le *Proteus anguinus* pourrait survivre plusieurs années sans manger. Les salamandres utilisent des champs électriques pour se diriger, communiquer et localiser la nourriture. Toutes les espèces de salamandres ont leur place dans un aquarium inspiré d'une grotte.

Ci-dessus : *Le poisson-chat électrique (*Malapterurus spp.*) génère un champ électrique autour de lui qui lui permet de localiser les objets et trouver de la nourriture. Les champs électriques générés par le poisson-chat électrique sont les plus puissants.*

À gauche : *Le « poisson-humain »* (Proteus anguinus) *est une salamandre cavernicole facilement reconnaissable à sa peau blanc-rose proche de la couleur de la peau humaine et à ses branchies roses. À la lumière du jour, des yeux se développent et le corps « bronze ».*

Aquarium inspiré d'une grotte

Le plus long et le plus délicat est d'empiler et de fixer les roches. C'est de ce travail méticuleux que dépend la qualité du résultat final.

Les petits poissons et les poissons-chats se dissimulent dans les interstices entre les roches.

Les cryptocorynes éparpillées sur la voûte apportent de la couleur à l'ensemble.

Par endroits, les roches empêchent la lumière de passer, créant un environnement sombre et mystérieux.

Les roches les plus grosses reposent sur le substrat. Même si les morceaux de roche de lave sont très légers, il est indispensable de les fixer avec du silicone.

Des Vallisneria *sont plantées ici et là et profitent des puits de lumière.*

Toutes les plantes ne supportent pas le manque de lumière. Si les espèces les plus petites sont, a priori, *les plus appropriées à ce type d'aquarium, attendez-vous à ce que certaines dépérissent.*

Sous les puits de lumière sont plantées quelques espèces particulièrement robustes.

Pour favoriser l'enracinement des plantes, mettez du sable de rivière dans les failles entre les roches.

Les zones plongées dans l'obscurité mettent en valeur les zones éclairées qui attirent le regard.

Le sable de rivière est recouvert de gravier noir qui se marie merveilleusement avec la couleur gris rougeâtre des roches.

Les petits morceaux de roche de lave éparpillés sur le substrat évoquent une chute de pierres.

Les ruisseaux de l'Asie du Sud-Est

Les forêts tropicales de l'Asie du Sud-Est et des îles indonésiennes abritent un grand nombre d'espèces animales et végétales. Le relief très fracturé de cette partie du monde – péninsules, archipels et chaînes de montagne – explique l'absence de grands bassins hydrographiques que l'on trouve dans d'autres régions du monde notamment dans les forêts tropicales d'Amérique du Sud et d'Afrique. Néanmoins, les pluies torrentielles enregistrées lors de la saison des pluies et la capacité de la forêt à retenir l'eau favorisent la présence de ruisseaux, bassins et cours d'eau dans toute la forêt. Même si les ruisseaux ne sont jamais à sec, le niveau des eaux varie en fonction des saisons sèche et pluvieuse. Par exemple, lorsque le niveau de l'eau baisse ne serait-ce que de 30 cm, la largeur du cours d'eau peut diminuer de 2 m.

La forêt étant particulièrement dense, le sol sur les bords des cours d'eau est riche en matières organiques même si la couche de terre est très fine. La glaise riche en fer favorise la prolifération des végétaux. Les plantes aquatiques et semi-aquatiques abritent un nombre considérable de petits animaux et d'insectes dont se nourrissent les petits poissons. Les ruisseaux étant peu profonds et toujours agités, rares sont les prédateurs qui hantent les eaux. En fait, le danger vient principalement des oiseaux qui élisent domicile dans la canopée. Pour échapper à leurs ennemis, les poissons ont mis au point des techniques de camouflage, se déplacent en groupe et se cachent dans la végétation dense.

LA SURVIE DES PLANTES

Si le substrat riche en nutriments, l'apport en matières organiques sans cesse renouvelé et les eaux relativement peu profondes sont autant de conditions favorisant la prolifération des plantes aquatiques, un certain nombre de facteurs font que seules quelques espèces ont réussi à s'adapter à ce milieu. Par exemple, la couche de substrat étant très fine, les plantes de haute-tige ne peuvent pas pousser partout alors que la végétation retombante prive certaines parties des ruisseaux de lumière. Par ailleurs, l'eau en perpétuel mouvement augmente le taux d'oxygène et fait baisser le taux de dioxyde de carbone. Par conséquent, même si les plantes ont à leur disposition tous les nutriments dont elles ont besoin, seules les espèces à la croissance lente qui consomment le moins de dioxyde de carbone et de lumière lors du processus de la photosynthèse peuvent en profiter.

Les cryptocorynes sont présentes dans nombre de cours d'eau. Ces petites plantes se sont adaptées afin de survivre aussi bien dans les zones ombragées que dans les zones ensoleillées. Par ailleurs, leur croissance étant relativement lente,

Les ruisseaux de l'Asie du Sud-Est

Les ruisseaux présents sur le continent asiatique sont souvent reliés à des rivières ou des fleuves.

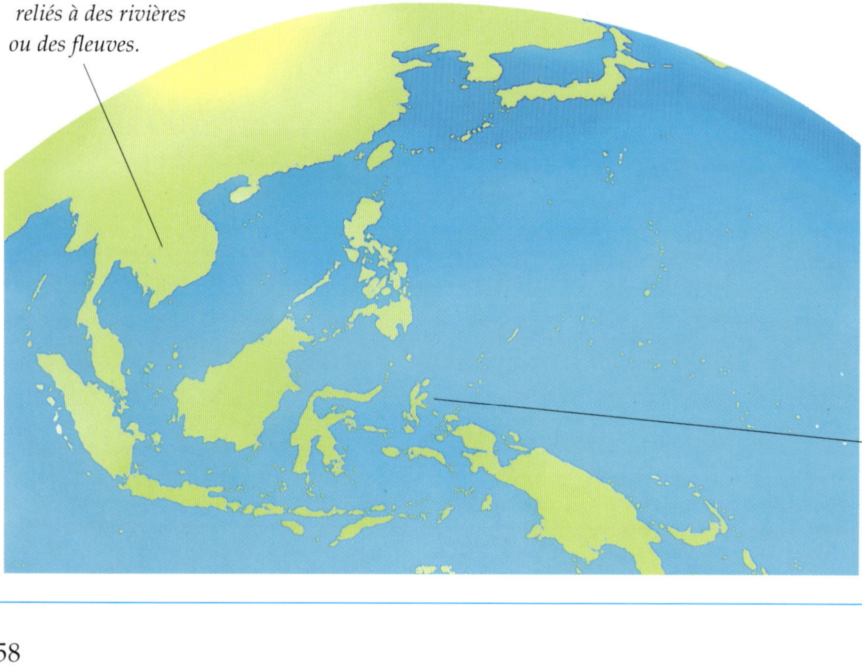

Dans les forêts tropicales de l'Asie du Sud-Est, les cours d'eau abritent une multitude d'espèces animales et végétales. Si les gros poissons sont rares, les petites espèces notamment les rasboras et les barbus élisent domicile au milieu des cryptocorynes et sur les rives ombragées.

Les îles indonésiennes comptent une multitude de ruisseaux, marécages, fleuves et rivières entourés par la forêt tropicale. Quelques espèces de poissons endémiques ne vivent que sur ces îles.

elles ne souffrent pas du manque de dioxyde de carbone.

Les rives des ruisseaux aux eaux calmes et tranquilles sont prises d'assaut par les cryptocorynes dotées de feuilles brunes qui profitent des nutriments transportés par les sources souterraines. Rapidement, ces plantes se naturalisent et prennent possession des lieux accueillant des petits poissons et des poissons filtreurs. Au milieu des ruisseaux, les eaux profitent des rayons du Soleil une plus grande partie de la journée. C'est là que les plantes aux feuilles vertes sont les plus abondantes. Relativement robustes, elles s'enracinent au milieu des roches, des pierres et des débris végétaux.

UNE CROISSANCE À DEUX VITESSES

Si les cryptocorynes sont les plantes les plus abondantes, les ruisseaux de l'Asie du Sud-Est sont également riches en *Aponogeton*. En effet, ces deux espèces ont réussi à s'adapter aux variations du niveau de l'eau. Lorsque la saison sèche approche et que le niveau de l'eau commence à baisser, les plantes entrent en période de dormance. Certaines plantes du genre *Aponogeton* perdent toutes leurs feuilles alors que les racines y compris les bulbes et/ou les tubercules se mettent en « repos ». Dès que le niveau de l'eau remonte et que les conditions sont à nouveau bonnes, les tiges poussent et de nouvelles feuilles apparaissent.

Les ruisseaux sont également bordés de fougères notamment de fougères de

Les crypotocorynes sont des petites plantes à la croissance lente très répandues dans les ruisseaux et les rivières peu profondes de l'Asie du Sud-Est.

Ci-dessus : *Les poissons qui vivent dans cette petite rivière sur l'île de Bornéo sont également présents dans les ruisseaux auxquels elle est reliée. Par endroits, la canopée laisse filtrer les rayons du Soleil.*

Java *(Microsorium pteropus)* que les aquariophiles connaissent bien. Les fougères poussent généralement sur le tronc des arbres et sur les roches soit là où les autres plantes ne peuvent pas prendre racine. Lorsque le niveau de l'eau est haut, les fougères prolifèrent. Lorsqu'il baisse, ces plantes très robustes puisent l'eau dont elles ont besoin pour vivre dans l'atmosphère et la rosée du matin, leur croissance étant alors fortement ralentie.

Dans nombre d'endroits, les bambous qui ont besoin de beaucoup d'eau pour vivre prolifèrent. Le bambou géant peut croître jusqu'à 1 m par jour ! Très envahissants, les bambous occupent des parties bien délimitées dans la forêt tropicale.

DES MANGEURS PEU TATILLONS

L'alimentation de nombreux poissons repose sur la forêt tropicale : insectes, fruits et graines qui tombent dans l'eau et sont entraînés par le courant. Les eaux peu profondes à la végétation très dense sont les habitats de prédilection des insectes et de leurs larves. Par ailleurs, les débris végétaux assurent la présence de bactéries et autres micro-organismes qui décomposent les matières organiques dont se nourrissent les poissons benthiques, les alevins et les poissons pélagiques. Les poissons qui vivent dans les ruisseaux de l'Asie du Sud-Est sont des opportunistes qui mangent tout ce qui se présente. Les loches, les cyprinidés y compris le requin à queue rouge *(Epalzeorhynchos bicolor)*, le labéo vert *(Epalzeorhynchos frenatus)* et la loche-cheval *(Acanthopsis choirorhynchus)* dévorent sans vergogne toutes les petites créatures qui vivent dans le substrat. Quand il y a une pénurie, elles se tournent vers les algues qui prolifèrent dans les zones ensoleillées.

UN AQUARIUM RÉUSSI

La réussite de votre aquarium repose sur la présence d'une végétation dense que l'on retrouve au bord des ruisseaux de l'Asie du Sud-Est. Dans l'aquarium témoin (pp. 164-165), les éléments principaux sont les cryptocorynes. Quelques *Aponogeton* ont été plantés ici et là pour rompre la monotonie. Des morceaux de teck et des chaumes de bambous coupés délimitent différentes parties et attirent les regards. Les petits poissons grégaires aiment nager au milieu des plantes tandis que les poissons benthiques notamment les loches se dissimulent derrière les différents éléments du décor et fouillent le substrat.

LE SUBSTRAT

Dans l'aquarium témoin, différents substrats ont été mélangés, le substrat de base étant du sable de rivière de moyenne granulométrie auquel viennent s'ajouter du gravier sans calcaire de fine granulométrie, des galets, des éclats de roche rouge et des morceaux de bois exotiques. Les couleurs « automnales » de l'ensemble rappellent le substrat marron rougeâtre foncé des ruisseaux (la couleur étant due à la présence d'argile riche en fer et de déchets végétaux). Les galets et les morceaux de bois exotiques apportent une note naturelle à l'ensemble. Les plantes étant relativement nombreuses, il est conseillé de mettre autour des racines un substrat enrichi en éléments nutritifs. Même si les plantes sont particulièrement robustes, il sera parfois nécessaire d'avoir recours à l'effet de fertilisation du dioxyde de carbone et à des engrais liquides qui feront toute la différence entre les plantes qui prolifèrent et les plantes qui luttent pour survivre.

LE TECK ET AUTRES BOIS EXOTIQUES

Plusieurs petits morceaux de teck sont éparpillés sur le substrat (la plupart étant dissimulés par les plantes). Les morceaux sont disposés en ligne à peu près aux deux tiers de la largeur de l'aquarium pour simuler la racine d'un arbre mort ou une souche. Mis à part le côté esthétique, les morceaux de teck créent une ligne de démarcation entre le premier plan et l'arrière-plan de l'aquarium. Le morceau de teck sur le côté droit de l'aquarium sert de support aux racines des plantes.

Grâce au bois exotique, l'eau reste légèrement douce et acide ce qui convient parfaitement aux poissons.

Le bois exotique teinte légèrement l'eau. Si vous voulez que l'eau soit claire et limpide, vous devrez avoir recours à une filtration chimique. Sachez, cependant, qu'une eau de couleur thé est tout à fait adaptée à ce type d'aquarium.

LES BAMBOUS

Dans l'aquarium témoin, des chaumes de deux diamètres diffé-

À gauche : *La robe du requin à queue rouge* (Epalzeorhynchos bicolori) *est typique des poissons tropicaux originaires de l'Asie du Sud-Est.*

Des chaumes de différents diamètres enfoncés ici et là dans le substrat renforcent le côté exotique de l'ensemble.

rents ont été utilisés mais sachez que vous n'êtes absolument pas limité dans votre choix. Des morceaux de différentes longueurs ont été coupés dans les chaumes les plus fins avant d'être enfoncés ici et là dans le substrat. Au fil du temps, les chaumes vont pourrir et se couvrir d'une fine pellicule marron foncé. Pour retarder ce phénomène, passez une couche de vernis sur les chaumes avant de les mettre dans le bac (il est, toutefois, moins onéreux de remplacer régulièrement les chaumes abîmés par des chaumes en parfaite santé). Les chaumes de gros diamètre pourrissent beaucoup plus vite et sont beaucoup plus chers. Coupez les chaumes de manière à pouvoir retirer la « peau » et vernir l'intérieur (voir p. 32). Passez deux couches de vernis polyuréthane de teinte claire afin que tous les pores soient bouchés. Évitez si possible les vernis colorés qui contiennent des substances chimiques pouvant être dangereuses pour les poissons et les plantes. Une fois le vernis complètement sec, positionnez les chaumes dans le bac et fixez-les afin qu'ils ne risquent pas de tomber.

À la différence des bois exotiques qui sont saturés d'eau, les bambous sont des bois secs qui flottent. Il est donc indispensable de fixer les chaumes avec du silicone sur une roche plate ou sur une plaque en verre que vous dissimulerez sous le substrat. Une autre solution est de lester les chaumes en enfonçant à l'intérieur un galet ou un gros caillou.

L'épi d'eau gaufré (Aponogeton boivinianus) *doté de longues feuilles fines et fragiles a besoin d'une période de repos hors de l'eau après la floraison ou une poussée de croissance.*

LES PLANTES

Les cryptocorynes sont les principaux éléments du décor. Leurs touffes très denses mélangées à des *Aponogeton* font penser à la jungle. Choisissez différentes espèces de cryptocorynes afin d'avoir des feuilles de tailles et de couleurs différentes. À certains endroits, plantez quelques spécimens isolément et, à d'autres, privilégiez les touffes denses. Dans l'aquarium témoin, l'un des côtés est occupé par des cryptocorynes aux petites feuilles vert olive pâle qui recouvrent pratiquement tout le substrat et l'autre par des espèces dotées de grandes feuilles qui s'enroulent autour du chaume d'un bambou et s'élèvent vers la surface de l'eau.

Les racines ne sont pas plantées dans le substrat mais dans des pots placés aux trois quarts de la hauteur de l'aquarium. Même si garder des plantes en pot n'est pas l'idéal, les cryptocorynes n'en souffriront pas à condition que l'apport en engrais liquide soit suffisant. Si l'idée de mettre des pots dans votre aquarium vous déplaît, choisissez un morceau de bambou de gros

La forme atypique des feuilles de la Cryptocoryne balansae *est du plus bel effet.*

diamètre. Remplissez l'intérieur avec du terreau ou mélangez du gravier sans calcaire et un substrat riche en nutriments. Sur un côté, percez des trous suffisamment larges pour pouvoir y enfoncer les plantes. Une fois les plantes en place, plantez le bambou à la verticale dans le substrat. Les plantes retombent légèrement et rappellent la canopée des forêts tropicales de l'Asie du Sud-Est.

Parmi les espèces d'*Aponogeton* choisies : des dentelles de Madagascar *(Aponogeton madagascariensis)*, des épis d'eau gaufrés *(Aponogeton boivinianus)* et des épis d'eau crépus *(Aponogeton crispus)* plantés isolément à l'avant du bac ou mélangés aux cryptocorynes. Les feuilles froissées ou aux bords ondulés des *Aponogeton* se marient merveilleusement avec les petites feuilles arrondies des cryptocorynes. Si vous le souhaitez, ajoutez des *Hygrophila* même si les deux espèces précitées sont amplement suffisantes dans ce type d'aquarium.

LES POISSONS GRÉGAIRES

Les ruisseaux de l'Asie du Sud-Est sont principalement peuplés de petits barbus et de rasboras. Bien que relativement pacifiques, ces poissons actifs n'hésitent pas à mordiller les nageoires de leurs colocataires – un comportement qui tend à disparaître dès lors que les poissons sont en groupe. Par exemple, chez les barbus-tigres *(Puntius tetrazona)*, cette « manie » n'apparaît plus lorsque les poissons évoluent par groupe de six, sept voire plus. Dans leur environnement, ces poissons se déplacent toujours en bande. Pour qu'une hiérarchie s'instaure, les poissons se livrent de « faux combats ». Le fait de mordiller les nageoires permet de définir un ordre social. Lorsque les poissons se retrouvent en petit nombre, ils ne peuvent se livrer à ce « jeu » et ils libèrent toute leur agressivité envers les poissons des autres espèces.

Le barbu-tigre se reconnaît à son corps strié de bandes verticales. Parmi les autres poissons à privilégier dans votre aquarium : les barbus-cerises *(Puntius titteya)* qui doivent leur nom à la robe rouge-cerise intense des mâles et les barbus à cinq bandes *(Puntius pentazona)*, petits poissons très calmes et sociables se prêtant à la vie en aquarium.

Les deux espèces de rasboras qui conviennent le mieux à un aquarium inspiré des ruisseaux d'Asie du Sud-Est sont le rasbora-arlequin *(Rasbora heteromorpha)* et le rasbora-ciseaux *(Rasbora trilineata)*. Ces petits poissons grégaires aiment tout particulièrement nager en pleine eau au milieu de la végétation.

Les loches quant à elles préfèrent vivre au fond du bac. Ces poissons mangeurs d'algues sont très actifs. Parmi les espèces à privilégier : le gyrino ou loche-ventouse *(Gyrinocheilus aymonieri)*, le barbeau à belles nageoires *(Epalzeorhynchos kalopterus)*, le mangeur d'algues siamois *(Crossocheilus siamensis)*

Ci-dessus : *La loche-cheval* (Acanthopsis choirorhynchus) *est un poisson fouisseur actif mais assez paisible pour cohabiter avec des congénères. Pour fuir un danger, elle n'hésite pas à s'enterrer sous le substrat.*

À droite : *Le barbu-cerise* (Puntius titteya) *est un petit poisson pacifique à la robe très colorée. Si les conditions sont bonnes, la robe du mâle devient rouge cerise d'où son nom.*

Ci-dessus : *Le barbeau à belles nageoires* (Epalzeorhynchos kalopterus) *est un mangeur d'algues pouvant se montrer très agressif vis-à-vis des poissons de son espèce et autres loches. Dans un aquarium, prévoyez de nombreuses cachettes où il pourra se mettre à l'abri.*

et autres poissons présentant de nombreuses similitudes avec les loches (et souvent commercialisés à tort sous le nom de loches) comme le requin à queue rouge *(Epalzeorhynchos bicolor)*, le labéo vert *(Epalzeorhynchos frenatus)* et la loche-cheval *(Acanthopsis choirorhynchus)*.

Malheureusement, parmi toutes les espèces précitées, seule la loche-cheval est suffisamment calme et sociable pour vivre en groupe, les autres étant prêtes à tout pour défendre leur territoire. Très agressives envers les poissons de la même espèce, les loches sont plus tolérantes avec les barbus, les tétras, les poissons-chats et les rasboras.

Ne mettez jamais plusieurs loches dans un aquarium de petite capacité (120 x 30 cm) sauf, bien évidemment, si vous optez pour des loches-cheval qui, je le rappelle, sont très sociables.

Aquarium inspiré des ruisseaux de l'Asie du Sud-Est

Dans cette « jungle » sous-marine, certaines plantes ont été placées au hasard alors que d'autres ont fait l'objet d'une mûre réflexion.

Les cryptocorynes ne sont pas plantées dans le substrat mais les unes au-dessus des autres.

Les bambous les plus gro ont été lestés avec des gale

Les plantes pourvues de petites feuilles ont été plantées en touffes denses.

Le substrat est un mélange de gravier et de petits galets qui rappelle le lit des ruisseaux.

Certains spécimens comme la dentelle de Madagascar (Aponogeton madagascariensis) *sont plantés isolément.*

Les couleurs des feuilles des crypotocorynes se mélangent harmonieusement.

Les plantes dotées de larges feuilles sont disposées au fond du bac.

Quelques Aponogeton *sont éparpillés parmi les cryptocorynes.*

Des chaumes de bambous de différents diamètres ont été coupés puis plantés à la verticale dans le substrat au milieu de la végétation.

Pour favoriser la croissance des plantes, un substrat enrichi en nutriments est étalé autour des racines.

Les plantes grandissent à leur rythme et, au fil du temps, l'aquarium change d'aspect.

Les marécages de l'Asie du Sud-Est

Les marécages des plaines de l'Asie du Sud-Est sont des habitats atypiques. Les poissons qui vivent là ont, au fil du temps, développé des techniques spécifiques pour se nourrir, chasser et se reproduire. Dans la plupart des marécages, la végétation sur et sous l'eau est très dense. Dans les zones peu profondes notamment à proximité des berges, des plantes de rive, des roseaux et des bambous sont regroupés en touffes serrées. Par endroits, les zones inondées font place à des parcelles de terre asséchée où poussent des buissons et des arbres qui apportent de l'ombre et offrent des cachettes aux différentes espèces animales. Au milieu des marécages, les plantes aquatiques, les espèces flottantes et les roseaux abondent. Les eaux étant très boueuses, les poissons se fient plus à leurs goût, odorat, toucher et ouïe qu'à leur acuité visuelle pour trouver de la nourriture et échapper aux prédateurs.

Au fil des mois, les saisons sèche et pluvieuse se succèdent diminuant ou augmentant le niveau de l'eau et modifiant la superficie des marécages. Pendant la saison sèche, les eaux sont peu profondes et des bandes de terre délimitent des séparations entre des bassins et des marais plus ou moins grands. Avec l'arrivée des pluies, le niveau de l'eau monte, les bandes de terre sont submergées et les bassins ne forment plus qu'un seul et même marécage. C'est à cette période que les poissons se reproduisent. En effet, la

Les marécages de l'Asie du Sud-Est

Les marécages sont principalement localisés dans les plaines où l'eau s'accumule durant la saison des pluies.

Sur les îles indonésiennes, les pluies sont si abondantes que les marécages ne sont jamais asséchés.

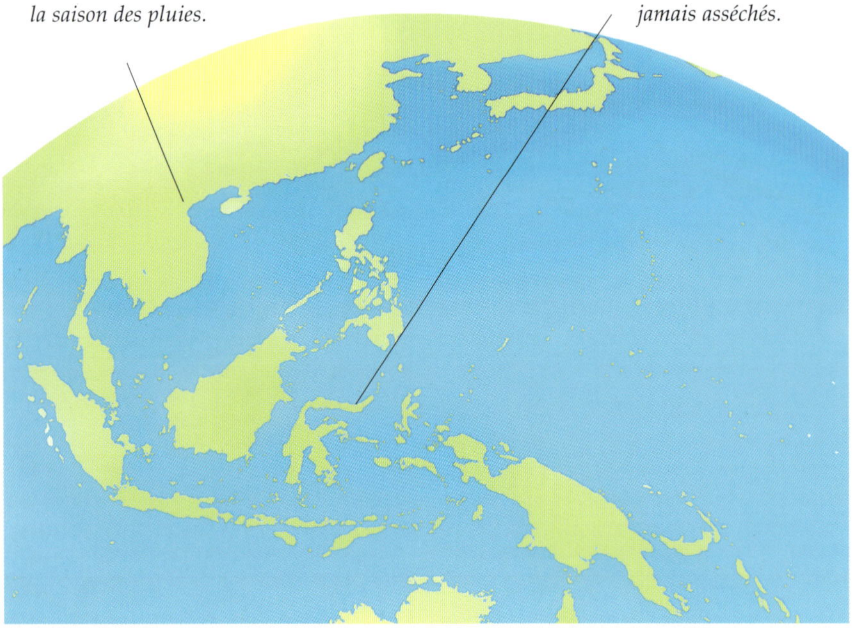

En Asie du Sud-Est, les marécages recouvrent une grande partie du territoire. Par endroits, les eaux sont peu profondes. Sous l'eau, une multitude d'espèces végétales aquatiques et de rive créent une véritable jungle. Les poissons qui ont dû s'adapter au manque de lumière, de clarté et d'oxygène ne manquent jamais de nourriture et ont à leur disposition de nombreuses cachettes pour échapper à leurs prédateurs.

À gauche : L'eau des marécages est boueuse et pauvre en oxygène. Les poissons ont su s'adapter à ces conditions peu favorables.

éranthère à feuilles de zostère (Heteranthera *rifolia*), *originaire d'Amérique du Sud, a tout fait sa place dans un aquarium inspiré des écages de l'Asie du Sud-Est.*

nourriture est abondante et les mâles peuvent choisir leur(s) partenaire(s) parmi une multitude de femelles.

UN PARADIS VÉGÉTAL

Le sol des marécages est composé de limon et de déchets mais aussi de substances très riches en fer comme l'argile qui empêche l'eau de pénétrer dans le sous-sol.

Les eaux chaudes et peu profondes associées au substrat riche en fer et en nutriments sont particulièrement propices à la prolifération des plantes aquatiques. Dans les marécages, les plantes ont une croissance rapide et deviennent rapidement envahissantes. Les tiges grandissent sous l'eau tandis que les feuilles n'apparaissent qu'à la surface, soit là où la lumière du Soleil est présente. Dans les zones dégagées, les plantes flottantes prolifèrent rapidement car leurs racines n'ont pas besoin d'être plantées dans le substrat et elles n'ont pas à se battre pour bénéficier des rayons du Soleil. Dans cet environnement, seules les espèces les plus robustes qui ne manquent pas de lumière survivent.

UN MANQUE D'OXYGÈNE

Les marécages occupant une grande superficie et la végétation étant particulièrement dense, l'eau est on ne peut plus calme alors que les échanges gazeux à la surface de l'eau sont minimes. Le jour, au cours du processus de la photosynthèse, les plantes absorbent une grande quantité de dioxyde de carbone puisé dans l'eau, le substrat et l'atmosphère et dégagent quantité d'oxygène. L'oxygène libéré par les plantes est indispensable à l'écosystème car il empêche l'eau et le substrat de stagner et de devenir toxique ce qui entraînerait la disparition de nombre d'espèces animales et végétales et la prolifération des algues. La nuit, les plantes ne dégagent plus d'oxygène mais continuent à respirer consommant – à l'inverse de ce qui se passe le jour – de l'oxygène et libérant du dioxyde de carbone. Même si, sur une période de 24 heures, les plantes dégagent plus d'oxygène que de dioxyde de carbone, une grande quantité d'oxygène s'échappe dans l'air alors que les eaux sont pratiquement stagnantes. Aux toutes premières heures du jour, la teneur en oxygène des marécages est extrêmement basse, nombre de créatures – plantes, poissons, bactéries et autres organismes – ayant respiré tout au long de la nuit.

La qualité de l'eau

Les poissons qui vivent dans les marécages de l'Asie du Sud-Est ont développé des tactiques pour survivre dans un environnement particulièrement inhospitalier. Dans la journée, les eaux boueuses sont chaudes et peu oxygénées. La teneur élevée en matières organiques et le manque de minéraux se traduisent par une dureté de l'eau quasiment nulle. Le pH de l'eau, qui est en moyenne égal à 5, chute puis augmente au cours de la journée. Les poissons des marécages ne se prêtent pas tous à la vie en aquarium, la plupart étant très sensibles à la qualité de l'eau et ne supportant pas des conditions différentes de celles qu'ils connaissent dans leur environnement naturel. Dans un aquarium, l'eau du robinet est parfois riche en nitrates et autres substances polluantes alors que dans les marécages de l'Asie du Sud-Est les agents polluants – ammoniaque, nitrites, nitrates et autres substances – sont rapidement absorbés par la végétation très dense. De ce fait, les poissons peu habitués à être confrontés à ces substances chimiques développent dans un aquarium des infections et autres maladies. La loche-clown est particulièrement sensible à nombre de produits chimiques notamment les substances utilisées pour lutter contre la prolifération des escargots. Si vous utilisez ce type de produits, soyez particulièrement vigilant et renseignez-vous toujours quant aux effets secondaires qui menacent les poissons. Certains anabantidés notamment les gouramis nains et les combattants du Siam développent des maladies cutanées (ulcères) dès lors que l'eau contient des agents polluants. Introduisez toujours les poissons les plus fragiles dans votre aquarium en dernier et optez pour un système de filtration performant, l'idéal étant d'installer un filtre extérieur. L'osmose inverse peut également résoudre nombre de problèmes, l'eau étant alors douce, acide, très pauvre en impuretés et agents polluants.

Durant la saison chaude – soit entre octobre et février – l'eau peut atteindre 28 °C voire plus. Le taux d'oxygène baisse dans la mesure où l'eau chaude retient moins de gaz dissous. Certaines petites espèces notamment les rasboras et les barbus qui vivent dans les marécages n'ont pas besoin de beaucoup d'oxygène pour vivre.

Pour réduire leur consommation d'oxygène, ils nagent lentement et restent immobiles dans des lieux abrités par les plantes à la surface de l'eau soit là où les taux d'oxygène sont les plus élevés. À la différence des petits poissons, les gros spécimens comme les gouramis, les poissons-chats et les loches ont du mal à supporter ces conditions particulièrement difficiles. Pour survivre, ils ont appris à puiser l'oxygène non pas dans l'eau mais dans l'air. Les poissons-chats et les loches remontent à la surface pour prendre des bouffées d'oxygène qui passe ensuite dans leur système sanguin.

Les gouramis ont mis au point une autre tactique. Ces poissons qui appartiennent à la famille des anabantidés sont dotés d'un labyrinthe, organe auxiliaire de respiration très vascularisé situé au-dessus de la tête derrière les opercules. Grâce au labyrinthe, les poissons captent l'oxygène contenu dans l'atmosphère.

LE TOUCHER ET LE GOÛT

Les poissons-chats et les loches sont très présents dans les marécages de l'Asie du Sud-Est. Le substrat abrite une multitude de petits organismes qui se nourrissent de déchets organiques et sont, à leur tour, mangés par les poissons. Les poissons benthiques ne se fient pas à leur acuité visuelle pour trouver de la nourriture (dans ces eaux très boueuses, une excellente vue n'est pas d'une grande utilité) mais à leurs autres sens. Les poissons-chats et les loches détectent leur nourriture dissimulée dans le substrat grâce à des barbillons.

Les gouramis adoptent une autre méthode. Leurs nageoires pectorales particulièrement sensibles leur permettent de localiser les autres poissons mais aussi les différents aliments. Dans un aquarium, il est intéressant d'observer la manière dont les gouramis s'y prennent pour identifier leur environnement.

Les poissons benthiques qui passent la majorité de leur temps à se cacher de leurs congénères et des prédateurs utilisent également leur odorat pour localiser une proie. Dans un aquarium, ces poissons se montrent souvent timides et n'aiment pas les espaces dégagés. Veillez à ce qu'ils aient de nombreuses cachettes à leur disposition.

Ci-dessous : *Grâce à ses nageoires pectorales particulièrement sensibles, le gourami doré* (Trichogaster trichopterus) *identifie les poissons, les plantes et autres éléments qui l'entourent. Avec sa bouche tournée vers le haut, il attrape les insectes qui s'aventurent à la surface de l'eau.*

UN AQUARIUM RÉUSSI

À côté des poissons, les plantes sont des éléments essentiels dans un aquarium inspiré des marécages de l'Asie du Sud-Est. Si les plantes sont en nombre suffisant et si la qualité de l'eau correspond aux besoins des poissons, vous ne devriez pas rencontrer trop de problèmes.

Pour ce qui est des autres éléments du décor, vous pouvez opter pour une ou deux roches et/ou morceaux de bois, la solution idéale étant de planter ici et là dans le substrat des chaumes de bambous qui mettront en valeur les plantes et délimiteront différents espaces. Par ailleurs, rien de mieux que des bambous pour donner à l'ensemble un petit côté asiatique.

Les chaumes des bambous se prêtent parfaitement à ce type d'aquarium, apportant une petite note asiatique de bon aloi.

LE SUBSTRAT

Dans l'aquarium témoin (pp. 172-173), le substrat est en partie constitué de sable de Loire, de sable de rivière et de petits galets éparpillés par-dessus. Le sable de Loire favorise l'enracinement des plantes mais a tendance à former des blocs compacts. Remuez régulièrement le sable afin de libérer les nutriments et favoriser la circulation de l'eau.

Lorsque les plantes poussent, leurs racines dégagent de l'oxygène ce qui, normalement, empêche le sable de stagner. Pour prévenir la formation de blocs compacts, pensez également à installer un câble chauffant au fond du bac (voir p. 28). Une autre solution consiste à mélanger différents substrats et, par exemple, mettre une couche de sable de Loire au fond du bac sous et sur le câble chauffant et étaler par-dessus une fine couche de substrat sans calcaire mélangé à (ou contenant) un additif riche en nutriments.

Ludwigia repens *grandit plus ou moins en fonction de la luminosité. Sous la lumière, ses feuilles sont touffues et prennent une couleur rouge-bronze.*

LES ROCHES ET LE BOIS

Les roches et le bois ont tout à fait leur place dans un aquarium inspiré des marécages de l'Asie du Sud-Est à condition de ne pas en abuser. Placez un ou deux gros morceaux d'ardoise derrière les plantes au premier plan de l'aquarium et devant les espèces dotées de longues tiges et de larges feuilles. Disposez ensuite un ou deux gros morceaux de bois exotiques qui seront en partie dissimulés par les plantes mais au milieu desquels les poissons aimeront venir se cacher.

Les chaumes des bambous se marient merveilleusement avec les plantes vertes. Coupez des morceaux de différentes longueurs et plantez-les au hasard (isolément ou en groupe) dans le substrat. Pour que les chaumes ne pourrissent pas, enlevez la fine peau à l'intérieur et passez plusieurs couches de vernis polyuréthane de teinte claire afin que tous les pores soient bouchés. Pour éviter que les chaumes remontent à la surface, lestez-les avec des galets ou fixez-les sur une plaque de verre que vous dissimulerez sous le substrat.

LES PLANTES

Comme nous l'avons vu précédemment, les plantes sont les éléments essentiels du décor. Les espèces touffues rappellent le « fouillis » qui règne au fond des marécages. Au premier plan et au milieu du bac, plantez des hétéranthères à feuilles de zostère *(Heteranthera zosterifolia)* que vous couperez à différentes longueurs. Au milieu du bac, ajoutez quelques plants d'hydrocotyles, espèces dotées d'une grande tige autour de laquelle poussent

Les feuilles divisées en fines lanières du myriophylle (Myriophyllum) *contrastent avec celles des autres variétés.*

à intervalles réguliers des feuilles arrondies vert clair plus ou moins grosses.

À l'arrière du bac, construisez des grottes dans lesquelles ils pourront se reposer ou se reproduire en toute quiétude. Prévoyez des roches plates sur lesquelles les cichlidés déposeront leurs œufs. Une fois encore, assurez-vous que les roches et blocs d'ardoise ne basculeront pas ou ne pourront être bougés par les poissons. Avec du silicone, fixez les roches les plus petites sur le substrat et éparpillez quelques fragments de roche de différentes tailles. Si vous n'avez pas de petites roches à votre disposition, prenez un bloc d'ardoise et brisez-le en petits morceaux.

LES POISSONS

Parmi les poissons d'aquarium originaires des marécages de l'Asie du Sud-Est les plus répandus : les gouramis, les poissons-chats, les loches, les barbus et les rasboras. Les gouramis sont particulièrement adaptés à ce type d'aquarium à la végétation dense. À la différence d'autres gros poissons pélagiques ou benthiques, les gouramis aiment nager au milieu des plantes qui leur rappellent leur environnement naturel. Parmi les espèces à privilégier : le gourami mosaïque *(Trichogaster leeri)*, le gourami clair de lune *(Trichogaster microlepis)* et le gourami à peau de serpent *(Trichogaster pectoralis)* qui mesurent environ 10 cm de long sans oublier le gourami pygmé *(Trichopsis pumilus)* et le gourami grogneur *(Trichopsis vittatus)* ou encore les gouramis de plus grosse taille comme le gourami doré *(Trichogaster trichopterus)*. Ces poissons doivent vivre par groupe de quatre, cinq ou plus – sauf s'il ne s'agit que de femelles – sous peine de voir un mâle semer la panique parmi ses congénères pour s'imposer.

Le combattant du Siam *(Betta splendens)* est un très bel anabantidé, à la robe colorée et aux longues nageoires. Il est très prisé des aquariophiles inexpérimentés qui se laissent séduire par son aspect physique sans savoir que ce poisson très exigeant ne s'adapte pas à tous les styles d'aquarium. Ses longues nageoires qu'il agite gracieusement font de lui une cible toute trouvée pour les poissons agressifs. Les combattants du Siam sont relativement pacifiques, toutefois lorsque deux mâles sont face à face, ils se livrent une guerre sans merci qui ne s'arrête qu'avec la mort de l'un des deux adversaires. Un aquarium inspiré des marécages de l'Asie du Sud-Est est parfaitement adapté à un combattant du Siam mâle à condition qu'il soit entouré de femelles et qu'il ne cohabite pas avec des barbus-tigres *(Puntius tetrazona)* et autres poissons aimant mordiller les nageoires.

Le gourami chocolat *(Sphaerichthys osphromenoides)* et le colisa nain *(Colisa lalia)* parmi les anabantidés aiment nager au fond du bac. Tous deux étant très sensibles aux polluants biologiques y compris l'ammoniaque, les nitrites et les nitrates, prévoyez un système de filtration très puissant.

LES POISSONS BENTHIQUES ET GRÉGAIRES

Les loches qui ne s'éloignent jamais du substrat s'adaptent aisément dans un aquarium inspiré des marécages de l'Asie du Sud-Est. Parmi elles, deux espèces sont à privilégier : la loche épineuse *(Pangio kuhlii)* et la loche-clown *(Botia macracanthus)*. Les loches épineuses passent la majorité de leur temps à se cacher et il n'est pas rare que les aquariophiles ne les voient pas pendant plusieurs semaines voire plusieurs mois. Dans un aquarium à la végétation très dense comme celui-ci, elles ne se montrent que lorsqu'elles sont attirées par des boulettes ou autre nourriture. Les loches épineuses restent, néanmoins, des poissons qui se plaisent dans ce type d'aquarium.

Vous pouvez également introduire des rasboras notamment des rasboras-arlequins *(Rasbora heteromorpha)*, des rasboras faux-arlequins *(Rasbora hengeli)* et des rasboras nains *(Rasbora maculata)*. Ces petits poissons pacifiques à la robe colorée se déplacent toujours en bande. Ne les mélangez jamais avec des gouramis avant qu'ils aient atteint l'âge adulte sous peine qu'ils se fassent dévorer.

À droite : *La loche épineuse* (Pangio kuhlii) *fouille le substrat à la recherche de nourriture, ce qui a l'avantage d'empêcher la prolifération des algues et la formation de blocs compacts.*

Ci-dessus : *Les petits poissons qui se déplacent en banc sont la solution idéale pour ce type d'aquarium. Les rasboras-arlequins* (Rasbora heteromorpha) *très vifs contrastent avec les gros poissons qui nagent lentement comme les gouramis.*

Aquarium inspiré des marécages de l'Asie du Sud-Est

Les plantes touffues et les bambous dissimulent en partie les roches et les morceaux de bois exotique et apportent une note naturelle à l'ensemble.

Les minuscules feuilles de la cabombe bougent au gré du léger courant.

Quelques plantes aux tiges courtes et aux larges feuilles couvrent une partie du substrat tout en laissant aux poissons suffisamment de place pour qu'ils puissent nager sans être gênés.

Les roches délimitent des zones en fonction des espèces plantées.

Les hydrocotyles aux longues tiges pourvues de feuilles arrondies vert clair donnent un petit air « fouillis » à l'ensemble.

Ce morceau de bois exotique placé à la verticale fait penser à une souche.

Les feuilles du myriophylle (Myriophyllum) *se teintent de rouge à la lumière.*

Les plantes flottantes offrent des cachettes aux poissons nageant à la surface de l'eau et bloquent la lumière.

Les chaumes des bambous enfoncés au hasard dans le substrat apportent une note exotique.

Taillez les hétéranthères à feuilles de zostère (Heteranthera zosterifolia) *à différentes longueurs.*

Plutôt que du sable de Loire, utilisez un mélange de substrats certes moins esthétique mais plus riche en nutriments.

Les fleuves de l'Inde

Du point de vue géographique, l'Inde est un pays diversifié qui offre une multitude d'habitats très différents les uns des autres. Au nord, la neige fondue provenant de la chaîne himalayenne est à la source de nombre de fleuves et de rivières. Le territoire est recouvert de forêts d'arbres à feuilles caduques, de déserts, de forêts tropicales mais aussi de terres submergées d'eaux saumâtres à proximité des côtes. Les torrents et les petites rivières au fort courant abritent nombre de petits barbus, de danios et de loches. Dans les régions boisées, les anabantidés vivent dans des étangs, des marécages, des ruisseaux calmes et tranquilles mais aussi dans des bassins artificiels. Dans les plaines et les régions les plus arides, les fleuves et les rivières serpentent et façonnent le paysage. Le substrat sableux est riche en poussières et en sédiments. Les eaux boueuses sont très poissonneuses, les espèces les plus répandues étant des barbus et des poissons-chats. Les eaux saumâtres, soit là où les fleuves se jettent dans l'océan, sont habitées par des poissons-ballons, des gobies et des perches.

EN AMONT

À proximité de la source, les eaux des fleuves et des rivières animées par un fort courant se transforment parfois en rapides. La largeur et la profondeur de la rivière varient selon la période de l'année. Lors de la saison des pluies et au printemps, la neige sur les montagnes fond et fait monter le niveau de l'eau. Les eaux très tumultueuses et riches en oxygène sont peuplées de petites espèces de loches, barbus et danios. Les loches ne comptent pas parmi les poissons les plus prisés des aquariophiles probablement à cause de leur robe terne marron tachetée. La bouche ventouse de ces poissons mangeurs d'algues leur permet non seulement de « brouter »

Les fleuves de l'Inde

La chaîne himalayenne assure un apport en eau permanent qui alimente les grands fleuves irriguant le territoire indien.

Les rivières, les canaux et les marécages abritent une multitude d'espèces de poissons.

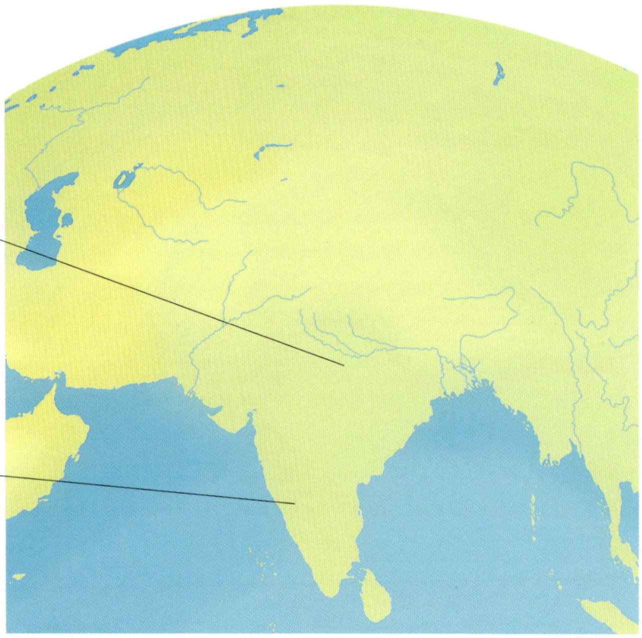

En Inde, les cours d'eau se jettent les uns dans les autres. Les eaux vives deviennent des torrents qui se transforment en eaux calmes et tranquilles pour finir dans des estuaires aux eaux saumâtres qui viennent se jeter dans l'océan. Les gouramis et les barbus sont les poissons qui s'adaptent le plus facilement à la vie en aquarium. Les loches, les poissons-chats mais aussi des poissons moins répandus vivant dans les eaux saumâtres sont très recherchés pour les aquariums inspirés des fleuves d'Inde.

Ci-dessus : *Certains fleuves sont plus affectés par les saisons sèche et pluvieuse que d'autres. Durant la saison sèche, le fleuve Ramganga se transforme en un petit cours d'eau.*

Ci-dessous : *Les danios très répandus dans les fleuves indiens peuvent vivre dans les eaux froides des fleuves de montagnes alimentés par la fonte des neiges.*

les algues mais également de s'accrocher fermement aux roches afin de ne pas être emportés par le courant.

Les petits barbus préfèrent nager dans des eaux plus calmes même si on les retrouve dans les petits bassins ou poches d'eau qui se forment au pied des cascades. Ils se déplacent en banc à la recherche de nourriture notamment d'insectes et de petits animaux aquatiques. Les espèces les plus courantes en Inde sont le barbu rosé *(Puntius conchonius)* et le barbu de feu *(Puntius fasciatus)*.

Les danios affectionnent les mêmes eaux que les barbus et les loches. Vifs comme l'éclair, ces petits poissons réussissent à lutter contre le courant grâce à leur corps fuselé et à leurs petites nageoires très puissantes qui leur permettent d'économiser leur énergie pour remonter les courants. La bouche des danios tournée vers le haut indique que cette espèce se nourrit principalement d'insectes à la surface de l'eau.

EN PLEINE EAU

Les torrents ou les rivières se rejoignent pour donner naissance à un fleuve qui serpente soit à travers la forêt tropicale ou la forêt d'arbres aux feuilles caduques soit le désert ou la savane.

La plupart du temps, un fleuve traverse plusieurs environnements. Les poissons-chats et les barbus vivent dans les fleuves tout comme nombre de petits poissons qui ne s'aventurent jamais bien loin des rives. Les prédateurs quant à eux préfèrent rester en pleine eau. Certains comme les poissons-chats peuvent devenir très gros. Même les espèces qui sont trop grandes pour vivre en aquarium comme le silure-requin *(Pangasius pangasius)* avec ses 1,50 m passe pour un nain à côté du *Wallago attu* et du *Bagarius yarelli* qui tous deux peuvent atteindre 2,50 m. Ces poissons-chats patrouillent en pleine eau et à proximité du substrat dans l'attente d'une proie. Les plus gros spécimens de truites et de barbus nagent aussi en pleine eau tandis que les petits barbus et rasboras se cachent dans la végétation qui borde les rives pour échapper à leurs prédateurs.

LES BASSINS ET LES MARÉCAGES

Les régions boisées comptent une multitude de petits bassins, de marécages et de petits cours d'eau. Certains sont reliés à des fleuves tandis que d'autres sont totalement isolés. C'est là que vivent la majorité des poissons indiens aux couleurs vives très largement commercialisés. Les plus répandus sont les gouramis de la famille des anabantidés sans oublier les *Colisa*, petits poissons de 10 cm de long à la robe colorée dont le colisa nain *(Colisa lalia)*, le gourami miel *(Colisa sota)* et le gourami à grosses lèvres *(Colisa labiosa)*.

Les petites espèces de poissons-chats et de loches vivent principalement au fond des bassins et des marécages. Parmi les espèces les plus connues et répandues en aquariophilie : le bagre jaune *(Mystus vittatus)*, la loche striée ou réticulée *(Botia lohachata)*, la loche zébrée *(Botia striata)* et la loche-damier *(Botia sidthimunki)*. Les loches sont des poissons fouisseurs qui passent la majorité de leur temps à fouiller le substrat boueux à la recherche de petits animaux aquatiques qui se nourrissent de déchets organiques et de bactéries. Parmi les quelques petits barbus et rasboras qui vivent également dans ces eaux, seuls quelques-uns sont devenus des poissons d'aquarium.

Des eaux peu oxygénées

Les marécages sont souvent riches en végétation : plantes aquatiques, espèces flottantes à la surface de l'eau ou spécimens aux branches retombantes sur les rives. La nuit, les végétaux, les organismes aquatiques et un substrat riche en matières organiques créent un environnement pauvre en oxygène dans lequel seuls quelques gros poissons peuvent survivre. Dans certains petits bassins isolés, le taux d'oxygène est quasiment nul. Les anabantidés y compris les gouramis sont dotés d'un appareil respiratoire auxiliaire appelé labyrinthe qui permet aux poissons de capter l'oxygène atmosphérique. Certains petits poissons-chats sont quant à eux capables de prendre des bouffées d'air et de bénéficier de l'apport en oxygène.

UN AQUARIUM INSPIRÉ DES FLEUVES DE L'INDE

Pour votre aquarium, inspirez-vous de l'environnement qui vous plaît le plus. Dans un aquarium de grande capacité, optez pour des gros barbus et poissons-chats qui aiment tout particulièrement nager en pleine eau. Ces poissons étant très destructeurs, inutile de vous acharner à planter de la végétation et installer des éléments de décoration. Si vous êtes plus tenté par les eaux saumâtres et les marécages, ne soyez pas surpris si le résultat final vous fait penser aux mangroves et aux fleuves aux eaux saumâtres de l'Asie du Sud-Est. Dans ce type d'aquarium, privilégiez les gouramis, les petits barbus, les loches et les rasboras.

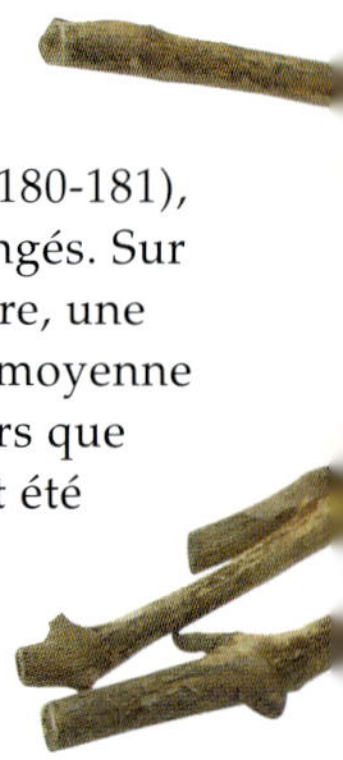

LE SUBSTRAT

Dans l'aquarium témoin (pp. 180-181), plusieurs substrats sont mélangés. Sur du sable de quartz sans calcaire, une couche de sable de rivière de moyenne granulométrie a été étalée alors que des éclats de quartz noir y ont été mêllés ici et là. Sur la couche supérieure, des petits galets attirent les regards. Le mélange de substrats favorise l'enracinement des plantes tout en rappelant fortement le substrat à base de sable et de gravier de la majorité des ruisseaux et des fleuves indiens.

Le substrat de base est du sable de rivière sans calcaire qui favorise l'enracinement des plantes.

Le sable de quartz donne au substrat une couleur plus foncée mieux adaptée à ce type d'aquarium.

Du sable de rivière de différentes granulométries rappelle le lit des fleuves indiens.

Les éclats de roche rouge ajoutent de la couleur et de la texture à l'ensemble.

LE BOIS EXOTIQUE

La racine aux formes tortueuses et la racine de mopani sont deux éléments importants du décor. Leurs texture et couleur étant presque similaires, rien n'empêche qu'elles soient utilisées dans le même aquarium.

Le bois exotique sert de support au lotus tigré et au lotus tigré rouge. Dans les trous et les fissures du bois, des cryptocorynes ont été plantées. Par endroits, la végétation dissimule les morceaux de bois qui de leur côté protègent les plantes les plus fragiles et créent des « micro-habitats ». La racine aux formes tortueuses occupe toute une partie de l'aquarium et sert de support à la mousse de Java et aux feuilles du lotus tigré qui grimpent tout le long pour atteindre la surface de l'eau. Dans l'aquarium témoin, la végétation est un élément fondamental du décor.

Choisissez des morceaux de bois aux formes atypiques.

LES PLANTES

Généralement, seules deux ou trois variétés de plantes sont sélectionnées pour un aquarium d'un type particulier. Dans l'aquarium témoin, la cryptocoryne ondulée *(Cryptocoryne undulata)* plantée dans le substrat au pied de la racine pousse en touffes denses dans lesquelles viennent se cacher les loches et les poissons-chats de petite taille. Le vert des feuilles contraste avec l'orange-rouge vif des feuilles du lotus tigré rouge (*Nymphaea lotus* 'Zinkeri') de l'autre côté de l'aquarium. Dans l'aquarium, deux variétés de lotus tigré rouge ont été choisies : l'une aux feuilles rouge vif à l'arrière-plan et l'autre aux feuilles marron-orange au premier plan. Si une seule variété avait été plantée, le contraste entre les feuilles rouges et les feuilles vertes des cryptocorynes aurait été trop marqué.

Pour se développer, le lotus tigré a besoin d'un substrat de bonne qualité, de suffisamment de lumière et d'un apport régulier en nutriments. Très envahissant, il peut rapidement occuper tout l'espace. Il est indispensable de tailler les feuilles régulièrement. L'aquarium témoin est suffisamment grand pour que les feuilles puissent atteindre la surface de l'eau sans poser le moindre problème d'autant que les variétés qui poussent en dessous aiment les endroits ombragés.

La mousse de Java *(Vesicularia dubyana)* est plantée au pied de la racine et du bois exotique. Très robuste, la mousse de Java préfère prendre appui sur des objets plutôt que de s'enraciner dans le substrat. Un apport régulier en engrais liquide est indispensable. Si la plante peut sembler un peu « fouillis », elle n'en est que plus naturelle. Si vous préférez, laissez-la pousser un mois ou deux puis coupez les feuilles pour ne laisser que quelques centimètres.

Ci-dessus : *Les feuilles du lotus tigré* (Nymphaea lotus) *sont rouges, rouge-orange ou marron-orange selon les variétés.*

LES BONS POISSONS

Les petits poissons notamment les danios et les gouramis conviennent

Les tiges marron et les feuilles vertes de la cryptocoryne ondulée (Cryptocoryne undulata) *sont esthétiques notamment lorsque plusieurs touffes sont plantées les unes à côté des autres.*

parfaitement dans un aquarium inspiré des fleuves d'Inde. N'hésitez pas à les faire cohabiter avec des petites loches voire même des petits poissons-chats. Les gouramis étant des poissons timides qui se déplacent lentement, ne les faites pas vivre avec plus de quatre ou cinq danios, vifs comme l'éclair. En effet, un banc de danios (soit plus de huit poissons) peut être une source de stress pour les gouramis. Les loches sont relativement placides. Soyez néanmoins vigilant si vous optez pour des loches striées *(Botia lohachata)* qui n'hésiteront pas à harceler les petits poissons placides comme les gouramis.

LES BARBUS ET LES DANIOS

Si les barbus ont la mauvaise réputation de mordiller les nageoires de leurs colocataires, sachez que seules quelques rares espèces s'adonnent à ce petit jeu et encore lorsqu'elles sont en petit groupe. La plupart des barbus mesurent entre 5 et 6 cm. Vifs et turbulents, ils se marient parfaitement avec les gouramis.

Certaines espèces de barbus originaires d'Inde ont des robes colorées mouchetées ou marbrées. Ils se plaisent en compagnie de poissons-chats, de loches et de danios. Le barbu rosé *(Puntius conchonius)* s'adapte facilement à la vie en aquarium. À l'âge adulte, la robe des mâles devient rouge foncé intense et contraste avec les extrémités noires des nageoires. Le barbu à trois bandes *(Puntius arulius)* peut mesurer jusqu'à 12 cm de long. La nageoire dorsale est très longue. À l'âge adulte, la robe multicolore est de toute beauté. Le barbu de feu *(Puntius fasciatus)*, le barbu à tache noire *(Puntius filamentosus)* et le barbu d'Odessa *(Puntius ticto)*, qui peuvent atteindre entre 10 et 15 cm de long, sont également des espèces à privilégier dans ce type d'aquarium.

Petit mais robuste

Le colisa nain est un poisson particulièrement robuste. Sa faculté d'adaptation a fait de lui l'un des premiers poissons tropicaux à être importés en Europe à des fins de commercialisation dans les magasins d'aquariophilie. Dans nombre de villes indiennes, des enfants vendent dans les rues des colisas nains enfermés dans des pots ou des bouteilles.

LES GOURAMIS

Les feuilles du lotus tigré, les touffes de cryptocoryne et la racine aux formes tortueuses offrent une multitude de cachettes aux gouramis, petits poissons placides à la nage lente et majestueuse. Parmi toutes les espèces de gouramis, seul le gourami géant *(Osphronemus gorami)* originaire d'Inde est un « vrai » gourami. Ce poisson qui peut dépasser 60 cm de long ne s'adapte que dans les aquariums de très grande capacité. Parmi les espèces auxquelles on donne – à tort – le nom de gouramis : le gourami à grosses lèvres *(Colisa labiosa)*, le gourami miel *(Colisa sota)*, le colisa nain *(Colisa lalia)* et le gourami grogneur *(Trichopsis vittatus)*, poissons placides originaires d'Inde. Le premier mesure jusqu'à 10 cm de long contre 5 à 8 cm pour les trois autres.

Peuvent être introduits dans un aquarium inspiré des fleuves d'Inde : le gourami clair de lune *(Trichogaster microlepis)*, le gourami mosaïque *(Trichogaster leeri)* et le gourami chocolat *(Sphaerichthys osphromenoides)*.

***Ci-dessus :** Le gourami miel* (Colisa sota) *mesure entre 5 et 6 cm de long. Poisson timide, il aime se cacher au milieu de la végétation. Son nom vient de la couleur de sa robe.*

La robe du colisa nain mâle (Colisa lalia) *est bleu vif avec des rayures rouge métallique.*

LES LOCHES ET AUTRES ESPÈCES

Les loches sont des poissons fouisseurs qui aiment se cacher sous des morceaux de bois ou au milieu des plantes. Parmi les espèces originaires d'Inde les plus répandues : la loche striée ou réticulée *(Botia lohachata)*, la loche zébrée *(Botia striata)*, la loche-damier *(Botia sidthimunki)* et la loche épineuse noire *(Pangio javanicus)*. Les fleuves indiens abritent plusieurs espèces de loches colorées très peu commercialisées dans les magasins d'aquariophilie. Nombre d'entre elles ressemblent au barbeau à belles nageoires *(Epalzeorhynchos kalopterus)*, au mangeur d'algues siamois *(Crossocheilus siamensis)* et à la loche épineuse *(Pangio kuhlii)*.

Parmi les différents poissons-chats peuplant les fleuves indiens, le bagre jaune *(Mystus vittatus)* est la seule espèce commercialisée de taille raisonnable soit 15 cm de long au maximum. Poisson relativement pacifique, le bagre jaune peut cohabiter avec d'autres espèces. Le poisson-couteau noir *(Notopterus notopterus)* a également sa place dans un aquarium inspiré des fleuves d'Inde. Ce poisson dont le corps a la forme d'un couteau à beurre est pacifique et peut, sans problème, cohabiter avec des gouramis. Veillez, toutefois, à ce qu'il ne mange pas les alevins et les poissons de petite taille.

Ci-dessus : *Le corps délicatement marbré de la loche striée ou réticulée* (Botia lohachata) *se confond avec le substrat. Très actif, ce poisson fouisseur sans cesse à la recherche de nourriture n'hésite pas à harceler ses colocataires.*

Ci-dessous : *Le poisson-couteau* (Notopterus chitala) *à la nage lente et gracieuse est le colocataire idéal pour les gouramis.*

Aquarium inspiré des fleuves de l'Inde

Les cryptocorynes, les fougères de Java et les lotus tigrés aux larges feuilles se mélangent gracieusement sans toutefois créer une atmosphère pesante.

La mousse de Java (Vesicularia dubyana) s'enroule autour du bois exotique. Elle sera soit taillée soit laissée telle quelle.

Les plantes sont attachées aux morceaux de bois exotique avec un fil de coton noir totalement invisible.

Les loches aiment se cacher dans les touffes de cryptocorynes.

Ces racines aux formes tortueuses comptent parmi les éléments les plus importants du décor.

Les différents substrats mélangés rappellent le substrat des fleuves de l'Inde.

Les barbus et les danios ont suffisamment de place pour nager sans être gênés.

Les feuilles du lotus tigré rouge (Nymphaea lotus *'Zinkeri')* *attirent les regards.*

Avant que le lotus tigré devienne trop envahissant, enlevez régulièrement les plus grandes feuilles.

Quelques petits galets et gros cailloux disposés ici et là apportent une note naturelle à l'ensemble.

À l'arrière-plan, les cryptocorynes plantées sur des morceaux de bois exotique sont particulièrement esthétiques.

Les estuaires aux eaux saumâtres

Un estuaire peut s'étendre sur plusieurs kilomètres de long, le taux de salinité variant d'un endroit à un autre. Dans les grands bassins hydrographiques comme le bassin de l'Amazone, les estuaires atteignent plusieurs centaines de kilomètres. La teneur en sel (taux de salinité) dépend de plusieurs facteurs. Elle augmente, bien évidemment, à proximité de l'océan mais varie également selon la profondeur de l'eau et la hauteur des marées. L'eau de mer qui contient des sels dissous est plus lourde que l'eau douce. Lorsqu'un fleuve se jette dans l'océan, l'eau douce et l'eau salée ne se mélangent pas instantanément mais l'eau douce « flotte » sur l'eau salée. Dans les estuaires les plus profonds, l'eau à la surface peut avoir un taux de salinité très faible alors que le substrat est aussi salé que l'océan.

Les estuaires sont pratiquement toujours dans des plaines. L'attraction gravitationnelle de la Lune est à l'origine des marées. À marée haute, l'eau salée remonte en amont de l'estuaire. À marée basse, l'eau salée repart vers l'océan alors que l'eau douce des fleuves pénètre dans l'océan. Les marées sont à l'origine de zones boueuses qui abritent une multitude de poissons et autres espèces animales qui vivent au gré de la montée et de la descente des eaux.

La gravité spécifique

L'un des moyens permettant de mesurer le taux de salinité de l'eau est la « gravité spécifique » c'est-à-dire le ratio de la densité d'un liquide comparé au ratio de l'eau distillée. Plus la densité et la teneur en minéraux sont élevées, plus la gravité spécifique est élevée. La gravité spécifique de l'eau pure est égale à 1 contre une gravité spécifique comprise entre 1,022 et 1,024 pour l'eau salée.

Les estuaires aux eaux saumâtres

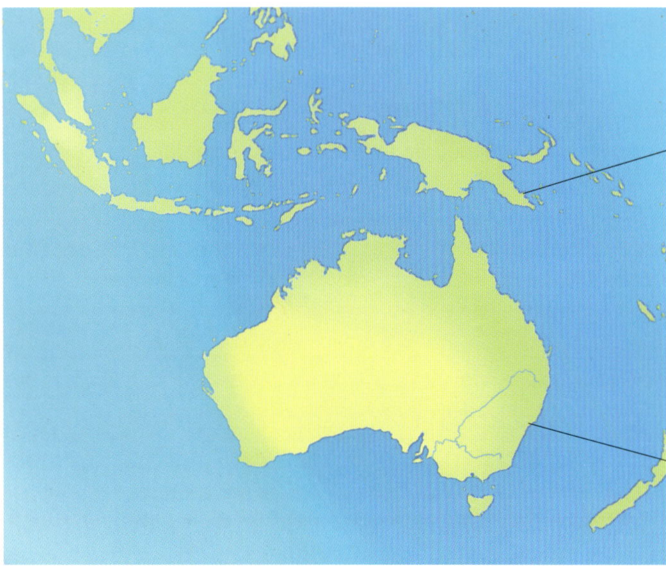

Sur certaines îles, la ligne côtière s'étend sur plusieurs kilomètres alors que les fleuves sont peu nombreux. Les eaux saumâtres sont réparties sur des surfaces petites et nombreuses. On recense une multitude de lagons.

Les grands territoires comptent eux aussi des petites zones aux eaux saumâtres notamment de grands estuaires.

Les fleuves terminent pratiquement toujours leur voyage dans l'océan. Les eaux des fleuves et de l'océan ne se mélangent jamais instantanément et subissent les effets des marées. Les estuaires aux eaux saumâtres sont des habitats très particuliers où ne vivent que les espèces qui ont su s'adapter à cet environnement très spécifique.

Ci-dessus : *Le poisson-chat requin* (Arius seemanni) *détecte la nourriture cachée dans le substrat grâce à ses barbillons.*

Ci-dessus : *En approchant de l'océan, le fleuve dépose du limon et des sédiments dont se nourrissent les oiseaux et nombre d'animaux aquatiques. Des lagons et des bassins aux eaux saumâtres se forment ici et là.*

UN ÉQUILIBRE MENACÉ

La plupart des poissons se sont adaptés afin de supporter aussi bien les eaux salées que les eaux douces. Toutefois, s'ils peuvent sans problème faire face à une légère augmentation ou une baisse peu marquée du degré de salinité, tout changement brutal et prononcé peut leur être fatal.

Si le degré de salinité augmente trop brutalement, la quantité de sels absorbée par les branchies des poissons d'eau douce est trop importante ce qui rompt l'équilibre osmotique (concentration des sels dans les fluides internes). Les reins qui, normalement, retiennent les sels sont rapidement saturés et les poissons meurent d'un dysfonctionnement rénal.

Si le degré de salinité chute brutalement, ce sont les poissons d'eau de mer qui sont menacés à leur tour. Incapables de retenir les sels présents dans leur organisme, ils absorbent quantité d'eau douce ce qui peut entraîner leur mort. Quoi qu'il en soit, le stress engendré par un changement d'environnement, et plus précisément une modification de la qualité de l'eau, peut faire mourir les poissons bien avant que des problèmes physiques apparaissent.

Les poissons qui vivent dans les estuaires se sont, peu à peu, adaptés aux variations du degré de salinité. Certains supportent les changements et selon les marées « passent » sans aucun problème d'une eau plus ou moins douce à une eau plus ou moins salée alors que d'autres « suivent » le cours de l'eau pour rester dans les eaux qui leur conviennent le mieux. Pour supporter les changements du taux de salinité, les poissons ont recours à la méthode des poissons d'eau douce qui consiste à retenir les sels et à la méthode des poissons d'eau de mer qui consiste à les excréter. Si vivre dans des eaux saumâtres exige une grande dépense d'énergie afin de maintenir un équilibre osmotique, les poissons des estuaires y trouvent leur compte dans la mesure où ils ne manquent jamais de nourriture.

VIVRE DANS LA BOUE

La plupart des estuaires sont riches en déchets organiques ce qui fait le bonheur des différentes espèces animales qui vivent là. Tous les nutriments, matières organiques, limon et déchets charriés par les fleuves sont déposés sur le substrat boueux des estuaires. Les différentes couches de sédiments riches en nutriments abritent nombre de mangeurs de déchets et de poissons filtreurs. Le substrat boueux est habité par des petits vers, des amphipodes et des invertébrés mais aussi des moules, des crabes, des crevettes, des éponges et des anémones.

Les estuaires sont affectés par les marées. À marée basse, les différentes espèces qui vivent dans le substrat restent cachées dans la boue alors que l'eau au-dessus d'elles s'est retirée. Les oiseaux arrivent et fouillent le sol pour débusquer des petits vers, des crustacés et des invertébrés.

À marée haute, les différentes espèces sortent de la boue pour manger les bactéries et autres micro-organismes qui vivent soit dans le substrat soit à la surface de l'eau. Ces petites créatures sont pour les poissons nettoyeurs qui vivent dans les estuaires aux eaux saumâtres une source de nourriture quasi intarissable et prouvent que même les conditions les plus difficiles ont parfois du bon.

Les Vallisneria spp. *comptent parmi les quelques rares espèces qui survivent dans les eaux saumâtres. La forme de leurs feuilles fait penser à des roseaux.*

DEUX COMMUNAUTÉS DISTINCTES

L'eau de mer étant plus lourde que l'eau douce, à marée haute, l'eau à proximité du substrat est plus salée et ce même dans le fleuve. Les poissons fouisseurs notamment les gobies et les blennies n'hésitent pas à remonter le fleuve pour trouver de la nourriture dans le substrat boueux. À marée basse, les poissons retournent dans l'océan.

Les poissons qui préfèrent nager à la surface subissent également les marées et cherchent à rester dans les eaux douces. Le niveau de l'eau changeant plusieurs fois au cours d'une journée, les poissons d'eau douce et les poissons d'eau de mer fréquentent plus ou moins les mêmes habitats. Si les poissons des estuaires se sont adaptés afin de supporter les variations du degré de salinité des eaux, la plupart essaient toujours de rester au maximum dans les eaux qui leur conviennent le mieux afin que ni leur mental ni leur physique ne soient trop violemment affectés. Quelques poissons notamment les mollys *(Poecilia spp.)* vivent aussi bien dans des eaux douces que dans des eaux salées.

La texture et la couleur de ces roches de Westmorland se marient harmonieusement avec le substrat et la racine de mopani.

UN ENVIRONNEMENT PEU ADAPTÉ À LA VÉGÉTATION

En dépit des sédiments très riches en nutriments, rares sont les plantes qui poussent dans les eaux saumâtres. En effet, les espèces végétales ont, en général, bien du mal à s'adapter aux variations du taux de salinité. De plus, les plantes aquatiques qui affectionnent les eaux douces n'ont pratiquement aucun contrôle sur l'absorption des sels et des minéraux contenus dans l'eau. Dans des eaux saumâtres, la majorité d'entre elles meurt avant même d'avoir eu le temps de croître ou de donner naissance à de nouvelles pousses.

Certaines algues s'adaptent aux variations du degré de salinité de l'eau même si elles peuvent avoir du mal à pousser, le substrat étant remué en permanence. Dans la plupart des fleuves, ce sont les plantes qui maintiennent en place le substrat et les racines qui l'empêchent de bouger. L'absence de plantes dans les estuaires explique que le substrat soit en perpétuel mouvement et que les eaux soient boueuses et troubles.

UN AQUARIUM RÉUSSI

Un aquarium qui voudrait être une fidèle reproduction des estuaires aux eaux saumâtres ne serait qu'un bac rempli d'une eau boueuse avec quelques roches éparses. Sachez, toutefois, que rien ne vous empêche d'inclure des éléments notamment des plantes qui rendront l'ensemble plus esthétique et surtout moins austère. Pour ce type d'aquarium mieux vaut privilégier les poissons d'eau douce qui tolèrent un léger taux de sel que les poissons d'eau de mer qui nagent en amont des fleuves. Pour des raisons pratiques,

veillez à ce que le degré de salinité soit toujours relativement bas.

LE SUBSTRAT

Dans un aquarium, un substrat boueux présente nombre d'inconvénients, c'est pourquoi il vaut mieux opter pour une autre solution.

Dans l'aquarium témoin (pp. 188-189), le sable de Loire est le substrat de base auquel a été ajouté du sable de rivière. Selon l'effet désiré, étalez une couche de sable de Loire puis une couche de sable de rivière ou mélangez les deux types de sable. Les morceaux de quartz noir éparpillés sur le substrat ajoutent une note naturelle et imitent les débris qui jonchent le substrat des estuaires. Un résultat similaire voire plus réaliste sera obtenu en mélangeant du sable noir avec du sable de Loire (attention, tous les magasins d'aquariophilie ne commercialisent pas du sable noir).

Quel que soit le substrat que vous ajouterez au sable de Loire, remuez-le régulièrement afin d'empêcher la formation de blocs compacts et l'apparition de zones moins oxygénées que d'autres ce qui entraînerait la libération de gaz dangereux pour les poissons. Dans ce cas, le sable devient noir et des algues apparaissent puis prolifèrent rapidement. Pour éviter que des blocs compacts se forment et que des algues se multiplient, remuez régulièrement le substrat soit au minimum deux ou trois fois par semaine.

LES ROCHES ET LE BOIS

L'eau de l'aquarium étant saumâtre – c'est-à-dire avec une teneur relativement élevée en sels – son pH et sa dureté sont naturellement élevés ce qui signifie que les roches calcaires qui, normalement sont à éviter dans un aquarium rempli d'eau douce, peuvent être utilisées. En fait, les roches calcaires présentent même un avantage dans la mesure où elles libèrent des minéraux qui agissent comme des « tampons » et stabilisent le pH et la dureté de l'eau. La craie, la chaux, le marbre, la roche océanique et le tuf sont des roches calcaires pouvant parfaitement jouer ce rôle de tampons.

De par leur texture et leur couleur, les roches de Westmorland se marient harmonieusement avec le substrat sableux. Les couleurs marron-jaune que l'on retrouve dans les différents éléments de décor rendent l'ensemble très esthétique. Le bois exotique a été prélavé et poncé. Plus clair que le teck, il se marie lui aussi avec le substrat. Les roches et les morceaux de bois répartis sur toute la longueur de l'aquarium délimitent une partie plantée et une partie dégagée et offrent une multitude de cachettes aux poissons.

LES PLANTES

Comme nous l'avons vu précédemment, les eaux saumâtres ne sont pas la solution idéale pour les plantes et rares sont les espèces qui arrivent à survivre dans cet environnement. Toutefois, certaines variétés très robustes supportent un faible degré de salinité. Comme toujours, c'est en forgeant que l'on devient

Une eau très salée

L'eau utilisée dans l'aquarium témoin a une teneur en sel relativement faible. Les poissons et les plantes qui l'habitent sont des espèces vivant à l'état naturel dans des eaux douces. Dans un aquarium au taux de sels plus élevé, vous pouvez introduire les mêmes poissons ainsi que des poissons d'eau de mer et des algues marines notamment quelques Caulerpa spp. *qui ressemblent plus à des plantes qu'à des algues. Les gobies et les blennies de mer ont également leur place dans ce type d'aquarium. Attendez-vous cependant à devoir faire preuve de patience, les espèces animales et végétales capables de vivre dans des eaux saumâtres étant plus difficiles à trouver que les espèces traditionnelles. En conclusion, la majorité des poissons d'eau de mer et des invertébrés marins vivant à l'état naturel dans des bassins ayant un degré de salinité relativement élevé s'adapte facilement dans un aquarium aux eaux saumâtres. En effet, dans leur environnement naturel, les poissons et autres espèces animales sont habitués aux variations de la qualité de l'eau (pluie, évaporation, etc.).*

Prélavé et poncé, le bois exotique se marie parfaitement avec le substrat et offre de nombreuses cachettes aux petits poissons-chats et gobies.

La fougère de Java est une plante très résistante qui pousse sur les roches et survit dans les eaux saumâtres.

forgeron. N'hésitez pas à faire des essais afin d'identifier les espèces les plus résistantes. D'ores et déjà, sachez que vous obtiendrez de bons résultats avec des *Microsorium*, des *Vallisneria*, des *Anubias*, des *Egeria* et certaines variétés de *Sagittaria* et *d'Hygrophila*. Dans l'aquarium témoin, des *Vallisneria* sont plantées contre la paroi arrière du bac tandis que des fougères de Java *(Microsorium pteropus)* et des anubias nains (*Anubias barteri* var. *nana*) sont plantés sur le bois au milieu du bac.

Les végétaux plantés dans le bois rendent l'ensemble moins austère que s'ils étaient plantés dans le substrat ou si les roches et le bois étaient nus.

Gardez à l'esprit que les poissons les plus répandus dans les eaux saumâtres notamment les scatophages et les poissons-lunes sont des herbivores. Si vous ne voulez pas qu'une partie de votre travail soit anéanti en un rien de temps, choisissez des espèces végétales coriaces comme les *Anubias* et/ou les *Microsorium*.

CHOISIR LES BONS POISSONS

Un grand nombre de poissons vivant dans les eaux saumâtres susceptibles de s'adapter à la vie en aquarium sont très beaux mais aussi très robustes. À tort, beaucoup d'aquariophiles hésitent à choisir des poissons habitués aux eaux saumâtres, convaincus que s'occuper d'eux est difficile et contraignant. En effet, dans leur environnement naturel, ces poissons doivent s'adapter à une eau qui varie sans cesse qu'il s'agisse de la température et du degré de salinité ou encore de la dureté et du pH et, de ce fait, ils sont particulièrement robustes. Par ailleurs, certains organismes à l'origine de maladies n'arrivent pas à survivre dans les eaux saumâtres ce qui profite aux poissons. Dans un aquarium, préférez ces poissons aux traditionnels poissons tropicaux.

L'introduction des poissons demande quelques précautions. En effet, s'ils savent s'adapter aux variations du degré de salinité, tout changement soudain peut être source de stress et de maladie. Le degré de salinité de l'eau dans laquelle se trouvent les poissons au moment de l'achat ne correspond pas toujours à celui de l'eau de votre aquarium.

De plus, dans certains magasins, les poissons sont carrément dans des bacs remplis d'eau douce. Pour éviter tout problème de transition, assurez-vous que la qualité de l'eau des aquariums dans les animaleries est identique à celle de votre aquarium. Laissez vos poissons s'habituer à leur nouvel environnement puis modifiez, peu à peu, le degré de salinité.

LES POISSONS FOUISSEURS

Certaines espèces de poissons-chats et de gobies aiment nager au fond du bac. Le poisson-chat requin *(Arius seemanni)* est un poisson très actif facilement reconnaissable à sa robe argentée et à ses nageoires noires ourlées de blanc. Ce poisson pouvant atteindre 30 cm de long, prévoyez un aquarium de grande capacité. Certaines variétés de la même famille sont encore plus grandes.

Le gobie tacheté *(Stigmatogobius sadanundio)* est un poisson tranquille même si les mâles peuvent se montrer très agressifs dès lors qu'il s'agit de défendre leur territoire. À l'âge adulte, les femelles mesurent 6 cm contre 8 cm pour les mâles. Le poisson-bourdon *(Brachygobius doriae)* au corps strié de bandes jaunes et noires ne dépasse guère 5 cm de long. Sociable, il ne doit cependant cohabiter qu'avec des petites espèces sous peine de se faire dévorer.

À gauche : *Le scatophage* (Scatophagus argus) *est un poisson dominant pouvant se montrer très agressif même envers les poissons de son espèce. Mettez au minimum quatre ou cinq scatophages ensemble avec des poissons plus gros qu'eux.*

PETITS POISSONS DE SURFACE OU DE PLEINE EAU

Les poéciliidés et les poissons arcs-en-ciel s'adaptent à la vie en aquarium. Parmi les espèces à privilégier le molly-voile *(Poecilia velifera)* et le demi-bec *(Dermogenys pusillus)* auxquels viennent s'ajouter des characins notamment la perche de verre *(Chanda ranga)* qui doit son nom à son corps transparent. Ne mettez jamais une seule perche de verre au milieu de poissons agressifs.

GROS POISSONS DE SURFACE OU DE PLEINE EAU

Les aquariums de grande capacité peuvent accueillir des poissons de plus grosse taille comme les poissons-lunes *(Monodactylis spp.)* et les scatophages *(Scatophagus spp.)*. De couleurs différentes, ces spécimens peuvent mesurer jusqu'à 15 cm de long. Bien que relativement agressifs et prêts à tout pour défendre leur territoire, ils se montrent plus tolérants lorsqu'ils sont par groupe de six. À ne pas oublier non plus, le cromide orange *(Etroplus maculatus)*, un cichlidé plutôt pacifique au corps jaune-orange et les différentes espèces de poissons-ballons. Ces derniers qui, dans leur environnement naturel, n'hésitent pas à « gonfler » leur corps comme un ballon (d'où leur nom) pour effrayer leurs prédateurs sont plutôt timides lorsqu'ils se retrouvent dans un aquarium. Avec leurs dents très dures et coupantes, ils brisent la coquille des crustacés. Donnez-leur régulièrement des coques (ou autres mollusques à coquille) sur lesquels ils peuvent user leurs dents qui ne cessent de pousser. Le *Tetraodon biocellus* est un poisson-ballon facilement reconnaissable à un dessin en forme de huit sur son dos.

Ci-dessus : *Grâce à sa mâchoire inférieure protubérante au moins deux fois plus longue que sa mâchoire supérieure, le demi-bec* (Dermogenys pusillus) *peut attraper les insectes et les larves à la surface de l'eau.*

Ci-dessous : *Le poisson-bourdon* (Brachygobius doriae) *qui passe une grande partie de son temps à se reposer sur le substrat a tout à fait sa place dans un aquarium aux eaux saumâtres.*

Aquarium inspiré des estuaires aux eaux saumâtres

Les textures et les couleurs du substrat, des morceaux de bois et des roches donnent à l'ensemble un caractère esthétique mais totalement atypique.

Les roches et les morceaux de bois exotique sont les éléments de base du décor.

Les fougères de Java et les anubias s'adapteront mieux sur du bois que sur le substrat.

Les feuilles coriaces des Vallisneria *font penser aux roseaux présents dans les estuaires aux eaux saumâtres.*

La texture et la couleur inhabituelles de la roche de Westmorland se prêtent merveilleusement à ce type d'aquarium.

Le sable de rivière donne au substrat une texture peu commune.

Les Vallisneria *sont des éléments essentiels du décor.*

Des morceaux de bois exotique risquent d'adoucir l'eau. Il est donc nécessaire d'ajouter des roches calcaires qui joueront le rôle de « tampon » et stabiliseront le pH ou de changer régulièrement l'eau de l'aquarium.

Les filtres et autres accessoires sont en partie dissimulés derrière les végétaux.

La racine de mopani prélavée, poncée et de couleur claire se marie avec le substrat et offre de multiples cachettes aux poissons.

Quelques petites coquilles vides posées ici et là sur le substrat ajoutent une petite note marine.

Si les gros poissons n'hésitent pas à manger les végétaux, aucun d'eux ne prend le risque de s'attaquer aux fougères de Java.

Les mangroves

C'est sur les palétuviers qui poussent dans nombre de marécages aux eaux saumâtres que repose la survie d'une multitude d'espèces tropicales. Dans les grands estuaires, les marées et le grand volume d'eau provenant du fleuve remuent en permanence le substrat, créant un habitat boueux où la visibilité est réduite. Les mangroves sont situées soit à l'intérieur des terres soit dans des zones où le volume d'eau du fleuve est réparti sur une grande superficie. Les eaux montent et descendent toujours au gré des marées mais l'environnement est plus calme et les racines de palétuviers maintiennent en place le substrat. Dans la plupart des mangroves, l'eau est calme. Le substrat très fertile abrite les mêmes petites créatures que le substrat des estuaires.

Les palétuviers – quelle que soit l'espèce – ont une grande faculté d'adaptation. À la différence d'autres végétaux, ils survivent sans problème dans les eaux saumâtres. En effet, ils ont mis au point différentes méthodes pour lutter contre l'accumulation des sels dans leur système vasculaire ou favoriser l'évacuation de l'excédent de sels. La plupart des palétuviers sont capables de filtrer environ 90 % des sels contenus dans l'eau avant même qu'elle pénètre dans les racines. Les 10 % restants sont soit excrétés par des glandes situées sur les feuilles soit concentrés dans les feuilles les plus vieilles ou l'écorce qui, à un moment ou un autre, tombent de l'arbre.

Les mangroves subissent les marées qui, chaque jour, font bouger le substrat dans lequel s'enfoncent les racines des arbres. Grâce à un système racinaire complexe et unique, les palétuviers sont capables de faire face à ces mouvements perpétuels. Les longues racines aux formes tortueuses sont divisées en deux parties, souterraine et aérienne. La partie inférieure qui s'enfonce dans le sable est exposée à des conditions difficiles (substrat stagnant pauvre en oxygène) alors que la partie aérienne composée de petites branches qui partent d'une racine principale

Sur le chemin qui les mène à l'océan, les fleuves traversent différents habitats aux eaux saumâtres notamment des mangroves aux eaux claires mais boueuses et au substrat fertile maintenu en place par les palétuviers. Les mangroves abritent une multitude d'espèces animales et végétales.

Les mangroves

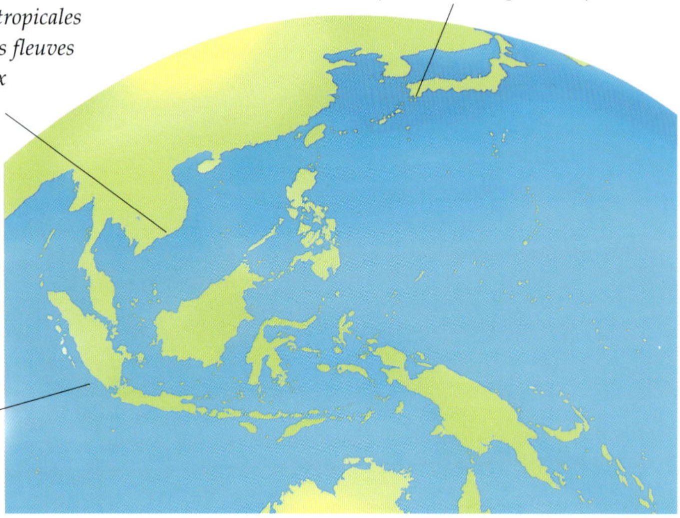

Les régions subtropicales comptent également des mangroves qui, toutefois, sont moins nombreuses que dans les régions tropicales.

Le long des côtes tropicales d'Asie, les grands fleuves font place aux mangroves.

Les bandes côtières des îles indonésiennes sont parsemées de mangroves.

fournit aux arbres les nutriments dont ils ont besoin. C'est uniquement ce système racinaire complexe qui permet aux palétuviers de tenir en place et de résister aux marées.

Les racines fournissent aux poissons une multitude de cachettes dans lesquelles ils viennent se reposer ou se mettre à l'abri des prédateurs. Au-dessus de l'eau, les mangroves abritent des oiseaux, des insectes et des mammifères dont les chemins, à un moment ou un autre, croisent ceux des poissons soit en tant que victimes soit en tant que prédateurs. Sans les palétuviers et leur système racinaire atypique, les eaux saumâtres ne pourraient pas assurer la survie de toutes les espèces qui vivent là.

CROQUER, SAUTER, CRACHER

Tout comme les estuaires, les mangroves constituent un environnement très fertile. Quantité de déchets organiques et de limon sont déposés par les fleuves, auxquels viennent s'ajouter les fruits, les feuilles mortes et les écorces des palétuviers, le tout formant une véritable manne pour les bactéries, champignons, vers, mollusques, crustacés et organismes se nourrissant de détritus. La plupart des poissons vivant dans les mangroves

Ci-dessus : *À marée basse, la partie aérienne des racines des palétuviers est visible. Dans la boue, au pied des arbres, vivent de nombreuses créatures.*

À droite : *À marée haute, seules les feuilles des palétuviers sont visibles au milieu d'une vaste étendue d'eau qui abrite différentes espèces de poissons qui se nourrissent des créatures vivant dans la boue.*

mangent soit des détritus soit des insectes ou des mollusques.

Les poissons nettoyeurs fouillent le substrat à la recherche de détritus, de vers et d'amphipodes. Certains comme les périophthalmes n'hésitent pas à remonter à la surface et à se hasarder sur le sable des rives pour trouver de quoi se nourrir. À marée basse, des petites mares et des bassins apparaissent ici et là. Les périophthalmes quittent les mangroves et vont dans ces trous d'eau à la recherche de nourriture – insectes, vers et amphipodes – inaccessibles aux autres poissons. Viennent se joindre à eux les crabes et les oiseaux.

Le périophthalme peut rester hors de l'eau plusieurs heures grâce à un système respiratoire particulier. Sa peau est constituée de cellules remplies de liquide qui diminuent la pression atmosphérique et empêchent son corps de s'assécher. L'intérieur de la bouche et les branchies restent également humides alors qu'une fine membrane permet à l'oxygène de pénétrer dans le système sanguin.

Quelques poissons comme les poissons-ballons se nourrissent de mollusques et de crustacés. Grâce à des dents très puissantes et coupantes – qui sont en fait une extension de la mâchoire inférieure – ils peuvent croquer dans la coquille très coriace des escargots, des moules, des praires et autres crustacés. Les insectivores n'hésitent pas à nager entre les racines des palétuviers à la recherche de nourriture. La plupart des poissons qui vivent là sont des espèces grégaires de petite taille qui se ruent sur les insectes à la surface de l'eau mais aussi sur les graines et les fruits qui tombent des palétuviers et autres arbres. Les poissons à quatre yeux – très nombreux dans les mangroves – ont une acuité visuelle particulièrement développée. Tandis qu'ils nagent à la surface de l'eau, leurs yeux sont capables de voir en même temps sous et sur l'eau ce qui leur permet de détecter leurs proies et/ou leurs prédateurs où qu'ils soient.

Le poisson-archer est un insectivore qui a su s'adapter à la vie dans les mangroves. Son corps est allongé et comprimé verticalement. Les muscles de sa mâchoire sont si tendus qu'il est capable de projeter des jets d'eau sur les insectes accrochés aux branches des arbres jusqu'à ce qu'ils lâchent prise et tombent dans l'eau. Le poisson-archer peut cracher des jets de 1,50 m de haut qui, du premier coup, atteignent leur cible.

UN AQUARIUM RÉUSSI

Il est possible d'acheter des rejets de palétuvier et de les planter dans un aquarium. Sachez, toutefois, qu'ils ne prendront pas forcément. Pour des palétuviers déjà grands, prévoyez une couche épaisse d'un substrat spécifiquement conçu pour ce type de végétaux. La « culture » des palétuviers n'étant pas simple, les aquariophiles préfèrent souvent avoir recours à des éléments de décor vendus dans les magasins spécialisés. L'environnement qui, *a priori*, est le plus simple à recréer repose sur un substrat sableux, des racines de palétuvier et quelques éléments qui sortent de l'eau et où peuvent s'aventurer des crabes et/ou des périophthalmes.

UN SUBSTRAT SABLEUX

Si le sable de Loire est le substrat idéal dans un aquarium inspiré des mangroves, il peut être source de problèmes. En effet, des blocs compacts risquent de se former encourageant la prolifération d'algues

Ci-dessus : *Le crabe-violoniste mâle est pourvu d'une énorme pince qu'il utilise non pas pour se défendre contre un prédateur ou saisir une proie mais… pour attirer une femelle.*

Le périophthalme est l'animal auquel on pense immédiatement lorsque l'on parle des mangroves. Grâce à un système respiratoire atypique, ce petit poisson peut passer plusieurs heures hors de l'eau.

Ces morceaux d'ardoise émoussés peuvent être utilisés pour maintenir en place les pentes sableuses et servir de cachettes aux crabes et petits poissons.

et la libération de substances chimiques toxiques.

Pour que cela n'arrive pas, remuez le substrat au minimum deux ou trois fois par semaine. Dans l'aquarium témoin (pp. 196-197), la couche de sable est plus épaisse sur le côté droit et se maintient en place par des roches. Dans le meilleur des cas, le substrat doit être entièrement remplacé tous les trois ou quatre mois. Pour éviter ce surcroît de travail, optez pour du gravier sans calcaire ou du gravier de corail. Étalez le substrat jusqu'à ce que vous obteniez le résultat escompté puis maintenez-le en place avec des roches, des morceaux de bois et autres éléments de décor. Mettez par-dessus un filet en plastique qui empêchera le sable de glisser. Dans l'aquarium témoin, la pente est très raide et il est probable qu'au fil du temps, le sable glisse peu à peu. Plus l'aquarium est grand, plus la pente peut être douce.

Ci-dessus : *Le sable de Loire est le substrat qui se rapproche le plus du substrat des mangroves. Il est indispensable de le remuer et d'aspirer les saletés deux à trois fois par semaine.*

LE BOIS

Dans ce type d'aquarium, les aquariophiles utilisent toujours des morceaux qui se rapprochent le plus des racines des palétuviers et même s'il est rare qu'ils trouvent exactement ce qu'ils recherchent, avec un peu de patience, ils obtiennent un résultat tout à fait satisfaisant. Les morceaux de bois aux formes tortueuses sont la solution idéale à condition de ne pas en abuser. Vous pouvez également avoir recours à des branchages plus fins et plus délicats. Achetez des branches et des brindilles mortes et sèches plus largement commercialisées chez les fleuristes que dans les magasins d'aquariophilie. Le bois doit être parfaitement sec. Sur la plus petite surface verte, des bactéries et des champignons auront tôt fait de se développer dès que le bois sera dans l'eau. Vérifiez la flexibilité des brindilles et des branches là où le diamètre est le plus grand. Si le bois craque, il peut être utilisé sans problème. S'il plie, cela signifie que toutes les cellules ne sont pas mortes. Les brindilles peuvent rester deux ou trois mois dans l'eau avant de pourrir. Plusieurs couches de vernis polyuréthane protègent le bois et permettent de le garder plus longtemps.

ROCHES, GALETS ET GRAVIER

Dans ce style d'aquarium, les fragments de roches et les galets ne sont pas indispensables mais ils contribuent à l'esthétique de l'ensemble tout en maintenant en place le substrat. Disposez quelques galets par-ci par-là et éparpillez du gravier de grosse et petite granulométries qui contrasteront avec le substrat sableux.

Les brindilles doivent être mortes et sèches avant d'être mises dans l'aquarium sous peine de voir se développer des bactéries et des champignons. Les branches les plus fines font penser aux racines des mangroves.

LES PLANTES

Rares sont les plantes qui réussissent à s'adapter aux eaux saumâtres des mangroves. Si vous désirez mettre un peu de végétation dans votre aquarium afin qu'il soit moins austère, n'en abusez pas. Dans l'aquarium témoin, la seule variété utilisée est l'*Hygrophila corymbosa*. Très résistante, cette plante, dont les feuilles rappellent certaines espèces poussant dans les mangroves, s'adapte aux eaux légèrement salées. Parmi les autres variétés pouvant survivre si le taux de salinité est faible et être utilisées : les *Anubias*, les *Microsorium*, les *Vallisneria* et les *Egeria* même si leur présence dans un aquarium inspiré des mangroves peut surprendre.

LES POISSONS

Plusieurs espèces qui vivent, à l'état naturel, dans des eaux saumâtres s'adaptent à la vie en aquarium. Parmi elles : les poissons arc-en-ciel, les poéciliidés, les scatophages et les poissons-lune sans oublier bien évidemment les incontournables périophthalmes, les poissons à quatre yeux et les poissons-archers.

Avec son comportement atypique, le périophthalme *(Periophthalmus barbarus)* est, par excellence, le poisson des aquariums inspirés des mangroves. Prévoyez une zone hors de l'eau où il passera une grande partie de la journée. C'est en fait un poisson très sociable et pacifique, laissez-lui le temps de s'habituer et il viendra manger dans votre main. Une fois encore, c'est plus son comportement atypique que son aspect physique qui fait de lui un poisson à privilégier.

Le poisson-archer *(Toxotes jaculator)* a lui aussi un comportement peu banal. Si votre aquarium se ferme avec un couvercle hermétique, aménagez une zone hors de l'eau sur laquelle viendront se poser des insectes, par exemple, des petits criquets et des mouches. Regardez le poisson-archer asperger les insectes de puissants jets d'eau jusqu'à ce qu'ils lâchent prise et finissent par tomber dans l'eau.

La majorité des plantes aquatiques ne s'adaptent pas aux eaux saumâtres. L'Hygrophila corymbosa *est l'une des rares espèces pouvant vivre dans un aquarium inspiré des mangroves.*

POISSONS DE SURFACE OU DE PLEINE EAU

Les poissons à quatre yeux *(Anableps anableps)* sont des poissons de surface. Lorsqu'ils nagent leurs yeux sortent de l'eau. La gambusie *(Gambusia affinis)* est également un poisson de mangrove qui aime nager à la surface de l'eau. Peuplez le milieu de l'aquarium avec des characins notamment des perches de verre *(Chanda ranga)*, petits poissons au corps transparent.

Les mollys *(Poecilias spp.)* sont très répandus dans les habitats aux eaux saumâtres notamment les mangroves. Ces poissons résistants, colorés et très

À gauche : *Le poisson à quatre yeux* (Anableps anableps) *peut voir en même temps au-dessus et en dessous de l'eau. Peu exigeant, il peut parfaitement vivre dans un aquarium aux eaux saumâtres.*

À droite : *Même dans un aquarium, le poisson-archer* (Toxotes jaculator) *se fie à ses instincts naturels pour localiser une proie. Il asperge ses victimes d'eau jusqu'à ce qu'elles lâchent prise et tombent.*

sociables cohabitent sans problème avec la plupart de leurs congénères et sont parfaits pour ce type d'aquarium.

POISSONS BENTHIQUES

Seules quelques espèces de poissons-chats s'adaptent à la vie dans un aquarium aux eaux saumâtres. Toutefois, deux problèmes se posent : elles sont rarement commercialisées dans les magasins d'aquariophilie et atteignent parfois une taille qui nécessite un aquarium de très grande capacité.

Le crabe-violoniste *(Uca pugnax)* aime fouiller le substrat à la recherche de nourriture puis grimper sur une branche ou s'aventurer sur la zone hors de l'eau. Omnivore, il a une préférence pour les coques et les larves de moucheron. Les crabes-violonistes ne demandent aucun soin particulier. Toutefois, restez vigilant car les mâles risquent de blesser les poissons qui s'approchent trop près de leurs pinces soit par peur soit par instinct de survie. Les problèmes sont néanmoins rares dans la mesure où les poissons les plus adaptés à ce type d'aquarium sont des poissons de surface qui ne cherchent jamais d'ennuis aux crabes. Les périophthalmes qui vivent aussi bien dans l'eau qu'hors de l'eau cohabitent sans peine avec les crabes-violonistes. Les magasins d'aquariophilie commercialisent de nombreuses espèces de crabes tropicaux qui ont, à peu près, la même corpulence et le même tempérament que les crabes-violonistes. Faites votre choix.

Aquarium inspiré des mangroves

Un aquarium de ce type est relativement facile à réaliser. Dans un aquarium de grande capacité, la partie hors de l'eau pourra être plus étendue.

Les brindilles imitent les racines enchevêtrées des palétuviers qui poussent dans les mangroves et fournissent nombre de cachettes aux petits poissons.

L'Hygrophila corymbosa *aux tiges épaisses et aux feuilles vert foncé a tout à fait sa place dans ce type d'aquarium.*

Au fil du temps, les brindilles deviennent plus foncées et des algues apparaissent.

Le sable de Loire est pratiquement identique au substrat des mangroves.

Des brindilles sont enfoncées à la verticale dans le substrat tandis que d'autres sont couchées sur le banc de sable surélevé.

Les morceaux de bois exotique empêchent le sable de glisser et servent de cachettes aux crabes et aux périophthalmes.

Cette zone surélevée doit régulièrement être refaçonnée dans la mesure où les poissons et les crabes font glisser le sable.

Quelques galets et cailloux éparpillés sur le substrat rendent l'ensemble moins austère.

Des galets et des morceaux d'ardoise émoussés maintiennent en place le sable sur la pente.

Dans les aquariums de grande capacité, la partie hors de l'eau peut être plus grande et plantée d'espèces végétales terrestres.

Numéros de pages en **gras** : références principales
Numéros de pages en *italique* : légendes, annotations
Numéros de pages standards (romain) : autres entrées

Index général

Index des poissons

N

O

P

R

S

Index des plantes

Crédits photographiques

Les éditeurs remercient pour leur travail les photographes qui ont participé à cet ouvrage.
Sont indiqués les numéros de pages et l'emplacement des photographies. (B) : bas, (H) : Haut, (C) : Centre, (BG) : Bas Gauche, etc.

David Allison : 25, 76, 97(B), 108, 130(H), 155(H), 162(B), 163(H).

Aqua Press : (M-P & C. Piednoir) : Page de garde (poisson), page des copyrights, 10(HG), 16, 18(H), 19(B), 22-23, 39(BD), 58(H), 69(B), 73(BD), 77(H,B), 81(B), 85, 90(B), 93(H,B), 100(CD), 108(H,C,B), 116, 117(H,C,B), 121(B), 124, 125(C,B), 133(H), 141(H,B), 145(C), 154, 160, 162-163(B), 170-171(H,B), 179(H,B), 187(H), 192(BG,BD).

Ardea London : 57 (Jean-Paul Ferrero), 166-167(H, Joanna Van Gruisen), 182-183(H, Eric Lindgren).

John Feltwell/Garden Matters : 64-65(C), 104-105, 112-113(H, Jeremy Hoare), 191(B).

Frank Lane Picture Agency : Sommaire (poisson), 13(Fritz Polking), 15(B, Silvestris), 68(Foto Natura Stock), 72-73(H, Peggy Heard), 80-81(H, W. Meinderts/Foto Natura), 89(B, W. Meinderts/Foto Natura), 90-91(H, Derek Middleton), 96-97(H, W. Wisniewski), 101(H, W. Meinderts/Foto Natura), 150-151 Terry Whittaker, 155(B, Silvestris Fotoservice), 168(W. Meinderts/Foto Natura), 174-175(H, Robin Chittenden), 175(B, Linda Lewis), 178(C, W. Meinderts/Foto Natura), 183(HD, Linda Lewis), 190-191(H, Terry Whittaker), 195(Alan Parker).

Jan-Eric Larsson-Rubenowitz : Première de couverture (poisson de droite), 19(H), 54(HG), 60(B), 60-61(H), 61(B), 84(B), 146, 152, 187(B), 194(H).

Natural Visions/Heather Angel : 120-121(T, Richard Coomber), 128-129, 136-137(H, Brian Rogers), 159(Brian Rogers).

Photomax (Max Gibbs) : 69(H).

Sue Scott : 40(H), 144-145(H).

William A. Tomey : Première de couverture (poisson de gauche), 46, 51, 65(HD), 84(C), 98(H), 133(C, B), 137(B), 140, 178(B), 186.

Tropica (Ole Pedersen) : 18(B), 40(B), 122(H).

Stuart Watkinson 14 © Interpet Publishing.

Geoffrey Roberts © Interpet Publishing : toutes les autres photographies.

PAO page 35 : Phil Holmes © Interpet Publishing. Tous les autres travaux de PAO ont été réalisés par Stuart Watkinson © Interpet Publishing. Les cartes ont été obtenues grâce aux fichiers de Terra Forma créés par Andromeda Interactive Ltd., Abdingdon, Oxfordshire, Royaume-Uni.

Remerciements

Les éditeurs remercient Martin Petersen de Tropica Aquarium Plants A/S, Hjortshøj (Danemark) et Anglo Aquarium Plant Company, Enfield (Royaume-Uni) pour les photographies de plantes. Merci également à The Water Zoo, Peterborough (Royaume-Uni) pour la mise à disposition du lieu, à Kerry de Heaver Tropics, Ash, Kent (Royaume-Uni), à Swallow Aquatics, Southfleet, Kent (Royaume-Uni) et à Juwel Aquarium Ltd. (Royaume-Uni).

Note des éditeurs

Les informations et les conseils figurant dans cet ouvrage n'engagent aucunement la responsabilité de l'auteur et des éditeurs qui les publient sans aucune garantie.